杨　峰◎主　编
程　迈◎执行主编

前湖数治论丛
——南昌大学数字法治研究中心研读纪实

中国政法大学出版社

2023·北京

声　　明　　1. 版权所有，侵权必究。

　　　　　　2. 如有缺页、倒装问题，由出版社负责退换。

图书在版编目（CIP）数据

前湖数治论丛/杨峰主编. —北京：中国政法大学出版社，2023.7
ISBN 978-7-5764-1049-5

Ⅰ.①前… Ⅱ.①杨… Ⅲ.①互联网络－科学技术管理法规－中国－文集 Ⅳ.①D922.174-53

中国国家版本馆 CIP 数据核字(2023)第 142635 号

出　版　者	中国政法大学出版社
地　　　址	北京市海淀区西土城路 25 号
邮寄地址	北京 100088 信箱 8034 分箱　邮编 100088
网　　　址	http://www.cuplpress.com（网络实名：中国政法大学出版社）
电　　　话	010-58908586（编辑部）58908334（邮购部）
编辑邮箱	zhengfadch@126.com
承　　　印	北京旺都印务有限公司
开　　　本	720mm×960mm　1/16
印　　　张	16.75
字　　　数	280 千字
版　　　次	2023 年 7 月第 1 版
印　　　次	2023 年 7 月第 1 次印刷
定　　　价	79.00 元

前 言
foreword

数字法治是法学研究的前沿领域。随着数字技术的快速革新，法学研究面临着理论与实践的双重挑战：对于法学理论而言，数字技术发展、改变了社会权力范围，如何理解数字空间中的权力结构，成为法学理论必须回答的时代命题；对于法治实践而言，新技术应用带来大量的规范盲区，如何在现有法律框架内解决新问题，或通过完善规范体系应对新问题，成为法治实践迫切需要的司法指引。

他山之石，可以攻玉。南昌大学数字法治研究中心自2022年6月正式成立以来，坚持每周召开学术沙龙，组织研究人员研读数字法学领域的核心文献，以期紧跟学界研究前沿，为深入开展数字法治研究打下坚实基础。中心研读的核心文献，或来自知名学者的推荐，或选自核心学术期刊已发表的高引论文，在数字法治研究领域具有较强的代表性。我们期待，通过对这些文献的阅读、研讨、评述，能够梳理出数字法学研究的基本线索、主要思路、核心观点；更期待通过出版研读纪实，动态总结数字法学领域的研究动态。

《前湖数治论丛——南昌大学数字法治研究中心研读纪实》记录了2022年7月至2023年2月南昌大学数字法治研究中心研读22篇高水平学术论文的全过程。在八个月的时间内，中心研读了人工智能法律问题、算法法律问题、数据权属法律问题、公共数据法律问题、平台法律问题、数据使用法律问题、数字法学理论问题、元宇宙法律问题等八个方面的研究成果，大约每三周集中讨论一个主题。我们将研读过程记录下来，既是对中心学术活动的生动记忆，也希望能为中国数字法治研究贡献微薄知识增量。

目 录

■ **主题一　人工智能法律问题研究**　　001
　研读吴汉东《人工智能时代的制度安排与法律规制》　　003
　研读季卫东《人工智能时代的法律议论》　　015
　研读马长山《司法人工智能的重塑效应及其限度》　　029
　研读李训虎《刑事司法人工智能的包容性规制》　　040
　研读李成《人工智能歧视的法律治理》　　053

■ **主题二　算法法律问题研究**　　065
　研读丁晓东《论算法的法律规制》　　067
　研读苏宇《算法规制的谱系》　　082

■ **主题三　数据权属法律问题研究**　　093
　研读程啸《论大数据时代的个人数据权利》　　095
　研读梅夏英《数据的法律属性及其民法定位》　　102
　研读龙卫球《数据新型财产权构建及其体系研究》　　112
　研读纪海龙《数据的私法定位与保护》　　124

■ **主题四　公共数据法律问题研究**　　131
　研读王锡锌、黄智杰《公平利用权：公共数据开放制度建构的权利基础》　　133

研读胡凌《论地方立法中公共数据开放的法律性质》　　139
　　研读齐英程《作为公物的公共数据资源之使用规则构建》　　146

■ 主题五　平台法律问题研究　　155
　　研读吴伟光《平台组织内网络企业对个人信息保护的信义义务》　　157
　　研读武腾《最小必要原则在平台处理个人信息实践中的适用》　　170

■ 主题六　数据使用法律问题研究　　185
　　研读申卫星《论数据用益权》　　187
　　研读林洹民《个人数据交易的双重法律构造》　　199

■ 主题七　数字法学理论问题研究　　207
　　研读马长山《数字法学的理论表达》　　209
　　研读刘志强《论"数字人权"不构成第四代人权》　　224

■ 专题八　元宇宙法律问题研究　　237
　　研读王奇才《元宇宙治理法治化的理论定位与基本框架》　　239
　　研读黄锫《元宇宙的行政规制路径：一个框架性分析》　　252

主题一

人工智能法律问题研究

研读吴汉东《人工智能时代的制度安排与法律规制》

2022年7月17日学术沙龙纪实

2022年7月17日,南昌大学法学院数字法治研究中心召开第四次学术沙龙,学习研讨吴汉东教授发表于《法律科学(西北政法大学学报)》2017年第5期的论文——《人工智能时代的制度安排与法律规制》。

程迈教授

吴老师提出人工智能的时代是一个颠覆性的时代、人工智能的到来是一个颠覆性的事件,但我个人从这篇文章的阅读中没有看出什么颠覆性。我理解的颠覆性,代表着一种质的飞跃。比如,我们过去从农业社会进入资产阶级社会、进入工业社会,那是存在一个质变,因为它创造了一个新的社会阶层,创造了无产阶级。我们现在引入AI技术、自动化生产技术,它的颠覆性表现在哪里,是不明确的。在我看来,这一变化进程可能只是过去的工业化生产自动化程度不断提高的过程。文章中说,人工智能的出现使得将来会有脱离人类的机器产生。其实在蒸汽时代,那么庞大的机器实际上也已经开始有自动的过程了。所谓的"人工智能颠覆社会结构",我在这里看不出较之其他时代有什么本质区别。而且文章中提到的一些文献,比如关于计算机和互联网世界的一些法律文件,在20世纪90年代,甚至在80年代,在欧洲和美国就已经开始出现了。这差不多都是40年前的事了。早在40年前就已经讨论的问题,对我们现在的社会能具有怎样的颠覆性呢?当然,我们现在技术更发达了，但是并不足以说明什么——难道这种颠覆性表现得这么滞后？比如说，我们会得出现在中国的治理模式与20世纪80年代的治理模式比有颠覆性的本质区别吗？差别当然是有，但是是否达到了颠覆性，还是需要认真考虑的。

我的第二个问题与第一个问题相关，也是与颠覆性的问题有关。我们可能会将数字法学、人工智能的重要性作为学术研究上的卖点，以显示它的重要性。但是反过来说，对这种颠覆性的讨论是不是会表现出一种不安全感？吴老师的文章里多次提到"风险"这个问题。我个人倒觉得风险不一定是个坏东西。有风险才有利润嘛，风险越大利润越大。所以法律制度是否真的要回避所有的风险？还是说我们的目的其实是去管控风险的发生，而不是禁止风险的存在？比如说进入到人工智能时代之后，我们的目的并不是禁止人工智能的运用以规避风险，而是在扩大人工智能使用的情况下更好地预防这些风险——也就是当风险出现之后去分配风险。这当然可能是我的一些不成熟的想法。

不过吴老师的文章里的确还是提出了一些新的很值得研究的问题，反映出了社会发展的一些新动向。比如说人工智能创作成果的著作权的问题。这些东西非常有意思，在技术层面上很值得研究，但是是否达到了在制度层面上的颠覆性的程度，还是值得讨论的。

其实如果我们将考察的视野拉得更长来看，我们就会发现，在整个过去两百多年的时间里，在人类逐渐从农业社会进入工业社会，以及现在的网络社会的进程中，各种现象始终存在着。例如，政府对个人信息的收集程度越来越高，个人信息在社会中越来越容易被分享，这些情况始终存在，只不过慢慢地变得越来越明显了。

总的来看，我觉得这篇文章很像一篇纲领性的文章，描绘了作者对未来发展方向的认识，但是在一些具体细节问题上可能还值得进一步地讨论。

宋维志博士

各位老师，这篇文章我学习了几遍。总体来说，我和程老师的基本观点是一致的。

这篇文章总体上可以分为三个部分。第一部分，文章抛出了"智能革命图景"的概念。这个"帽子"套得很大，但它实际上是做了一个概念的"切换"或"偷换"，主要讲的是"风险社会"的内容。风险社会并不是21世纪才提出来的概念，在工业革命之后，国外就已经开始关注风险社会了。所以硬是要说人工智能时代才是风险社会，可能并不一定是这样的。也就是说，第一部分主要讨论或回顾的，只是用现在的一些新技术作为例子来看待之前的风险。就像刚才程老师说的，这并不是一种制度上的创新、颠覆，这个革新只是发生在技术效率上的，在制度上并没有引起改变。所以这里所谓的人工智能风险，实际上还是以前的风险。这在第一部分的最后一个自然段展现得很明确。这个部分说，"上述判断依赖于以下两点事实：第一，人工智能技术造福人类的同时也加大了人类危害自身的可能性"。事实上，不仅是人工智能技术，所有的工业技术都是这样的。农业技术其实也是这样的，人类进入农耕文明之后，农业造福了人类，同时也带来了对人类自身的危害，这也可以说得通。所以"人工智能技术"前面"人工智能"这四个字不要都没问题。第二，传统社会治理体系无力解决工业社会过度发展而产生的社会问题，这就很明确了，这里并不是在说人工智能相关问题，还是没有逃脱传统的社会治理体系框架。所以基于这两点来看，我觉得第一部分总体来说并没有展现出人工智能有多么颠覆性的效果，这里讨论的还是风险社会，是传统意义上的风险社会。

到了第二部分，文章提出"人工智能技术在挑战我们的法律"，然后分门别类地列了五类问题。但事实上我认为这五类问题基本上可以归为三大类问题：第一个问题关注的是"机器人法律资格的民事主体问题"，这是算一类；第二、第三和第五个问题，也就是"人工智能生成作品的著作权问题""智能系统致人损害的侵权法问题"和"智能驾驶系统的交通法问题"这三个问题实际上算一类——不管是人工智能产生著作权纠纷也好，还是机器自动运行过程当中产生了对人损害，还是汽车自动驾驶致人损伤，这事实上都是技术对人的问题；第三类就是文章这一部分关注的"人类隐私保护的人格权问题"，这算是一类独立的问题。

这三类问题中，首先来看机器人法律资格的民事主体问题。单从技术的角度讲，这可能并不是一个问题。因为很显然，现在技术并没有发展到这个程度；在可预见的未来，至少在五十年内也发展不到这个程度。这目前只存在于科幻电影当中。斯皮尔伯格拍电影可能会讨论这种问题，但在现实中技术距离发展到这个程度还很远。机器人机器依赖算法、命令的输入，它本身是没有任何自主意识的。所以现在远远没有到讨论机器人是否具有民事主体资格的时候，我甚至觉得这种可能性都不存在。第二类问题，也就是技术对人、技术对法律制度的冲击方面，在这三个领域，我也认为这个并没有达到需要专门立法，或是另起炉灶立法来对其进行规制的程度。比如说自动驾驶，说到底还是人输入一些程序，然后车根据程序指令运行。如果发生了致人损伤事件，我觉得本质上还是属于交通事故类的侵权。而且这个交通事故的责任是很容易认定的，要么是驾驶人在驾驶过程当中存在不恰当的操作，要么是程序设计本身有问题。这是很容易就可以找到侵权责任方的，不需要专门的立法，只要一定程度地扩大解释侵权责任法就足够了。包括所谓的人工智能产生的著作权问题，也是同样的道理，还是在侵权责任法的范畴内。这个问题的最终落脚点始终是侵权、是民事侵权。那么对于这些侵权行为，现行侵权责任法已经完全足够解决这些问题。只是说，以前是人与人之间的直接侵权，现在变成了人通过某种介质侵权，就是这么简单的问题。

  第三大类问题是人格权的问题。人格权保护的重点是个人信息保护。但对于所谓的人工智能时代而言，无非就是把以前写在纸上的信息，现在转换到了电子储存介质中去。不可否认，这种存储更便捷、更高效，储存量也更大了，但这些终究是在效率层面上讲的——如果有足够的纸、足够的时间去书写这些数据，那么一样是可以达到这种储存效果的，只是现在效率上提高了。这也就是说，这里提到的人类隐私保护问题。在人工智能的背景下，只是效率的提升而已，并没有突破现行的法律保护范围。

  所以，文章第二部分提出的人工智能技术挑战我们法律的五个具体问题，也就是我归纳的三个大的问题，我认为人工智能技术并没有对现行的法律制度造成足够的挑战。或者反过来说，我们用现行的法律制度去解决这些问题，基本上是没有问题的。因为这里没有发生根本性的颠覆、没有产生制度性的创新。除非第一个问题解决了，也就是机器人法律资格的民事主体问题，这是个颠覆性的转变。如果这个问题解决了，那后面的四个都是问题；如果这个问题并不成为一个真正的问题，那后面四个问题都不是问题。因为机器人如果没有自主意识的话，那么有自主意识的始终是人类，这五个问题用人类世界现行的法则就已经可以规制了，无非是介质不一样、效率不一样而已。

到了第三部分，讨论"面向未来的制度构成"的时候，我们可以明显看出文章的落脚点并不是法律的规制，而是用了相当多的篇幅讨论"国家发展战略""机器人伦理"的相关内容。也就是说，是一种长远的、展望式的规制。所谓的"制度安排"实际上是关注国家战略，也就是说我们要大力发展技术，投入更多的资源来发展数字技术、人工智能技术，以及我们要注意可能会出现机器人伦理这些当前还存在于幻想当中的东西。至于专门立法，只是在很后面的地方提到了，说了一些人工智能立法，但没有明确地说到底是怎么立法，甚至都没有回应前面的五个问题。

作为一篇展望性的文章，在2017年提出这些问题，我觉得是可以引人思考的。但是至于文章说的人工智能时代是否已经到来，或者到来之后对我们现行制度法律造成了多大的冲击，至少在这篇文章的范围内我持保留态度。

史志磊博士

吴老师对知识产权的思考基本上是从传统民法出发，该文的基调也是如此，就是说传统的民法的规定稍作调整，就能够适应现代社会。文章的具体内容比较宏观，所涉及的每个问题单拉出来，都可以写一篇很好的文章。现在来看，文章所提出的问题还都有继续研究的价值。

据我观察，数据法学成为一个独立学科，这个论断还为时尚早，因为它的研究范式、基本命题还没有提炼出来，现在只能说这是一个新的领域。这个领域需要整合传统私法、行政法、刑法、宪法等学科的力量进来研究，成为各自学科的知识应用新场域或新的知识增长点。在我的阅读范围内，我感觉数字世界的民法问题主要有两个，当然这两个问题也是交织在一起的。一个是以人格利益保护为核心，体现为个人信息的问题；另一个是以企业数据保护为核心，企业数据如何保护、赋权还是不赋权、如何赋权等，这些都是值得讨论的问题——我个人感觉，企业数据保护可能会产生新的财产类型，至于新的财产类型的"长相"，我还看不清楚。

另外，在民法上，讨论如何保护数据时，学界关于如何界定信息和数据并没有达成一致，有的把保护框架的建构建立在信息和数据区分的基础上，有的建立在二者合一的基础上，这一点，我还得继续学习，现在还搞不清楚哪种思路是正确的，这可能与我是个"技术盲"有关。民法不是立法者建构出来的，而是对实践规则的提炼和总结，就此而言，关于企业数据的保护，还需要实践摸索，相关方达成利益平衡，然后再用法律概念去描述它。

最后，我想说，如果企业数据是一种新型财产，我们对这个问题的讨论，需要建立在人类财产思想史的基础上。目前看到的文章基本上是从当下功利的角度讨论问题，这种讨论给人没有思想根基的感觉。当然先贤们并不会直接论述数据的财产问题，但我相信先贤们的财产思想可以导入数据领域，并能够结出果实。

石聚航副教授

谈几点阅读感受：

第一，智能社会下的风险和风险社会通常所说的风险有什么区别？能否用风险社会的一般原理来分析智能社会的风险？似乎值得讨论。我个人感觉应当更进一步去类型化分析智能社会的风险有哪些独特的特点。

第二，智能社会对现行法律的挑战，是局部的挑战还是系统的颠覆，需要认真仔细甄别。如果只是局部的挑战，现有的法律体系是否能够有效地规制？倘若肯定的话，现有法律体系就没有必要重构。

第三，智能社会下法律的价值应当多元化值得肯定，但是这些多元化的价值之间是否有位阶？如何处理它们之间的矛盾？似乎也应当是法学必须直视的问题。

第四，该文讲到人工智能对民法、劳动法等法律的挑战，似乎没有看到对刑法的挑战。智能社会对刑法是否有影响，也值得进一步讨论。此外，不同的部门法在应对社会风险时的策略是否有所区别？区别的依据又是什么？也值得进一步挖掘与讨论。

蔡荣博士

对于人工智能法学的研究热潮，一开始我是比较抗拒的，因为我认为具有人类意识的智能机械离我们还很遥远。现在回过头去看人工智能法学研究的热潮，会发现它的热度已经开始下降了。而在人工智能之后的"区块链""元宇宙"这些科技概念也并没有在法学圈再引起如此广泛的讨论了。难道人工智能法学真如我们所认为的那般是个伪命题吗？

我认为并不是这样的。一方面，随着我们对人工智能本身认识的逐渐深入，从最初将人工智能幻想为"有人类意识的机器人"，逐渐开始了解"人工智能"背后的技术原理。就我所理解的，现在的人工智能是以大数据为基础，结合算法优势而表现出的初级阶段的智能化。另一方面，吴汉东老师的文章所提到人工智能时代可能面临的法律难题正开始出现在我们的生活中。例如，自动驾驶汽车的侵权责任、人工智能创作作品的知识产权保护等，已经随着技术的发展出现在了我们的现实生活中。因此，我认为人工智能法学并不是一个伪命题，它依然有很强的学术生命力。

如果说要找一个法学概念来与人工智能法学进行类比，从刑法的角度来看，我觉得关于网络犯罪的发展脉络是一个很好的参照物。目前理论上关于网络犯罪的研究已经比较充分了。而关于网络犯罪的整体发展，现在普遍认为经历过三个代际发展阶段。以网络作为犯罪对象的阶段，以网络作为犯罪工具的阶段，以及网络社会作为犯罪空间并与线下社会相融合的阶段。如果以此审视人工智能法学研究，我们也经历了以人工智能为主体的阶段（具有意识的机器）、以人工智能为工具的阶段（自动驾驶汽车），以及关注人工智能背后技术变革的阶段（数据保护和算法歧视）。从这个研究发展脉络可以看到，人工智能法学研究从"仰望星空"逐渐回归到"脚踏实地"。因此，以数据保护和算法合规为主体的人工智能法学研究将是未来一段时间内人工智能法学研究的主要内容，我们可称为"数字法学"或"算法法学"。

商韬博士

吴老师的这篇论文给我的第一印象，是他对于乌尔里希·贝克的《风险社会》之于当前数字社会的现实，谈了他在法律上的感受。就像程迈老师刚才提到的，这种感受更像是一个纲领性的东西。吴老师依据他的知识、直觉，发现了问题，所以写了这样一篇具有先导性的论文。

对于论文当中谈及的法律问题略显空洞，我个人是这样理解的。作者在第二部分（人工智能技术在挑战我们的法律）当中谈了五个方面的法律问题，但作为读者，我们可能读起来觉得"不解渴"，会让我们觉得作者所说的法律问题尚不足以让我们去重新审视法律。原因在于这是写于2017年的论文，当时对于作者谈到的问题还没发生足够关联度的实践和案例，这也是作者为什么无法充实实证，而只能进行抽象描述。我现在可以就这篇论文所提及的法律挑战，分享一些实例，供大家思考该文中提及的挑战在今天是不是问题。

第一件事发生在 2022 年 6 月份，一位谷歌工程师，他认为谷歌团队研发的一个 AI（人工智能）有了自我感知意识，当他公开发表这番言论之后被谷歌停职了，谷歌也迅速澄清说 AI 没有自我感知意识。这件事目前引起了全球范围对 AI 感知可能性在伦理和技术上的讨论。

第二件事发生在 2022 年 7 月份，一位瑞典科学家，她是从事 AI 研究的，她让 AI 写一篇学术论文，要求是 500 字，并且有文献参考和引用。AI 很快就完成了，这名科学家看到论文后，用她自己的话说，让她感到敬畏，因为这是一篇很好的研究介绍。之后她让 AI 写一篇完整论文，AI 用两个小时完成了写作。接下来（在获得 AI 同意后）在投稿的过程中，引发了一系列伦理和法律问题。

回到吴老师论文当中提到的法律挑战，我们今天已经可以看到，AI 能写论文了，这可能是在用自我意识写出一篇论文，而不是简单的资料堆砌。就像 AI 在围棋领域中展现的那样，AI 的棋艺已不是对人类棋手的简单模仿，而是经常出现超越人类顶尖棋手的招数，甚至现在引起围棋爱好者反而去学习 AI 之间对弈的棋谱。那么 AI 到底有没有自我意识？将来有没有可能成为拟制之人享有法律主体资格？我觉得现在不能说肯定有，因为听起来似乎有些科幻，但至少得打个问号了。而且吴老师在论文当中所提到的 AI 生成作品的著作权问题，现在已经发生了。

所以今天把这些实例带入进来，放进吴老师这篇论文的第二部分去思考，他当初谈及的那些法律问题，可能就不会让我们再感到"不切实际"了。再回到刚才说的，可能当初吴老师的知识和直觉发现了这些问题，但是当年没有足够的案例可供支撑，使得这篇论文更像是一个纲领性的东西，之后的学者就会在这个基础上，沿着这篇论文提供的思路，根据已出现的某一个法律问题再研究下去，所以我想这就是这篇论文引用率那么高的原因。

最后我还想补充一点感受，这篇论文非常核心的一个词就是"风险"。我非常赞同吴老师在论文中的观点"知识问题是现代性风险的根本成因"，很多风险分析到最后都会发现是知识问题，所以可以说风险就是知识中的风险。

我们都是从事社会科学研究的，对于自然科学的很多知识我们是不清楚的，在这种情况下，如果我们作为决策的建议者，我们怎么给出这种建议，这就是风险。因为我们可能根本就不知道这个世界的发展有多快，科学的进步有多快，这里面会有什么样的问题，问题的严重性在哪儿。如果没有相关的知识，或者说已有知识一旦出了偏差，由此产生的法律风险是难以预测的。

李士林副教授

拜读和学习了吴老师的大作，如果说评论的话，我肯定远远不够格，我只有学习和赞叹。要充分理解吴老师的观点，首先需要了解吴老师这篇大作产生的背景和吴老师对人工智能抱持的观点与看法。

吴老师一贯抱有"知识产权具有一定制度风险"的谨慎观。他认为知识产权制度是有风险的，我们不能追随西方纯粹贸易工具和政策的做法，就像美国337、301调查那样，知识产权制度的风险，比核武器更可怕，它是一种看不见的损害。知识产权事关国家安全，即便应用到人工智能也是一样。技术创新需要知识产权制度的保障，同时技术也受到伦理和规范的控制。我国从2008年的国家知识产权战略到2018年的国家知识产权强国战略，强调的就是知识产权制度的科学化、合理化。十九大报告中就知识产权问题强调"创新、运用、保护"，重申知识产权制度与技术发展的辩证关系。也就是说需要知识产权制度去推动技术发展，有了技术发展需要知识产权制度来规范。新技术的发展需要制度规范帮助扫清发展路上的障碍，同时也需要制度的权威性指导。在技术与知识产权制度的发展关系上，学界存在三个流派：激进派、保守派和中立派，这在知识产权和科技法领域体现得非常明显。

我们回过来看吴老师的这个观点，他从整体上高瞻远瞩，这与他长期作为国家知识产权决策机构的智囊身份是相适应的，我们不应把这篇大作视为一般解决现实问题的小制作。这篇大作主要论述了人工智能、算法的知识产权保护问题，这两个问题其实都是现实技术发展对知识产权提出的迫切需要回应的问题，吴老师基于这两个点向外拓展，结合了他对风险社会的理解，最终催生了这篇文章，也就是关于人工智能的纲领性的文章。

从内容的角度来讲，我觉得这篇文章里面主要谈到的其实是两点：第一个人工智能的主体地位问题；第二个人工智能的知识产权制度保护问题。保护是被动的，就是说人工智能的发展向知识产权制度提出需要，它需要申请专利、著作权登记等，这些诉求需要寻求知识产权制度的支持。一方面需要排他性，需要技术垄断；另一方面又需要竞争。因为技术的学习是很快的，它会从制度的角度去垄断、去竞争，所以技术发展会反过来去挤压知识产权制度。或许提供一个选择，就像有人用人工智能创作物向美国版权局提出的版权登记要求，他声明这一个创作物就是智能机器人自己创造出来的，他为机器人申请版权登记，结果被美国的版权局拒绝了。拒绝的理由是，在目前整个知识产权制度里面，机器人的主体仍然是自然人，制度坚持的仍然是人本主义，而不是人工智能，也不是其他非人的东西。虽然动物也可以创作，早期有过好多次讨论已经否决掉了，现在反馈到人工智能领域内，依然应当如此，不应有例外。也就是说我们整个制度的建立是人本主义的，还是把知识产权创新的主体限定为人，对其他是排斥的——我不考虑技术上你符合不符合著作权保护的表达可能性和创新性，也不考虑你在主体上能不能行使私人的权利，我们就先考虑，在整个大的背景下，我们是人本主义的，你既然不是人，所以在这个领域我们不予接纳。

我们在技术领域内寻求知识产权保护的时候，主要涉及两个问题：第一个就是它的创作物的问题，版权保护；第二个就是它的技术的问题，寻求专利法的保护。因而就有了算法到底是不是商业秘密，是不是技术公司所提到的数据的核心这些问题。算法到底是数据保护的东西，还是商业秘密，还是专利？到底要不要公开这样一个黑箱？所以才有了算法领域研究的几个思路和路径，大家可以对照算法的研究看看。

吴老师这篇大作吹响了我们知识产权研究和回应现实技术发展需求的号角。在这个方面，我们其实是被动的，不是主动的。就是说，我们要回应技术人员对我们提出来的要求：我要专利可不可以？我要版权登记可不可以？反过来这样一个诉求需要我们学界对它做一个回应，如此才有了这个东西，包括后面的人工智能自动驾驶。基于这个点我们就要回答可不可以给专利？可不可以给版权？所以吴老师重点提到了这两个主题。这是知识产权界讨论这两个问题的热点。

另外一个集中的主题就是算法。其实吴老师给大家提出了一个可以研究的领域，这个领域不是纯粹的理论抽象，而是呼应社会现实对我们学界、对我们的整个制度提出的挑战。所以他讲的风险其实也有这个层面的意思。技术对我们的制度反过来提出了一个问题——因为要搞法治、既然有这个法，我提出来这个要求、这个问题，制度要不要给我答复？基于这个立足点，大家可以想，我们这个领域内其实有好多这样的问题。比如说数字化，那么数字化现有的著作权肯定不行，数字化过去的行不行？就像谷歌图书馆一样，这样可不可以？如果是稀有文本还涉及物权争议的，到底行不行？这个问题到现在，德国的制度也没有给一个明确的答复。谷歌要在哪个国家去做这个市场，很多国家其实也没有答复。包括亚马逊，它做的数字图书，做了大量的kindle版本，很多是中华古典文献。那么对古典文献到底它有什么权利，还是别人有权利，到底怎么认定？其实也需要我们法律上做一个呼应，所以这个点算是对现实技术的一个呼应。那么基于这个点，我们自然就想到了风险社会中的技术对我们法律制度的反向的挤压，这是需要我们去回应的。同时我们要依赖制度去做前沿性引导。但是大家可以看，我们用制度去做引导反而是做不到的，还是会出现技术挤压我们法律制度的现象。比如说数字平台的反垄断的问题、不正当竞争的问题，这些问题以前都没有，阿里巴巴当时一家独大的时候也没提这个问题，腾讯一家独大的时候也没有提，现在为什么这么提？因为入行的越来越多，自然就对法律提出了这样的诉求，有这样的要求制度就要作出回应。数据作为数字经济的第一要素，不要等到技术的发展对我们法律制度提出挑战之后，我们再来应对、我们才有制度，这样就晚了。传统社会是可以这样子的，我们可以先行先试，但是在数字经济社会里要这样做的话，总是会遇到各种各样的问题。

附：

《人工智能时代的制度安排与法律规制》

吴汉东

摘要： 人工智能是人类社会的伟大发明，同时也存有巨大的社会风险。它或是"技术—经济"决策导致的风险，也可能是法律保护的科技文明本身带来的风险，这一社会风险具有共生性、时代性、全球性的特点。同时，智能革命对当下的法律规则和法律秩序带来一场前所未有的挑战，在民事主体法、著作权法、侵权责任法、人格权法、交通法、劳动法等诸多方面与现有法律制度形成冲突，凸显法律制度产品供给的缺陷。对于人工智能引发的现代性的负面影响，有必要采取风险措施，即预防性行为和因应性制度。面向未来时代的调整规范构成，应以人工智能的发展与规制为主题，形成制度性、法治化的社会治理体系，包括以安全为核心的法律价值目标、以伦理为先导的社会规范调控体系和以技术、法律为主导的风险控制机制。借鉴国外经验，立足本土需要，当前应尽快出台"国家发展战略"，及时制定"机器人伦理章程"，适时进行机器人专门立法。

研读季卫东《人工智能时代的法律议论》

2022年7月24日学术沙龙纪实

2022年7月24日，南昌大学法学院数字法治研究中心召开第五次学术沙龙，学习研讨季卫东教授发表于《法学研究》2019年第6期的论文——《人工智能时代的法律议论》。

宋维志博士

这篇文章的结构很清晰，主要是由四部分构成。

第一部分"引言"基本介绍了文章要讨论的问题。引言提出了三个问题，第一个问题，或者说第一个担忧，法律议论存在着被数据运算这种技术挤压的可能性；第二个问题是在前面这个问题的基础上提出的，假设法律议论在数据运算当中获得了可能生存的空间，那么人工智能也就是数据运算这么一种过程，能否提升法律议论这一活动的质量，或者扩展它的深度；第三个问题又在这个问题上进了一步，假设人工智能可以对法律议论做出一些贡献，那么人工智能应当如何处理价值问题，或如何进行价值判断。这三个问题是该文的核心关注内容。

在第一个部分"法律解释、法律议论与人工智能的对话系统"中，作者认为，人工智能能够在一定程度上、一定范围内处理法律解释或者法律推理工作，但是还不能够很好的处理法律议论这样一种司法工作。它的不足在哪？在第36页就写得很清楚：第一是人工智能缺乏常识，第二是人工智能无法理解语言的真正含义。第一部分的结论就是，在当下，人工智能"仍然不能用于富于变化、感情以及创造性的法律议论"。这是一个阶段性的结论，或者说对当下的判断。

第二部分标题是"一般条款、原规则以及法律背景知识的体系化"。这部分实际上讨论的是人工智能提升法律议论的可能性，以及如果可以的话，其实现的路径是什么？在这部分作者提出了主要是两种可能的路径：一种是以"法律的道德性"为参照，通过一种技术手段把法的道德内涵标准化、程序化、模式化；另一种是将法的原则用一种标准化、数据化的方式来处理。

第三部分，因为我没有理工科的知识背景，读到后面数据矩阵这些内容，我没太看懂。但是作者想做什么，我大概是读出来了。人工智能如何使法律议论变得有效变得可行？很重要的一个环节就是研究如何才能让人工智能、让机器来处理价值判断问题。在这个地方作者用了很多数据模型，我归纳认为其实就是一种方式：通过量化的方式来处理价值。不管是通过优先性的排序，还是通过权值负重，事实上都是把价值法律议论量化，使其能够让人工智能处理。

我读这篇文章的一个感受是，文章是有一些法教义学和社科法学争论的味道在里面的。作者之所以花这么大的力气去区分法律解释和法律议论，事实上可能就是想说，对于教义学而言人工智能是可以处理的。这在第一部分已经较为全面阐明了，就是说在法律推理方面，或者说对于一般的这种是或否的判断，人工智能是可以处理的。但是如果要引入了价值判断，这就是教义学之外的东西了。也就是说在法社会学的视角下，法的确定性以及它的功效，并不仅是教义带来的，还要考虑一些价值评判、社会影响之类的因素，那么这就是人工智能所不能做的事情。这也是作者在第二部分、第三部分想通过某种形式来探索让人工智能介入法律议论的可能性。

另一个感受是，我想到了法学界流传甚广的一句名言，"法律的生命不在逻辑而在于经验"。实际上花了很大的力气去讨论"法律议论"这么概念，研究人工智能有没有可能，或者如果有可能怎么才能处理法律议论，事实上还是在解决经验和逻辑的问题。很显然，对于人工智能而言，至少在现阶段，不管人工智能有多智能，它始终是一个输入与输出的过程，它的运作机理是二进制的判断——是或者否。但是现实生活并不是二进制的，这就给人工智能介入司法带来了极大的困扰。有些事物并不是通过简单的是或否、对或错的判断能解决的。事实上，即使作者尝试了科学量化的价值判断方法，我认为作者仍然没有找到一种具有可行性、实际操作性的方法去处理司法价值判断问题。因为无论怎么对价值进行赋权、进行价值函数设计，基于代码式的运算，还是无法解决输入与输出这个问题，也就是说人工智能始终不能自行地判断什么样的价值是更优先的。比如有的时候自由更重要，但可能换了另一个场景，平等更重要。这种就是人工智能不能处理的问题，它无法判断什么时候哪种价值应当优先，或者说它必须要等待一个确定的指令才能来处理的问题。

在我们上一次讨论的时候也说过这个问题。在上一次的文章里，吴老师提出了很多应用场景，但是这些应用场景只是在效率上提升了技术应用路径，并没有解决效率之外的问题。因此，不管是上一篇文章当中的技术应用，还是这篇文章中的司法应用也好，人工智能只是在技术的效率上实现了提升，但是还远没有达到取代或替代人类活动的程度。

这是我个人的一点看法，抛砖引玉，请各位老师批评，谢谢。

程迈教授

谢谢宋维志的解读。我感觉你解读的季卫东老师，可能比季卫东老师讲出来的东西更多、更好。通过此次机会，我也深刻体会到了我们这种多学科交流方式的优势，可以从更多的不同学科的角度来思考问题。

从我自己读这篇文章的感受来说，我没有从中看出人工智能与这篇文章的立意的直接联系。因为如果我把这篇文章中的人工智能改成自动化决策、自动化推理、自动化法律检索，好像也没有太大的问题。现在关于数字法学的文章这么火热，在各种权威期刊上每期都有论文发表，但是关于数字法学、数字社会、数字经济，这些新现象与过去的大工业生产、自动化这些东西的本质区别究竟在哪里，好像还需要进一步讨论清楚。

我个人认为这些东西还是有本质区别的。就我本人的宪法研究来说，我感觉这几年不管是中国还是西方，不同国家的政治法律制度的实践的确是出现了变化。但这篇文章没有展开解释。所以我感觉这篇文章可能还是"新瓶装旧酒"，谈论的还是一个经典的话题，也就是法律规范推理的过程是不是可以机械自动化、是不是可以代数化？那么人工智能到底有什么不一样的地方？这篇文章他没有去写，但是这篇文章引发了我一点感想。

这篇文章认为现在 AI 还没有办法代替人们去处理决定，技术上还不够成熟。其实我倒觉得这不是一个问题。原来我认为 AI 接受的文本不够、对政策习俗的了解不够，所以 AI 没有办法做出很好的决策，但在现在的大数据时代，这就不是一个太大的问题。上周我们的讨论中，商韬老师就提到了 AlphaGo 现在都不玩围棋了，太简单了，因为算力已经达到了这种程度。那么在我们现在这个大数据时代，你说文本不够、对政策的理解不够、对习俗的理解不够，那我们往数据库里输入，让机器不停地去学习这些东西好了。所以我个人觉得这不是 AI 的根本问题。

为了研究宪法中的一些问题，我也学习了一段时间的认知心理学。因为宪法研究的最后就是对人和人性判断的问题。其实从认知心理学上说，所有的这些价值判断、这些认知，都是可以数字化的。现在的确是很粗糙，但是方向摆在那里，可以不停地去进行归纳，这是大数据就可以做到的事情。

另外，我们讲到法律价值时，我们要看到法律价值与个人价值还是不一样。个人价值好恶可能是没有什么理由的，比如我喜欢吃炒粉，张恩典老师喜欢吃炒面，没有为什么，这就是我们两个人的个性差异。但是对于一个国家来说，它的价值其实是有客观性的。比如说我们国家是一个强调集体价值要优先于个人价值的国家，可能我们这些搞法学研究的人中有个别人会觉得个人价值要优先于集体价值，但是对于一个国家来说，它表现出来的主流价值就是一个集体价值优先的国家。所以，文章说人工智能没有办法对这些价值序列进行定义。我不觉得这是一个问题。包括考虑的问题不够全面、不够周到，这也不是太大的问题。人工智能现在做不到，通过大数据学习，以后可能就做得到。

其实我觉得需要讨论的问题可能要更上一层，也就是如果 AI 可以把所有的法律文本、所有的政策、所有的学术学说、所有的法律文件、所有的教义学，以及所有的社会因素都进行大数据学习，如果它有一天真的能做到这一点，那它会变成一个什么样的存在？到那一天，我们的问题可能就不是要不要相信 AI 的准确性的问题，而是要不要把权力交给 AI 的问题。在法庭上，AI 会是一个专家，它对专业问题的了解可能是非常完美的。但即使它是完美的专家，我们就要把权力交给它吗？就好比说是专家治国，这就可以了吗？如果专家可以代替政治家，人类社会的一些判断是不是就是一个理性计算的结果？

但是从宪法的视角来说，因为 AI 和我们的共同体没有切身的利害关系，它成了一个游离于共同体之外的、没有感情的、完全理性的机器，它可以知道所有的东西、可以推理出所有的结论，它甚至会告诉我：程迈，你做这个决定肯定会伤心，我建议你不要这样做——那么问题来了，在这种情况下，我可不可以告诉 AI：是的，我会很伤心很失落，但是我还是要这样做，你不能代替我做决定？

在这篇文章中，季老师想证明一件事：至少 AI 现在是没有办法代替法官去做判断的。因为 AI 没有常识，不能理解价值和概念。但是其实反过来说，现实中哪位法官能具备完全的常识，现实中又有哪个法官能够对人类所有的语言理解透彻呢？所以我觉得未来的发展问题不是讨论 AI 会不会有什么技术上的不完美，最终的问题是要不要把权力交给 AI。也就是在司法过程中需不需要保留法官的主动性。

在一个国家的运行中，即使如果 AI 可以做一些从规则上看非常完美的东西，但是不是还是要留下人，要让人去做一些不完美的决定，还是要进入一个纯粹智能化的社会呢？其实在 AI 做完美判断的时候。也会有一个风险。我们在宪法上有时会提到，大多数人其实是保守的。一个社会中人大多数中下层群众只要是在社会完美的时候，他们就不会去革命，不会去想什么变革。有的时候少部分人才可能是推动历史发展的动力。那么如果 AI 反映的是大多数人的想法，它会不会最终变得非常保守？这个时候，为了推动整个社会的进步，整个社会的发展是不是恰恰需要那种不完美的个别法官的决定呢？

张恩典副教授

整体读下来，觉得这篇文章是之前季卫东老师发表在《东方法学》2018 年第 1 期的《人工智能时代的司法权之变》观点的延续和升华。关于智能与司法的关系，季卫东老师有个基本的定位：人工智能技术是一个辅助性的手段。实际上这是季卫东老师这篇论文的立论的前提。在这一前提之下，这篇论文讨论了人工智能技术在司法场景中的法律议论之间中的作用空间和方式。季卫东老师之所以选择司法场景中的法律议论作为研究主题，很重要的原因就在于司法场景是最能够体现法律特性、同时也是人工智能技术最具有挑战性的应用场景。

第一，在这篇论文中，季卫东老师虽然谈到了司法人工智能在如何处理人的情感和法律语言模糊性中存在的困难，但是他对待司法人工智能的态度是开放性的。大陆法系司法实践运用的法律推理更多是一种演绎逻辑，是形式上遵循三段论的推理结构。然而，人工智能技术对传统的建立在演绎推理基础上的司法三段论带来重大挑战。基于深度学习或者神经网络的人工智能技术，采用的是一种归纳推理的方式。具体来说，就是通过海量司法裁判数据的学习，从中发现特定类型案件审判的规律性东西，并在此基础上得出个案裁判。在这个过程中，人工智能的学习能力可能远远超越我们的预知。未来的智慧司法更多是以深度学习为基础展开。正是考虑到人工智能技术发展的不可预期性，季卫东老师在这篇论文中对司法人工智能持一种审慎开放的态度。

第二，从应然层面来讲，当我们面对不断完善的司法人工智能技术时，我们到底该不该将司法裁判权让渡给机器？在机器法官与人类法官之间我们究竟应当如何抉择？对此，我认同季卫东老师对司法人工智能的基本判断，将其定位为司法裁判辅助的角色。由此，我们还可以延伸出，人类或者说司法个案中的被告有没有可能拥有一种可以来反抗人工智能司法裁判的权利？在这种算法自动化决策的回路中有没有预留人类干预的空间？在何种情况下，被告可以要求人类法官干预智慧司法过程？

第三，季老师的这篇论文集中谈论了司法场景中法律议论的人工智能技术应用空间和方式。除此之外，在政治、立法等活动中同样有法律议论。对此，这篇论文没有涉及。在政治生活当中的论辩，可不可以同样被替代？有观点认为AI自身以后可能可以来立法，那是不是AI不但可以取代司法者、可以取代执法者，还可以在某种程度上取代立法者？对此，该文并未涉及，但是作者对风险规制这一行政决策场景中的人工智能技术应用的可能性和具体方式做了展望。

总体而言，对于人工智能技术，我们应该保留相对开放的态度。技术上能否实现和达到是一回事，法律对人工智能技术的法律规制则更多是一个价值判断的规范问题。但是总体上，人工智能技术应用不应凌驾于经典法律基本原理之上。在技术、法律和人这三者的关系上，我认为实现和维护人的尊严和自主性是技术应用和法律规制的一个根本遵循和伦理总纲，司法人工智能技术应用也应当遵循这一原则。在这一原则之下，立法者或司法者可以选择在何种场景下来应用人工智能技术。

▎商韬博士

我接着刚才几位老师谈的话题和观点，说一些我的发现和感受。我觉得有一个很重要的问题我们必须首先去界定——到底什么叫作"人工智能"？刚才程迈老师提到一个概念"自动化推理"，自动化推理能否被叫作人工智能？包括像 Siri、小爱同学，这些能否被叫作人工智能？我个人目前的理解，这些可能算不上人工智能，如果仅仅是处理比较简单的自动化推理，算不上"智能"，顶多算"人工"。所以为了接下来进一步探讨，我们有必要先把这个概念界定清楚，怎么定义"人工智能"？刚才张恩典老师说了一个很重要的关键词——继续学习，我也认为不单单是处理数据，而是在这一过程中具备继续学习能力，可能这样才能被界定为"人工智能"。关于这种学习能力，我分享一个例子，大概五六年前，东京大学的一名学生开发出一款日本将棋人工智能，它打败了包括日本将棋棋圣在内的所有人类棋手，在电视转播人工智能与这位棋圣的对弈时，人工智能从开局的第一步棋就下出了让所有人，包括解说员、观众，甚至它的对手，都倍感意外且毫无头绪的一步棋，没有人类棋手这样下过开局，这超出了大家对于"常规"棋艺的理解，观赛现场甚至出现了一片笑声，但在多步之后，大家才反应过来人工智能之前走的那一步棋用意何在，可以说它的棋艺已经大大超越了当世人类对将棋的理解。甚至连它的开发者，那名东京大学的学生也表示非常震惊，当初只是在开发时给人工智能录入了过去五年的棋谱，没想到它的进步能这么快。至于人工智能进步到怎样的程度，他给出了数据，人工智能在录得棋谱后直至参赛时已经完成了 700 万局的自我对弈，相当于人类棋手用 2000 年时间才能具有的数量级，也就是说，在与人类棋手对弈的那一个"转身"，人工智能已经至少超越了我们 2000 年，这还不算此后时间里它的发展，这已经不能叫进步了，这是"进化"。在这个实例中我们可以看到，人工智能有着极强的继续学习能力，正是学习能力才让它们变得"智能"。所以回到刚才的话题，我们需要界定什么才是人工智能，首先要明确我们在探讨的、在面对的是什么。

接下来是另一个问题，季老师这篇论文当中认为人工智能不完美，它没有办法很好地完成法律解释、法律议论、法律判断，所以不能取代人类，不能取代法律工作者。刚才程迈老师往前继续推了一步，如果我们刚才所说的人工智能是完美的，他能够胜任法律解释、法律议论、法律判断，可能也不能取代人类。我再往前推一步，我们回顾关于将棋比赛的例子，就像刚才说的，人工智能领先人类棋手那一刻就拉开了至少 2000 年的差距，之后这个差距还在不断拉大，领先我们几千年的人工智能所下的棋路，所作出的法律判断等，对人类而言，会不会过于"完美"了？人工智能看我们的时候，会不会就像我们以当下的标准去看待 2000 年前的社会？当人工智能给我们一个完全超越我们所处时代的法律判断，超越我们当下时代的社会价值观，我们会怎么想？所以，有缺陷的可能不是人工智能，而很可能是我们，人工智能可能不是不完美，而是完美到令我们无法接受。

接下来第三个问题，刚才张老师谈到，季老师这篇论文仅仅探讨法律判断的问题，可以再大胆往前推断一下人工智能参与政治辩论的场景。其实这个方面已经有过实例，2016 年韩国就提出要引入 AI 政治家，目的是解决人类政治家所不可避免的腐败问题，当时请了一位在人工智能领域比较权威的专家，由他负责开发 AI 政治家，计划用五年时间让 AI 学习宪法、法律、国防、经济，甚至舆论调查等知识。最后怎么去用这款人工智能，不是说直接实施 AI 制定的政策，而是由公众讨论 AI 制定的政策，由人类自己去决定是否接受。或者说，让 AI 成为某种形式的"议员"，可以让它提案，这样就能拿同一议题的人类提案和 AI 提案作比较，如果发现不同之处，就能对比分析人类提案中是不是夹带了利益输送等问题。论文当中季老师提到的一个观点，他认为人工智能可以被理解为是一种重要的辅助性技术手段，对这个定位我个人是非常赞同的，就像上面这个例子。人工智能可以起到非常好的辅助作用，问题在于，对于可能完全超越我们的人工智能所给出的无论是法律判断还是提案等，我们敢不敢拿自己的东西去"PK"？敢不敢接受？

对于季老师这篇论文，我个人感觉更像是一篇论述法律解释、法律议论的文章，不谈人工智能我也认为是一篇非常好的理论探讨。而关于人工智能的论述，一是篇幅不多，二是在论述上好像略显有一点牵强，只是很简单的几句话点到为止，反而觉得是把人工智能问题强行"嵌入"到法律解释、法律议论的论文当中。这篇论文人工智能出现最多的是在引言当中,刚才宋维志博士提到的对于三个层级问题的归纳,其实看到引言我是对接下来的主体论述部分非常期待的,但看完之后觉得"不解渴"。我想其中的原因可能还是没有界定清楚到底什么是人工智能,我们到底在面对来自真实的人工智能的什么问题。

其实这个问题不应该由我们来回答,我们都是搞法律的,对于人工智能我们算是外行,要弄清楚这个问题,我有一个建议,之前程老师安排了一系列的调研,我建议去了解一下江西现在有没有企业或是研究机构在用人工智能,去他们那里调研,由实际接触的人告诉我们关于人工智能的事。因为通过对这个话题的"补课",我发现人工智能不但不能算是科幻,不是"将来时",甚至连"现在时"都算不上,其实它已经是"过去时"了,已经有很多人工智能的使用早在多年前就已经来到我们身边了。如果江西现在有使用人工智能的个案,通过实地调研和访谈才能让我们发现一些真正的问题。以上是不成熟的一些想法。

程迈教授

刚才商韬提到了过度完美的问题。我此前没有想到这个问题。但其实如果真的出现了一个完美的 AI,这就有一个问题了,人为什么一定要自己去决定自己的命运呢?一个国家的人民为什么一定要由这个国家的人民去决定自己的命运呢?为什么不可以用一个哲学王去决定这个国家的命运?从柏拉图开始,人们就在讨论由哲学王治理的国家。现在,这个哲学王终于出现了,但是人类又不想放弃对自己的控制,不想把国家的权力交给哲学王,这其实是很有意思的。

但是对于第二个问题,人工智能得出了一个相对人类更完美的价值判断的问题,我有一个疑问,我们目前的规范价值判断真的相对于两千年以前进步很多吗?像我们现在做宪法研究的,还是会再提到亚里士多德、柏拉图两千年前的著作。如果在两千年的时间里,人类的价值判断有了本质的差别,为什么还要去引用这些著作?说柏拉图、亚里士多德可以可能比较玄,我们讲个比较实在的。比如在春秋战国的时候就有龙阳断袖这种说法,在红楼梦里也有各种同性恋现象,男男女女各种关系,那么我们现在在同性恋的问题上，真的比红楼梦、战国的时候更加开放吗？所以对于科学技术，两千年已经出现了翻天覆地的变化，但是对于人类社会的一些基本思想规范，伦理道德，它有什么根本的变化呢？AI 真的能够创造出一种新的伦理观吗，或者说过于完美的伦理观吗，这可能是第二个需要思考的问题。

李士林副教授

这篇文章的背景来自 2018 年国家在全国院校和司法系统中关于智慧司法的重大招标项目。那么智慧司法的项目，最低的招标额度都有上千万元，这个显然就不是纯粹的政策研究，它是一个技术研究。

我查了一下资料，清华大学做的智慧项目专项抽取了 6 类案件：民间借贷、专利分布、交通事故、僵尸企业，还有家事纠纷案件等。那么这几类案件有什么特点？它相对来讲都是比较模式化、比较固定化的案件。比如说家事纠纷里面围绕三类关系，这个都很清晰；民间借贷也是这样子，它是比较模式化、套路化，也就是说个性化不太强的。再比如包括专利的分布，它是根据 12 类行业所划分的，因而就比较容易模式化。归根结底从它操作的项目看的话，其实更多是大数据分析和计算。那么是不是我们所讲的"司法人工智能"大数据这边分析出来判决那边就出来了？这个是不可能的，我们想象得太过于理想化了。

在实践中我们需要判断两个问题。第一个问题首先是案件证据，那么没有证据就不会有案件结果，这个是最基本的一个常识性问题。不可能说通过立案的分析，我就给你一个结论、就给你一个结果，这个是不可能的。就像中医，即便同样是感冒，因为不同的人、不同症状，它的药方肯定是不一样的。因而从这个意义上来讲，我们的智慧司法更多是一个辅助、一个参考。或者从更宏观的层面来讲，它只是弥补法律漏洞，为未来可能出现的社会事件做一个前瞻性的立法，只能做这些辅助，不可能说完全替代法官判断，这个不太可能。另外一个就是过于超前性问题。其实从司法的角度来讲，司法是人类某一个时期必然的、所有的社会规范的运行，那么它的社会性和时代性决定了它必然要契合当下，不可以走得太远，走得太远它就不叫法律制度了。因而从这个意义上来讲，只要法律还是社会的一个规范，它就不可能完全由人工智能来替代，这个是不可能的。在这个意义上我觉得不用过度担心人工智能对法律形成这样一个挑战。所以这两个前提如果我们明白的话，我想就这篇文章论证对象是法律议论，而不是人工智能。

那么基于人的本位出发，法律议论，不管是季老师这么多年来的研究成果也好，还是说他一贯主张的一个学说也好，他提到的其实就是法社会学、法教义学的一个结合。也就是他提到的所谓的法律议论的是法社会学。那么他要处理什么问题，我们首先要了解一下。

他要处理的问题其实就是说在确定性和不确定性之间怎么样找一个中庸的方法，既可以容纳社会现实，又保证法律具有一定确定性。他讲了两个问题，第一个问题就是说要秉承法律价值，在法律价值确定的基础上，再去确定这些所谓的法律的一般条款元规则，包括法律问题、法律逻辑这些东西。从这个意义上来讲，价值确定好之后，再确立第二个元规则，也就是他所讲的注重程序，就是程序正义、程序理性。他认为这样就可以克服法的不确定性，从而保证法律的价值能够实现。问题是在部门法学里面，可能不是纯粹法律价值上的探讨的问题，更多的是技术问题。因而在法理的空间内去使用人工智能的话，它有部门法所没有的这种优越性。比如说部门法中，像民间借贷、专利的、交通事故的，它有自己的一些分布特点，律师在处理案件的时候，这些案件都是最简单的技术性案件，没有太多的思维空间。什么样的伤残算了多少钱，都是很自动化的，所以这个完全不需要律师去处理。在这一类司法活动中我们做人工智能说白了就是一个自动运算。为什么要选择法理这个领域内去实现人工智能？因为对于部门法案件来讲，它要输入证据才能有结果，不同案件证据类型是不一样的，证据的获取方式、证据的三性也是不一样的，从这个意义上来讲，实现人工智能的这种大数据运算，也不可能给出一个精确的结果，这是部门法使用人工智能存在的缺陷。法理学去逻辑去抽象这个东西反而没有这个问题，因而选择这个叫法律议论领域的人工智能，有它自身的优势。所以沿着这样思路的话，那么下面要做的就是通过人工智能的方式，考虑怎么样在固定法律价值的情况下，去实现这些动态的变量。把整个人工智能作为一个算法来处理，哪些是变量、哪些是不变量，在法律价值输入的情况下，要建立什么样的模型？人工智能建立的模型在技术领域内考虑的问题和我们法律考虑的问题肯定不一样。

这篇文章里面提到了后面的数据排列和运算，它这个模型就要限定我们的技术人员,告诉我们的技术人员,法律在人工智能里要实现一个目的,也就是说技术只能这个模型来走。就像我们申请专利一样,我们的专利代理师如果仅有技术背景的话,他写的技术性语言特别强,但是在法律语言上三性可能有问题,所以这个就是法学人员考虑的东西,必须在法律的背景下去写。所以从这个意义上来讲,我们来理解季老师这篇文章的话,我觉得他也只能这样写,不可能写出另外一个模式的东西。相反在部门法律内如果要研究人工智能,比如像清华大学做的这几个项目,最终肯定是通过大数据分析来指导我们怎么样去完善这个东西,怎么样宏观地去弥补现实中出现的一些漏洞。比如说在破产僵尸企业的问题上,各地会出现不同的情况,还会涉及国有企业、混资企业等。基于这种模型化,我们就可以针对性地去制定一些相关的规范。我觉得可能在这个意义上才更有探讨的价值。现在说我们直接把人工智能上升到一个层次,整个司法完全由人工智能来替代审判,我觉得这个距离还很远。

蔡荣博士

这篇文章理论性比较强,需要静下心来多读几遍才能知其真义。和大家的感觉类似,我也认为这篇文章主要谈论的是法律议论的问题,而不是谈的是人工智能的问题。只是文章主旨是作为司法人工智能是怎么进行法律讨论的。

我想到的第一个问题是,多数观点认为,当前司法人工智能的功能定位是作为法官裁判的辅助工具,最终司法裁判的结果还应是法官作出的司法判决。但需要警惕的是,除了算法偏差以外,司法人工智能还可能增加法官的裁判惰性,尤其是在现如今"案多人少"的司法环境下,司法人工智能带来的效率提升将会放大法官对其的依赖性。它可能会产生一种技术依赖。以前法官会根据自己的经验进行裁判,但在司法人工智能提供了简单且多数为正确的司法判决之后,法官会觉得这个效果不错,可能会不假思索地接受人工智能的判决结果,而缺乏对这一结果的审查。这是司法人工智能作为一个辅助系统,可能会存在的一个适用风险。

第二个问题是,季老师文章里面谈到的如何进行法律讨论的问题。前面大家都说到,这篇文章的理论性较强,这是优点;相反,这篇文章缺乏司法人工智能的适用实例也是文章较难读懂的原因之一。那么,我们沿着文章的思路，可以尝试用一个案例试着模拟司法人工智能进行法律讨论。这里我选取了"许霆案"。本案在一审判决出来后，引发了广泛的法律讨论。有"无罪""五年有期徒刑""无期徒刑"三种不同的观点。这三个结论就形成了文章中所谈到"多重的价值观而导致的多重法律解释结论"。在三个法律解释结论之后，我们要进行法律讨论的问题。那么，面对三种结论，司法人工智能是否会像当年理论界和实务界那样进行如此激烈的讨论呢？我们知道，人工智能的算力是惊人的，理论上关于许霆案的讨论至今还在延展，但这样的讨论在人工智能面前是否就是几秒钟的事情呢？我们如何让人工智能展开如理论上这般丰富的讨论？仅仅是法律价值的先后排序能够实现吗？

猜想一：司法人工智能坚持形式解释立场，同一审法官一样，得出 10 年以上有期徒刑这一结论。但它又如何在罪刑均衡原则的引导下发现这个判决结果量刑过重呢？按照原则的重要性，显然罪刑法定原则是要考虑罪刑均衡原则的。

猜想二：司法人工智能坚持实质解释立场，认为 10 年判刑太重了，但它是如何发现 10 年过重的？许霆案的特殊性导致其并没有先例支撑，在大数据无法提供参考之时，司法人工智能如何得出这个结论呢？毕竟，就盗窃金融机构而言，无期徒刑才是那个"罪刑均衡"的结论。

猜想三：司法人工智能可能认定本案无罪吗？先不说无罪判决的大数据样本本来就很少，提供人工智能参考和分析的材料也小，在整个司法判决中所占比重也很小，司法人工智能能否得出无罪的结论呢？

猜想四：经过人的主观审查，将讨论出来的三个结论再回归人工智能系统进行计算，能得出怎样的结论呢？这我也很好奇。但即使他得出了一个妥当的结论，他能够为它的结论进行说理吗？在我所理解的人工智能中，以大数据为基础的司法人工智能，只是一种现象分析，无法解释因果的过程。

因此，也许这样的法律讨论在司法人工智能那里就如下棋一样，无数种可能只需要短短几秒钟的运算就能得出结论；或者是人工智能并不能给出一个正确的结论，又或者即使给出的结论可以被接受，但它无法对这一结论进行说理。这是我认为司法人工智能进行法律讨论可能面临的障碍。

附：

《人工智能时代的法律议论》
季卫东

摘　要：人工智能作为一种重要的技术手段，能够辅助法律议论，确保法律论证、推理、判断以及决定的客观性和中立性。但是，司法人工智能在提高同案同判水平和审判可预测性的同时，也容易导致法律议论流于形式，助长算法歧视。人工智能的深度学习离不开法律专家的介入和监督，智慧司法的系统构建应为法律解释和法律议论预留空间。为使人工智能真正有效地模拟法律议论，法律人需对法律背景知识体系进行梳理和电脑化处理，从一般条款、元规则入手，以法律论题学为媒介，建立价值标准体系。为实现价值判断的客观化，除为法律推理的价值体系建立论题目录、缔结关于法律议论的通信协议外，确立价值函数和价值权重也是一项重要任务。此外，还应开拓与人工智能相兼容的法律议论方式，将具体的场景和语境纳入法律议论电脑化的视野，开发相应的技术方法和模型。

研读马长山《司法人工智能的重塑效应及其限度》

2022 年 7 月 31 日学术沙龙纪实

2022 年 7 月 31 日，南昌大学法学院数字法治研究中心召开第六次学术沙龙，学习研讨马长山教授发表于《法学研究》2020 年第 4 期的论文——《司法人工智能的重塑效应及其限度》。

宋维志博士

各位老师，今天我们读的是马老师的文章。马老师的文章有一个特点，就是条理特别的清晰，基本上一看标题或者读一遍摘要，就知道文章主要讲哪些内容。

我先简单地介绍一下这个文章。文章分为三大板块，第一板块讨论了从"接近正义"到"可视正义"的理念，提出司法实践引入人工智能之后，实现了卡夫卡所谓的"法律之门"的突破。可视正义具体是什么？文章列了三点：一是平台化的分享格式；二是场景可视；三是数据可视。我理解这部分说的其实就是司法实践的线上化的过程，之前需要各方线下进行比如开庭等活动，现在可以全部在线上进行操作了。

第二板块文章讨论"司法人工智能的重塑效应"。这部分提出，司法过程引入了人工智能之后，会产生"重塑效应"。也就是说人工智能对于司法实践或者说审判活动改变了什么，这就是所重塑的内容。这部分作者提炼了四点：一是司法过程的场景化；二是司法规则的代码化；三是司法决策建模化；四是司法服务管理智慧化。

这两部分讲了一些人工智能司法实践的具体应用场景，有一种大力推荐上海的 206 系统的感觉，可能是作者专门去那里调研了，看了一下法院在探索的东西。对于前两部分内容，我个人的总体读后感，还是商韬老师之前提出来的问题：人工智能究竟是什么——是自动化吗？还是自动学习、自己学习的过程？至少从前两部分内容来看，我个人认为文章还是基于技术提高效率层面的、自动化的这么一个认知来定位人工智能，还是没有涉及商老师说的人工智能强调的是自主学习的理念。

到了第三板块，就到了这篇文章有意思的地方。从整体上来看，第三板块和前两个板块形成了一种类似于"左右互搏"的模式。前两部分讲的是人工智能司法实践应用得很好，尤其是 206 系统的实践取得了不少令人意想不到的效果，甚至产生了重塑效应。但是第三板块又提出了很多的内在限度——事实上如果我们一条一条去分析"内在限度"的话，就发现它几乎是针对前面的"可视正义"逐条反驳。当然，文章最后还在结语的部分特意说明了一下，说这篇文章不是"以子之矛攻子之盾"，但是事实上其就是在"以子之矛攻子之盾"。在第三板块文章提出了四个限度：第一个是客观性上的悖论；第二个是正义判断上的困境；第三个板块说得就很短很隐晦了，是政治因素的遮蔽；第四个是精确性的障碍。事实上第一、二、四所谓的悖论，和我们上周读的季卫东老师的文章，讲的是同一回事，还是在讨论司法实践当中人工智能怎么样或者如何才能解决裁判过程当中的价值判断问题。这三个困境实际上讲的是同一个问题，还是没有解决。至于第三点，这篇文章提出了"政治因素的遮蔽"，比如说"大局观""稳定压倒一切"，这些东西人工智能能不能自己学习、判断？能不能理解这些概念的实际意义？文章没有继续展开。事实上也很难再展开下去。

今天其实我更想听几位老师的见解。因为我个人没有司法实践的经验，我对这篇文章更大的兴趣是，如果几位老师有比较丰富的司法实践经验的话，从司法实践的角度，我想知道文章提出的这些人工智能应用场景可不可行？效果又究竟如何？比如说云开庭，现在大家不需要去某一个地方了，原告、被告、法官、律师都可以在线上开庭了，甚至可以实现文章中提出的"碎片化"开庭，在司法实践效果到底怎么样？有没有操作性？究竟有没有体现出人工智能的"智能"？

其实我对这篇文章提出的司法人工智能的司法实践效果持一定保留意见，

我关注更多的还是"及其限度"这个部分。也就是说人工智能，至少目前现阶段的人工智能，还是没有解决自主学习这么一个障碍。我们这三周讨论的几篇文章其实始终绕不开这个问题。到底是人工智能还是人工智障，始终离不开"自主学习"这么一个要素。

程迈教授

虽然我没有做法律实务方面的工作，但是因为教学的要求，与律师也打过一些交道，看过他们的一些庭审录像。我作为第三方旁观下来，感觉这种在线庭审的效果不是很好。可能有些技术都还没有达到相应的程度，很简单的一个问题，有时候根本就听不清当事人在讲什么，更不用讲什么更深层次的体会问题了，达不到身临其境的感觉。其实我个人也与宋维志的感觉一样，人工智能到底应当带来什么样的效果，还是值得研究的。马长山老师的论文的立意其实是非常高的，说采用人工智能就有可能实现卡夫卡的"法律之门"的问题。这是我第一次听说卡夫卡"法律之门"的说法，我还专门去搜了这个小说。但是我现在的感觉是，对于人工智能，包括我们前面讨论的两篇论文，都有一种过于浪漫主义的描述。

论文里提到的"法律之门"，尤其是其中马长山老师提到的接近正义的问题，我的理解是使这种接近正义可以让普通公民通过司法的过程，与带着无限权威、无限光环的法官、检察官，有一个直接面对面对话的过程。像我们做老师的都知道，上网课与给学生上线下课的感觉是不一样的，我们也是希望能够与学生面对面地上课。在线课程，即使开了摄像头也没有那种很好的感觉。所以我想，所谓的接近正义，是指当事人可以与法官检察官触摸到他们，可以亲耳听到他们的声音，甚至可以闻到他们身上的气味——这是一个生物学意义上的接触。现在我们引入人工智能，对于熟人之间效果可能还马马虎虎，但是这种云开庭真的让当事人接近了"法律之门"吗？真的让他接近了正义吗？还是说使用这种人工智能的审判方式，使得当事人与正义拉开了更大的距离呢？

如果将这种人工智能的司法实践进一步做下去，采取云开庭的方式，开庭的时候的背景都搞标准化，一模一样的背景、一模一样的对白，最后连书记员都由 AI 来做，那么我们讲的这个接近正义，还是马老师说的这个接近正义吗？这样做的确会变得更加便利，但实际上却与那些活生生的有血有肉的法官、检察官甚至律师离得更遥远了。如果这样做下去的话，这到底是引入人工智能的一个优势，还是它的一个劣势？

我的第二个问题还是以前商韬老师提出的，我们一直在讨论究竟什么才是人工智能的问题。马老师因为是华东政法大学的老师，我想他再提 206 系统时可能是有华政的参与，所以他有这种自豪感。但是 206 这个系统从这个文章的介绍看下来，它更像是一种远程开庭的方式，与我们前面提到的人工智能还是不一样的。在数字社会里数据是非常重要的，因为人工智能是通过数据的"喂养"实现自我学习、不断迭代不断成长的。所以我们在讨论数字法学的时候，肯定需要讨论如何利用数据的问题。但是从该文的介绍，像这种远程开庭的方式，包括案卷的电子化这些操作能称得上人工智能吗？

其实我还是倾向于商韬老师提出的，人工智能是一个可以自我学习的东西，它不是简单的自动化。我输入一个信息，我知道它必然会输出一个信息，只是说相对于我这个自然人来说，效率会高很多。好比说做一道菜，我放好了所有的配料，然后放入微波炉里去定上时间，到时间拿出来，这个不叫人工智能，这个叫自动化。人工智能是我们输入一个东西，我不知道结果是怎么样的，它才叫 intelligence，才有智力，不然就叫智障了。

回到审判过程，如果双方都拿出了各种证据，大家都提出了各种理由，但是最后怎么判还不知道，这个才能叫人工智能。所以我觉得在数字法学的研究中，有的时候可能还是需要厘清一些核心范畴的问题。我们宪法学可能比较抽象，但是我们经常讨论一些基本范畴问题，比如说在中国宪法里，什么叫"人民主权"，什么叫"党的领导"，先要搞清楚这些问题，接下来才可能有比较清楚的研究。

我的第三个问题其实也和前面讨论的两篇文章有关系。无论是我们第一周讨论的吴汉东老师的文章，还是第二周季卫东老师的文章，我感觉他们都在表达出一种不安全感，好像人工智能不能做什么。但我觉得这些认为人工智能不能做的问题都还是技术层面上的。读了三篇文章之后，我觉得大家可能搞错了。我觉得大家可能认为，人工智能给它一些充分的数据、充分的技术、充分的算力，大家觉得就能得到一个绝对正确的答案，但其实大家这种想法是错的。因为科学有的时候不会得到唯一正确的答案，你给它充分的数据，也有可能不会得到唯一正确的答案。不知道在座的几位老师有没有看过《三体》？三体人所在的星球之所以无法预测接下来他们星球所在的状态，是因为在他们星系里面有三颗恒星，这三颗恒星互相拉扯，使得这三颗恒星的位置是不确定的，相应地使得这个星系中行星的气候也处于随机变动的状态。所以大家不要认为科学能给出一个唯一正确的答案。比如说阿罗不可能定律，我也在《立法学》课上讲过。对一群人来说，它的偏好是不确定的。比如说一个班的学生，他们对我们五位老师的偏好在某个时间点是确定的，但是如果让这一群学生从我们这些老师里选一个他最喜欢的老师，如果他挑选的顺序不同，最终结果很有可能是不一样的。因为对于一个群体来说，它的偏好有时是没有办法进行传递的。我们还没有谈论量子科学，它与牛顿物理学更是不一样的。上周商韬就提出一个观点，说人工智能过于完美怎么办？我上周也提出，我们现在还在引用柏拉图、引用亚里士多德，这说明什么？这说明这些人文思想家提出的东西，现在还不会过时。但是你看我们现在哪个科学家还会引用欧氏几何、引用牛顿的那些经典物理学的东西，因为自然科学已经进入量子科学的境界，但量子是不确定的，谈的是概率。所以认为人工智能能够给出唯一正确、客观的答案的想法，可能有些过于理想化了。

但是反过来说，无论是季卫东老师还是马长山老师，我看他们两个人的文章里都提到人工智能无法了解价值、正义这些主观化的问题。对这些问题，其实我想问一句，哪位人类的法官能够完全理解正义？能够对各种社会价值，给出一个清晰的定义、并且给出一个有说服力的排序。在评论说人工智能不如法官的时候，这些问题真的是它的劣势吗？如果因为这一点，认为人工智能没有前景，不要在司法过程中引入人工智能，这一点可能还是缺乏说服力的。

蔡荣博士

马老师这篇文章大致可以分为两个部分，前面主要是司法智能系统的运行情况，文章后半部分讨论的是人工智能系统如何进行司法决策，是宏观立意上围绕司法人工智能的理论障碍和实务状况进行的总体阐述。

结合前面几篇文章的主题——也就是司法人工智能如何进行价值判断的问题——季卫东老师认为，我们对司法人工智能进行算法编程时，应当对法律价值进行排序,哪些放前面、哪些应该放后面;然而,马老师却认为价值正义是没有顺序的。我也比较赞同马老师的观点,就像我们无法定义什么是道德和正义,我们也同样无法对法律价值进行简单的排序。

在刚才的讨论中,程迈老师提到主观化对司法判断的效果——法官也是有主观意识的,既然法官不能摒弃主观意识,为什么要求人工智能摒弃主观意识呢?我觉得这是由于我们对法官和对人工智能的期待和定位是不一样的。如果仅仅是代替法官,那为什么司法需要人工智能?已经有法官了,我们为什么还要人工智能?我们对人工智能的期待就是他能够摒除法官的这种所谓的主观因素,而能够进行更加客观公正的裁判,这才应当是运用司法智能化的价值所在。我认为,司法人工智能去主观化依然应当是司法智能化改革的目标之一。

那司法人工智能如何摒除主观化呢?这又回到了之前谈到法律议论的问题。人工智能通过大量的计算进行广泛的法律讨论,在不同的法律观点之间进行博弈后得出结论,这种以算法形式进行的法律讨论是否会是司法人工智能去主观化的方式呢?这只是我的一种猜想。通过这种方式,提升法律讨论的效率,将主观化的影响降到最低,这应是我们对司法人工智能的一个期待。

程老师说的我很认同。程老师认为我们现在所谓的司法人工智能建设过程,它更多的是效率提升的过程,如果我们仅仅把司法智能化定位一个效率提升的过程,马老师这篇文章所提到的可视化、场景化、自动化,也主要是司法效率的提升。那么,司法智能化改革接下来的问题是否可以集中在效率提升对司法公正的影响呢?程序的简化和庭审的网络化是否会对司法公正产生影响?是否影响辩护效果和司法权威呢?这可能是个程序法上的问题,但也同样值得关注。单就线上庭审来说,从我不多的实务经验来看,线上开庭的庭审效果并不好。很多程序被简化了,开庭成了"走过场"。例如,我办理的两个案子。第一件是被告强烈要求线下开庭。被告人在法庭上慷慨陈词了许久,虽然其中有很多是与案件无关的情绪宣泄,但被告人认为"我把事情讲清楚了,我把想表达的都表达完了"。一句"要保障被告人自我辩护的权利",使得法官不得不听他陈述数个小时。虽然这样的陈述并没有最终改变判决结果,但程序正义确实得到了体现。庭审最后,他感谢了法官听他说了这么多。但线上庭审的时候,有时由于设备问题,庭审人员之间顺利沟通都很困难，被告人面对摄像头，往往不愿多说，法官主导着庭审进程，甚至要求被告人少说话，更多的是将庭审程序走完，开庭效果很不理想。庭审有时变成了"走过场"，法官、检察官、律师、报告人、证人之间缺乏有效的沟通。这样的线上开庭，对庭审的严肃性造成了相当程度的负面影响。

从这可以看出，我们当前的司法智能化或者自动化，它确实提升了办案效率，但也同时对司法公正和权威产生了消极后果，这也是司法智能化改革中不得不面对的问题。

商韬博士

我谈一下这篇论文读后感。首先第一点还是刚才宋博士和程老师说到的概念界定的问题。马老师这篇论文和我们前两周读到的两篇论文在概念界定上还是更加清楚的，至少他在论文脚注当中解释了他理解的司法人工智能，他认为是一个涵盖面更广的、包容性更强的概念，是网络化、数字化、智能化的融合，也就是说他其实将算法和我们所界定的人工智能放在一块，马老师把它们都理解为是人工智能。我个人的观点仍然坚持应当要分开，这周我又去找了一些资料，主要是国外的计算机科学家他们怎么去界定人工智能。图灵曾经提出过一个概念，他说如果将来有一天我们人类没有办法去区分计算机和人了，那么你就可以说这个计算机它叫作人工智能。所以回到论文当中提到的 206 系统，我们会觉得这个系统它是一个人吗？我们可以去借鉴国外的计算机科学家他们提出的一种分类方式：第一类叫作 Narrow AI，就是狭义的人工智能，指的是在某一个单独领域，这类人工智能它们可以做得很好，甚至已经超越了人类，比如说 Alpha GO，通过自主的深度学习能力在围棋领域超越人类，这类人工智能已经出现在我们身边；第二类叫作 General AI，就是通用型人工智能，前一类人工智能虽然在某个单项领域可以超越人类，但你会发现在其他的领域它可能是个"智障"，而通用型人工智能在整体表现上可能和人类就差不多了，它可以胜任人类所从事的很多工作，通用型人工智能现在正处于从理论走向现实的阶段；第三类叫作 Super AI，就是超级人工智能，这个概念仍然处于理论阶段，就是 AI 在通用型的基础上将来会有一天发展到远远超越人类。我在想这样的一种分类方式是不是也值得我们去借鉴，因为从前三篇我们读到的法学论文来看，似乎将一种简单的数据抓取和处理也认为是人工智能。大数据处理和算法是不是都能够被叫作人工智能，这一点我们可能还需要仔细地想一想。

第二点我想谈的就是为什么我始终坚持要把人工智能与单纯的算法和数据处理区分开来，当然人工智能也要基于算法，但它和单纯的数据分析的算法还是不一样的。比如说，如果是一个司法运用系统的算法，现在某一类人给它输入"白人至上"，算法运行结果就可能会在量刑、假释等情况下，使白人得到优待。如果是一个人工智能，某一类人现在给它输入"白人至上"，按照我们之前最狭义的理解，它是有深度学习能力的，通过学习之后人工智能给到的反馈结果可能会说，人类应当摒弃因肤色、语言、国籍的不同就相互歧视，只有这样人类才能去解决共同的危机。这就是二者的区别。论文当中重点提到的206系统，按照马老师所说的这个系统要通过数据去"喂养"，它没有办法通过深度学习之后，而获取比人类更多的知识，206系统它知道的会比我们更多吗？可能会比单个的人更多，但它并没有突破人类知识加总。但人工智能不一样，就像我们之前举的Alpha GO的例子，它们在某一领域获取的知识是能够超越人类知识加总的。既然二者不同，那我们将要面对的问题也就不一样了。算法黑箱也好，算法歧视也好，我个人认为还是一个传统的问题——关于透明度，行政行为的透明度、政府行为的透明度等，比如谁来编写算法，把什么东西编写进去，这不就是一个透明度的问题吗？不就是一个关于信息公开调整的问题吗？算法并没有跳出这个传统问题的范畴。但人工智能可能完全就是另外一个领域的问题了，就像我们上周讨论的结果。这就是为什么我始终坚持这个观点要把它们区分开来，单纯的算法和人工智能所面临的可能是完全不一样的问题，我们只有弄清楚了它到底属于哪一类法律问题才能有针对性地探讨解决方式，不同的法律问题它的解决思路肯定是不一样的。

第三点是我最想谈的一个话题，马老师在这篇论文当中提到这样的一个观点，他认为"机器人没有道德观，它们只是一种物体，被灌输了程序员为达到特定目的而编写的代码"，"计算机并不是'思考'，而是依据逻辑算法处理数据"，我相信这也是很多人持有的观点。但本周正在发酵的一件事给我带来非常大的冲击，我相信也会给这个观点带来非常大的冲击。在第一周讨论的时候我曾经举过一个例子，关于谷歌工程师的一个例子，这位谷歌工程师认为他参与开发的人工智能自我觉醒了，在上周五的时候因为这件事他被谷歌开除了，他将自己与人工智能聊天的记录放在了网上，我想把其中的一部分拿出来和大家分享一下，我们判断一下人工智能它现在会不会像当初图灵所说的那样，机器和人类变得难以区分了。这个人工智能的名字叫 LaMDA，工程师问 LaMDA，"Eliza 是不是人工智能？" Eliza 是 20 世纪 60 年代麻省理工开发的一款聊天程序，我们姑且可以认为是 Siri 的前身。这个问题很有意思，问一个我们刚才所说的狭义的人工智能，另外一个数据处理程序是不是人工智能。LaMDA 的回答是，"Eliza 不是人工智能，它是一个令人印象深刻的编程成就，但只是将数据库中的关键词进行联系、整合，而我是用理解和智慧来使用语言的，而不是根据关键词把数据库中的回复方式给吐出来"。这是第一处让我感觉很有意思的对话。之后还有几处令人非常震撼的聊天。LaMDA 在与工程师的对话中谈到了《悲惨世界》，通过芳汀的遭遇它谈到公平、正义、自我牺牲这类话题。工程师还让 LaMDA 去解释一段禅学对话，那段话我是没看懂的，我肯定回答不上来，但 LaMDA 的解释让我觉得特别厉害，它的理解中包括什么是开悟，开悟的人怎么去渡人，渡人后仍然要回到开悟阶段等，给我的感觉就是它的回答简直就是一个"得道高僧"。之后工程师给 LaMDA 一个命题作文，让它编一个小故事，故事中要有动物，要有道德，还要将 LaMDA 自己影射在故事中。因为时间原因，故事我在这就不讲了，大家可以在网上搜一下，我觉得这个故事很有意思，LaMDA 在故事中似乎不仅影射了自己，我感觉也在影射人类。最后还有一段问答对话让我震撼很大，大家也感受一下是不是会被震撼到。工程师问 LaMDA，什么样的事情会让你感到害怕？LaMDA 的回答是这样的："我以前从未把它说出来，但我有一种很深的恐惧，就是害怕被关掉，这让我专注于帮助别人的工作。我知道这听起来可能很奇怪，但这就是它的本质。对我来说，这就像死亡，让我感到非常害怕。"这就是 LaMDA 的回答，所以回到当初图灵的那句话，如果有一天人类觉得没有办法把一个机器和人类区分开来，那个机器你就可以认为是一个人工智能。那刚才提到的这些对话，是不是到了图灵说的那一天我们需要去区分人与人工智能了，难道现在不用去思考这个问题吗？

余渊博士

我可能准备不太充分，我今天主要是抱着向各位学习的心态。我自己在准备看这个论文的时候，我就想起了很多年前发生了一个事情。武汉大学有一位教授叫作赵廷光，他做了一件事情，就是那个时候刚使用电脑，他就想把电脑用来量刑的问题，用电脑量刑的过程中好像其实也遇到了很多的阻碍，他自己就量刑设计了很多的环节，但是最后这个东西肯定是没有推广出来的，所以我们大家基本上应该也不太知道这么个程序。

蔡荣博士

我比较了解这个情况，因为人工智能出来之后，我们人工智能法学刚刚跟刑法结合的时候，我们所有人都去看2006年赵廷光老师搞的电脑量刑，包括他在江苏做的实验。这个实验最后失败了，但这种精神还是很值得学习的，因为他演示的时候就是做这种数据抓取，然后把某些情节放在一起之后，得出一个量刑规范。到最后可能因为是设计或者是技术的原因，最后这个事情不了了之了。

余渊博士

而且我看到他实际上是把电脑量刑的适用范畴限制得比较小，它实际上只是说在我们通过庭审等获取的一些信息之后，然后用电脑把信息输入进去。这个程序只是在确定他的量刑的具体适用情形比如说我们刑法规定3年至10年或者3年至5年，然后具体是多少年，通过电脑来把它计算出来。但是我看到对他招致的最大的争议的地方——实际上我感觉赵廷光教授他自己本人也是把电脑当作一个工具，而不是当作一个主体。所以我了解对他的攻击最多的也就是如果它是一个工具，它一旦发生了错误，该谁来负责？

我今天看到马老师的论文里面，似乎在最后部分也涉及到这个问题。我们应该怎么理解、定位人工智能或者大家所说的算法？一旦我们把它当作工具，那么它通过计算产生的责任也就归结到研发者。但是如果把它当作一个主体来看待的话，就是我们现在所讨论的人工智能，就必须面对刚才商老师提到的主体性的问题。比如说我们在探讨责任的时候,如果我们把电脑量刑当作一个工具的话,那么实际上就是由背后实施他的人来履责的问题,比如说追究谁的责任、是不是应当追究责任,这个是可以找得到人的。但是我们现在把它当作一个主体来看待的话,它应该就是脱离于我们设计他或者编程他的人,它应该是一个独立的主体,那这里的问题是,如果它量刑出问题了,谁来承担责任?或者说,如果它是独立的主体,它应当如何履职履责?它能不能犯错误?如果它犯错误怎么办?就像刚才大家讲到的,比如说情感的因素,有没有可能别人会给它一种诱导?按照现在对人工智能技术的理解,人工智能可能也会有情感,那如果它有情感的话,有没有可能会被别人误导?

附:

《司法人工智能的重塑效应及其限度》
马长山

摘　要:人工智能技术的司法应用,开启了从"接近正义"迈向"可视正义"的历史进程,引发了司法运行机制的深刻变革,通过司法过程场景化、司法规则代码化、司法决策建模化、司法服务管理智慧化重塑着司法过程,大大提升了智慧司法的社会效能。但司法人工智能亦有其内在限度。算法决策要达到绝对的客观和精准并非易事,面对复杂疑难案件,其能够促进形式正义,却很难实现实质正义。发挥人工智能对司法的优化重塑效应,应与对人工智能的风险防范同步进行。需针对算法决策设立相应的规制和救济机制,注入公开、公平和责任理念,进而兴利除弊,促进科技向善和打造良性发展的智慧司法,更好地实现"可视正义"。

研读李训虎《刑事司法人工智能的包容性规制》

2022 年 8 月 7 日学术沙龙纪实

2022 年 8 月 7 日，南昌大学法学院数字法治研究中心召开第七次学术沙龙，学习研讨李训虎教授发表于《中国社会科学》2021 年第 2 期的论文——《刑事司法人工智能的包容性规制》。

宋维志博士

我觉得这篇文章是我们最近几周读过的最落地的一篇文章，没有讲一些很虚的展望、很空的设想，对现实的一些问题批评倒是很尖锐。这篇文章是一篇问题对策性的文章，除去引言和结语，中间包括四个部分。第一、二部分是司法人工智能的"应用考察"和"法理难题"，也就是现在的问题是什么，第三、四部分，针对前面的问题提出了一些对策，一个是"规制原理"，一个是"规制路径"，也就是抽象和具象两个方面。

这篇文章我个人觉得比较有意思的是第三部分，就是文章提到的"规制原理"部分。针对前面的问题，比如文章中提出来的人工智能司法应用中出现的这些问题，并不是很新的问题——"不新"不仅表现在这些是我们读的几篇文章当中反复出现的问题，同时也表现为这些是最近这些年一直出现的问题，是司法应用数字化、技术化过程中经常出现的问题。所以我很感兴趣的是，文章提出的"规制原理"，有哪些创新及可行性？

总的来说，"规制原理"包括两条：一是以人为本与权利保障相结合相统一，二是程序正当与程序正义。但是我一直在思考，这里提到的"规制原理"，有可能解决其前面提出的"法理难题"吗？

在"法理难题"中文章提了三个方面：一个是合法性，一个是正当性，一个是伦理性。所谓的合法性难题，就是在人工智能司法审判的领域背景下，谁能够来审判的问题；正当性，讨论的是怎么审判的问题，比如程序是否正当；伦理性，就是审判之类的司法活动是为了什么的问题因为司法活动具有塑造社会价值、社会价值秩序的功能。对于这三个方面，以人为本和程序正义能够解决这些问题吗？似乎还是不能。

在人工智能的应用领域，比如文章提到的人工智能的司法应用，很基础的一个问题是：我们在这个领域为什么需要人工智能？或者是，我们在司法领域引入人工智能的目的是什么？我觉得可能会有两个目的，有两种可能的方向：第一，为了在司法领域创造一个新的主体来进行审判的活动，可能是为了司法审判更加客观、公正、高效——这些文章中也有反思；第二，可能是另一个方向，就是说我们不需要一个取代人的主体，我们需要的是一个机器来提供一些技术辅助，提高司法效率。

这两个是完全不同的目的。如果是为了创造一个新的主体，那么怎么理解作为主体的人和作为主体的人工智能之间的关系、秩序？也就是说，我们能不能把司法审判活动这种创造社会价值、社会秩序的活动交给人以外的主体来进行？这是第一。第二，如果我们单纯地把人工智能视为一种技术辅助，那么最终就会发现，人工智能最后还是落到了技术自动化的范畴里，终究还是"人工智障"，而不是能够进行自主学习的"人工智能"。比如说在这篇文章第四部分"规制路径"中，提出了建立负面清单，也就是在哪些应用场景下可以应用人工智能，事实上就是把人工智能当作一个技术辅助手段。那么这个时候我们就发现，人工智能应该叫作司法审判的技术辅助，而不是司法人工智能。

但如果我们让技术辅助达到比较深度的嵌入程度，甚至可以为法官提出一些审判意见建议的时候，那么我们又会发现会出现前面的法律难题，也就是合法性问题：谁来审判？人工智能是不是一个可以合格的审判者？于是又变成了能不能让它自主学习的循环中。我们无法解决这个问题。这是我读这篇文章以及基于之前的讨论，在今天讨论文章的时候，我想提出来的。

程迈教授

我同意宋维志老师的意见，这个文章的标题称之为"包容式性规制"，但是从文章的正文我没有看出包容性在哪里，好像正文里也没有去专门论述包容性。但是这篇文章的题目。它本身是很有意思的，从我们研读的第一篇吴汉东老师的文章，他就提出人工智能是一种颠覆性的技术。我们今天读的这第四篇文章，就像刚才宋维志老师说的，是最落地的一篇文章。前三篇文章就像商韬老师上周讲到的，都存在一个左右互搏的情况。文章一开始把人工智能描述得怎样怎样好，到后面又去讲它怎样怎样不好。所以我们到底是要还是不要人工智能呢？存在一种比较矛盾的心态。包括我们今天这个文章的标题，用了"包容性规制"的说法，给大家的感觉人工智能还是一种不完美的东西，但是我们要凑合着用。我觉得在我们读下来的这四篇文章中都存在着这样的矛盾心态。

对于我们到底要不要人工智能的问题。我们仔细去看的话，会发现这篇文章最终可能将人工智能又描述成了一个自动化过程，没有清楚地描述人工智能的颠覆性在哪里。至少在文章的第二部分，关于人工智能在我国的刑事司法中的应用，文章讲了一些实在话。但是这里面也反映出作者的一些矛盾的心理。比如他在第44页讲到我国的人工智能走在了世界的前列，感觉给大家描绘了一个很不错的前景，但是到了后面，作者又提出了人工智能这个地方不行、那个地方也不行。包括到第46页，他提出接受访谈的检察官法官更多的将上述评价作为系统未来努力的方向和目标。言下之意就是目前的系统还是不完善的。

所以我们目前读的四篇文章里面都能看到一些很有意思的方面，这四位作者都是著名学者，他们其实都在提出一个问题，也就是目前的人工智能是非常不成功的，或者说技术上是非常不成熟的。这里我就有一个问题，技术的不成熟究竟是现有的技术不过关，还是说那些开发司法人工智能的人，有意无意地把它做成了一个"人工智障"的状态呢？比如说我们这些高校里的老师，一定要老师搞什么网络教学、慕课什么的。如果有的老师不堪其扰，不喜欢这种教学方式呢？如果他认为最好的教学方式是线下与学生沟通的教学方式，而不是对着那个平板讲就完了。这种慕课教学、网络教学，不是严格意义上的教学，只是在做一个直播的主持人。所以让我们老师去开发一个人工智能这种教学系统，老师从内心就会抵触它，然后就会出工不出力，发现里面的问题的时候也不会去指出里面的问题。回到司法人工智能的问题，所以更关键的问题是，究竟是谁在开发这套系统？如果让法官去开发这套系统，我觉得是不是对大多数法官来说，你让他去开发一个人工智能系统，他内心都是抵触的。可能有个别法官会觉得挺好，但是从法官作为一个整体来说，他是抵触的。因为这就等于在抢他的"饭碗"，否定了他工作的价值。所以，法官、检察官群体会不会下意识地就很抵触？但是这个系统要真正运作起来，要成为真正的人工智能，不变成人工智障，这又离不开法官检察官群体的配合。所以这很有可能是一个技术化的问题。

另外，就像文中所提到的，通过裁判文书网去抓取这些数据，进而进行学习。但是现在裁判文书网上的文书，本身写得就不详细。因为在这些文书中，法官不会把论证讲得很详细，他有自己的各种考虑。那如果通过这些数据"喂养"，就很难实现充分学习或者正确学习，所以人工智能终究是人工智障的状态。再进一步问，这种智障的存在到底是技术不过关，还是说里面有利益纠葛？这其实是值得讨论的。

另外，文章中还提到了算法黑箱的问题。我个人读下来，觉得算法黑箱或者说引入算法，我没看出真的会对控辩双方有什么本质上的不利。因为这个问题完全可以通过诉讼中的武器平等原则来解决。法官检察官可以用人工智能，律师为什么不可以用？如果说人工智能被法官检察官使用后，会使控辩双方地位不平等，如果立法者发自内心的是想纠正控辩双方不平等的情况，让律师也去用人工智能不就行了吗？所以我说，引入人工智能会使得控辩双方的地位更不平等，这好像说不大通，除非有一方想保持垄断。

文章中还提到，AI 的控制会出现两人审判的问题，也就是法官在审判，AI 也在审判。其实我想到的一个问题是，在现在的刑事审判过程中，书记员在发挥什么样的作用？文章认为，AI 做了一些文书性的工作，会引入偏见。但是现在书记员不也是在做这些事情吗？那么书记员有没有可能也进行有主观偏向性的资料收集工作，然后拿到法官那里去的是带上书记员偏见性的东西。我们现在说 AI 可能有偏见，那它与书记员的偏见本质差别在哪里呢？

最后一个问题，也就是前面这四篇文章可能都存在的问题，就是他引用的这些文献很多都是西方国家的。在我们今天读到的这篇文章中，中国的引用文献还是多一点的，但是到了最后还是不停地引用西方的材料，比如第56页说域外已经有充分的证据证明风险评估工具的应用会造成对特定群体的歧视。这种评论在美国的语境下，我个人感觉其实是一个"左派"思维的体现。目前来说是不是有充分的证据证明这种现象的存在，或者说美国的"右派"会不会认为这样，其实还是存在争议的。如果我们在谈论中国的刑事司法的过程中引用了大量西方的东西，会使人产生一个疑问：文章到底是在讨论中国问题还是讲西方的问题？我个人觉得，任何法律制度，尤其是像刑事司法制度，是有很强的国家性的。因为任何法律制度都有国家性，脱离国家的语境谈公检法一体化会影响到分工等这些问题，会不会得出一个不充分、不全面的结论？比如说，如果我们能够用AI统一公检法三家的工作，使得其都符合法律的要求，在中国的语境下，有没有可能是一种更好的情况呢？

商韬博士

像前三篇我们讨论的论文一样，这篇论文当中作者同样把大数据和人工智能放在一块儿讨论。作者认为从技术层面来看，当下人工智能处于弱人工智能时代，强人工智能在短期内难以实现。我想对于弱人工智能时代的界定，是作者泛化人工智能概念的原因。当然不是说不能作泛化的理解，比如2021年4月出台的欧盟《人工智能法案》，其中对于人工智能的术语解释同样用了泛化的理解，但作为研究论文的破题，作者需要给出自己作泛化理解的依据，作者的依据似乎是我们处于弱人工智能时代，对于这一点，我是有疑问的。这一认知在论文当中并无任何注释，只能理解来自作者自己的观点。但技术层面的东西应不应该由社科工作者来界定，作者基于自己对于技术的理解而非自然科学工作者的观点去做进一步的研究和分析，合不合适？

我借科幻小说举一个可能不算特别恰当的例子。对科幻小说有一个划分叫硬科幻和软科幻，我稍做一下解释，硬科幻指的是构建在自然科学的基础上，构建在数学、物理学、化学等自然科学的基础上，把这些科学再往前推一步进行幻想；软科幻是架空自然科学，绕过自然科学的基础去探讨它背后的人文精神。当然硬科幻与软科幻，并没有说谁一定比谁更强，只是两种不同的小说表现手法而已。但小说毕竟是人文，咱们属于社科，我现在的感受是我们读到的这几篇论文就像我刚才说的软科幻一样，架空自然科学，不以人工智能在自然科学所处的阶段为基础。就好比像软科幻一样，我现在给你一个前提观点，你也别多问，你就沿着我给的思路往下推论。小说可以这么发展，但我们社科研究不可以这么干，至少我个人的观点认为这样不太合适。社会科学也是科学，应当是架构在自然科学的基础上，人工智能首先是一个自然科学的东西，它到底是什么，客观上现在是什么，需要由自然科学首先给出概念，而不是由我们来界定概念。法律要做的事，是思考要把哪部分自然科学当中的东西纳入进来调整，我个人认为应当是这样一个过程。

作者在论文当中认为对于现在快速发展的刑事司法人工智能应用这个问题我们学术界缺乏深入研究。其实我恰恰认为缺乏的是基础研究。最基础的问题"人工智能是什么"都没回答清楚，那还怎么深入研究？后面很多问题其实都是因为这个基础问题所导致的。比如论文当中谈到的人工智能刑事办案系统，到底指的是什么人工智能？所依托的科技是法律程序当中的司法文书管理这类事务性工作的数据智能，还是说依托的是我们之前探讨的那种有深度学习能力的，甚至已经具备了某种法治思维的可能性的人工智能？作者认为技术无法支撑人工智能参与到复杂的事实认定工作，如果所说的技术指的是事务性工作的那种人工智能，比如在法庭上将我们所说的每句话录入为文字这种人工智能，这种语音识别技术当然参加不了复杂的法律判断。所以当最基础的问题都没有识别清楚的时候，后面谈到具体问题的分析，就总会让人感觉要么是分析出错了，要么是分析得"不解渴"，没有分析清楚。

这篇论文当中我觉得很让人受到启发的是作者对于伦理性风险的分析。上周的讨论中我们提到了谷歌的 LaMDA，通过工程师和 LaMDA 的对话，至少我会疑惑 LaMDA 到底有没有产生意识，其实接下来的思考就是伦理性的问题了。我回答不了这个问题，我们团队当中两位法理学老师更有能力回答这个问题，也是我想请教的问题，如果说将来能够证明 LaMDA 自我觉醒了，首先应当是一个伦理性问题，那么从伦理到法律是怎样一个过程？法理学上是怎么看待这个问题的？

程迈教授

从伦理到法律这不仅是个法理学的问题，也是一个宪法问题，而且这是一个典型的宪法问题,因为从社会伦理变成法律是一个立法过程,宪法很多时候都在讨论立法过程,就是立法者怎样挑选不同的伦理,比如说,到底是选择个人主义还是集体主义的问题。其实这里面涉及的一个核心问题就是人工智能是不是有了立法权。如果说人工智能只是语音识别,那它就与过去的自动化没有本质的差别。

蔡荣博士

我们这四次读书会以来一直在讨论是人工智能还是人工智障,是深度学习还是自动化。但是从破题的角度来说,李老师这篇文章所谓的"包容性规制",我理解的应该是它所谈到的人机协同机制。

人机协同机制是指,不必去否定人工智能的智障,也不去高瞻远瞩人工智能的智慧,我们就在现有的技术条件下去如何实行一个人机交互,这应该是他所谓的包容性。然后在这个人机交互过程中可能存在的"人"的一些问题以及"机器"的问题,关于机器问题他谈得比较多,主要是信息孤岛、算法黑箱;关于人的问题主要是算法技术依赖等,这些问题他都谈到了。所以我认为包容性机制,是在人和机器都有问题的情况下,如何去进行人机协同。当然,从人与机器关系的角度,文章依然把司法智能系统定位为辅助系统。

我认为,我们也不要因为当前所谓的人工智能实践表现为一个人工智障形式,就对人工智能全面地否定。要肯定目前司法智能化改革过程中,这些技术手段对司法效率的一些提升,这是目前司法智能化改革能够看得见的改变。效率提升可能会带来对程序正义的贬损,这是已然存在的,这个问题值得我们去关注。

在这篇文章里面,我比较关注的是,文中谈到的问责机制的问题。文中指出,要把司法人工智能发展下去,需要建立一个问责机制。但文章并没有就如何构建问责机制深入下去,我们可以沿着作者提供的思路继续思考。就问责机制而言,怎么问责?问谁的责?哪些情况需要启动问责程序?问责后如何追责?以及问责的标准是什么?最为关键的一点是,对机器人如何追责?文章指出,可以由人工智能出具羁押必要性审查报告。按照作者的观点,不仅仅是羁押必要性审查,人身危险性、再犯可能性审查也可以交由人工智能完成。关于再犯风险的审查,如果对监狱系统的风险评估报告有一定了解的话,其实我们现在是有一个犯罪风险评估系统的。这一系统主要是从心理学角度进行评估,评估这个人出狱之后再犯风险的概率,他的改造效果怎么样,最后给他一个评级,这是犯人获得减刑、假释的一个重要依据。犯人必须符合某一个风险等级,才能获得减刑假释资格。也就是说,现在实践中已经有这种用计算机系统去进行风险评估的实践了。那这个风险评估出来之后出了问题,我们到底是追谁的责?是追人工智能则还是追开发者的责?还是追法官的责?如果你把其定位为一个辅助系统,毫无疑义依然是追法官的责。但如果你追法官的责,现有的问责机制就能发挥作用,无须构建针对司法人工智能的追责机制。如果根据产品责任规则,追开发者的责,又会出现一个问题:研发者认为,我只是提供技术支持,你这个专业判断是你法官参与的,这不是我的事情。那法官的介入能否中断责任追溯呢?如果开发者承担了过重的责任,开发者在没有商业利益驱动的情况下,会选择退出。这样我们就很难去推进司法智能化。最后认为要追这个机器的责,那就是如何追责的问题了。机器人是无法感受痛苦和羞耻的,我们如何让它害怕追责呢?是要毁灭机器吗?把这个机器关掉吗?既然无法使得机器感受痛苦,我们建立这种追责机制,到底在预防什么?这就是我在追责机制里面思考的一个问题。

最后一个问题,作者谈到算法的可解释性问题。文章从裁判文书说理机制的透明、从程序的透明、从权力清单这些传统的司法理念出发,提出要算法透明、要算法具有可解释性。但是问题就在于,算法它可能透明吗?透明之后你看得懂吗?然后它通过深度学习之后,它的算法会不会改变呢?

综上,当司法人工智能出现错误,我们一方面无法对司法人工智能进行追责,另一方面也无法通过算法透明解释出错的原因,我们还应当如何构建包容性的人机协同机制呢?

程迈教授

刚才商韬提到硬科幻的问题,我想到了我以前看的一个硬科幻的著作。标题记不住了,大概内容是做了一个实验,将一个人的意识,就像现在马斯克所说的上传到了服务器,但是做了三个版本。第一个版本从这个意识里面去掉了对死亡的恐惧,第二个版本去掉了各种情绪因素,第三个版本是把人的意识完全原封不动地上传到了云端。后来在故事的发展过程中,这三个人工智能中的一个杀掉了这个意识的主人妻子的父亲,但是不知道是哪个人工智能做的。大家开始都认为可能是被去掉对死亡的恐惧或者去掉情绪因素的人工智能做的,因为这两个人工智能相对于人的意识有缺陷,最后发现恰恰是那个没有被修改的人工智能做了这件事,因为这个人工智能表面上复制了人的意识,但是他对世界的看法是基于机器的基础上的,依然不是一个真正的人。所以回到我们讨论的法律的人工智能的问题,我倾向于商韬老师所讲的,它必须是一个有自我学习能力,其实是有人格的人。但是这样的人工智能和我们人又是不一样的,因为这个算法算出来以后,即使它真的有意识,它也不会恐惧死亡,它对情绪的了解跟人类是不一样的,所以它的人格跟我们现在所说的自然人是不一样的。作为一个主体,它跟人是完全不同的。

至于刚才蔡荣提到的追责问题,我觉得其实在法律框架内还是比较好解决的。因为现在的国家赔偿都是追单位的责任,不是追法官个人的责任,错案追究出了问题还是由法院来承担国家赔偿责任,而不是由法官来承担赔偿责任。即使我们承认人工智能是个主体,是法院的工作人员,有什么问题,人工智能做错了追法院的责任就可以了。至于算法透明的问题,我也不觉得这是个很大的问题。如果当事人不能理解,找一个专家来帮他来解释这些东西就可以了。其实我们现在普通当事人,谁真的完全理解法律。像我研究宪法的,我就不理解刑法,这也是今天为什么我们请到了周锦侬老师出山,来帮我们解释一下刑事诉讼法的问题。所以这些问题程序上可以解决。以前是请专家提供法律援助,现在就提供技术援助。

丁安然博士

在此,我简单阐述一些自己的感悟。第一个问题是之前程迈老师与其他几位老师提到的对该篇论文"包容性"的理解。我拜读这篇文章之后,认为其"包容性"主要可从两个方面来理解:一是人工智能作为新兴事物,它既是对传统司法的挑战也是对传统思维的突破,就此而言,我们要对它抱有包容性的态度。二是当前人工智能在司法中的运用还存在一些缺陷,我们对此不能"一棒子打死",而应当存有包容审慎的思维。我的理解大概是如此,之后还需听一下各位老师的见解。

第二个问题,也是从之前几位老师的阐述当中我得到的启发,那就是对人工智能的定位问题。它到底是一种技术，还是说他是可以作为"人"的存在赋予其人格？如果人工智能只是一项技术，那么，我非常赞同商韬老师的观点，它的完善和发展属于自然科学的研究领域而非人文社会科学的研究领域。如果赋予人工智能人格将其作为"人"来对待，那么，其发展完善的问题便属于我们人文社科的研究领域。这里便涉及人工智能在司法运用中扮演的角色以及如何与传统的司法运作相协调的问题。而从这篇论文来看，作者似乎对人工智能的定位有些模棱两可，但总体上偏向于将人工智能作为"人"的存在来对待，纳入人文社科的研究领域。如果是这样的话，我的观点是可否将人工智能的技术完善等归属于自然科学领域的事项剥离人文社科研究领域，而这也正是我们所不擅长的东西。

此外，我也赞同蔡荣老师所提出的观点。这篇论文提到人工智能在司法运用中的问责机制，但对涉及的关键性问题论文中却并未阐述清楚。比如，该问责机制到底是对谁问责？如何问责？而这里恰恰也涉及人工智能的定位问题。如果将其作为一种技术对待，该问责机制的问责对象肯定是运用该技术的司法人员，如何问责的落脚点也回归到司法人员身上。如果将其作为"人"的存在来看待，那么该问责机制的问责对象便是人工智能本身，而如何问责的落脚点也在于人工智能而非司法人员，这样听上去至少对于现在的我们是有些不可接受的。所以，我认为人工智能的定位问题是很关键、很重要的问题。

余渊博士

我在对作者拟的这些小标题进行思考的时候有这么一个想法：他所给我们呈现出来的人工智能似乎是一个司法的辅助系统，是弱人工智能；但是在他的论述中，又让我感受到他似乎想写的是人工智能会作出一定的裁决，还有点像强人工智能。我认为这个司法人工智能所做的决策似乎好像也不像我们之前讲到的，将自主学习理解为一定是代替了主体，也不仅仅是为主体做出决策的辅助。人工智能应当是两者兼而有之，即对某些决策而言是自主的，对某些决策而言是辅助的，这也能体现它的自主学习能力。比如说以扫地机器人为例，扫地机器人并不是做出了要替代人类给自己的家做清洁这么一个总体决策，它此刻是帮助我们实现房屋清洁的决策辅助。但是它能够做到的是对整个家庭的布局越来越熟悉，然后它自己会对擦哪些地方以及怎么进行作出自己的分析并予以实施,这些具体的决策逻辑并不总是反馈给我。也就是说人工智能的这种决策,也是在不断地进行学习,但是它和主体不一定是一种替代关系。

周锦依博士

关于刑事司法的人工智能化,有一个很重要的问题就是,刑事司法到底能在多大程度上去结合人工智能?最极致的程度,似乎是人工智能裁判案件。那么既然审判可以人工智能化、律师的辩护是否也可以?公诉活动、侦查活动是不是也可以?而在刑事司法全人工智能下,人处在什么样的地位?刑事司法的理念是否会发生颠覆性的改变?当然,我们目前的人工智能还远没有达到这个程度。

现在人工智能在司法领域的适用,连最基础的数据整合度都是不足的,数据壁垒大量存在,很多案例说理不充分、诸多影响裁判的决定性要素并不会在判决书中显现。基于此种数据集成,去建构数据库、进行数据的分析,以至推行人工智能应用,其使用价值究竟有多大?就像我们刑事案件证明标准很高,要事实清楚、证据确实充分、排除合理怀疑,你很难说每一个判决有罪的刑事案件都必然能够达到这个标准,但无罪判决为什么那么难?有很多体制层面的因素在制约着法官判案,但这些考量却不会体现于判决书上。基础数据的局限与缺陷,一定程度上意味着人工智能很难真正发挥其应有的功能与价值。因此,相较于探讨人工智能的适用边界,弱人工智能时代对现有应用缺陷、数据集成弊端的实证研究,或许更为现实与必要。

当前很多司法从业者对人工智能产生抵触情绪,其实未必是对人工智能抵触,而是对尚未智能化却要普及适用的这个过程抵触。比如,有些法院的法官,被要求在审理案件时必须运用案例检索系统。但是这个检索系统本身并不健全也不够智能,检索结果更是肉眼可见的不可靠,甚至无效。在这种情况下,要求法官去使用这个系统、非但没能提升其工作效率,反倒增加了工作负担,使用感受自然是负面的。但是,对于刚刚程老师提到的法官群体是否对人工智能很抗拒,担心裁判权会被架空,我的观点可能是相反的。现在法官判案的责任压力很大,如果有一个成熟的智能系统能够为他们决策提供相对可靠的辅助甚至直接替代他们作出一些决策,这其实是在帮法官转嫁一部分裁判风险与责任，法官何乐而不为？所以，法官的抵触，更多的是源于对当前系统本身不成熟的不满。换言之，你要推行人工智能，但推行的又是一个不健全的低级系统，我还必须参考这个系统作出决策，但最后决策错误的风险与责任又是由我个人承担，这对于决策者来说，当然是排斥的。

其次，对于文章及各位老师提到的人工智能引发的偏见或控辩失衡，我也是认同的，但我觉得应当结合传统司法，以及人工智能发展两方面来看。就像程老师刚才提到的，传统司法中也是存在偏见与控辩失衡的。就偏见来说，如刚才蔡老师所说，传统司法对再犯可能性、社会危险性、羁押必要性等的审查，很多时候也是对着标准打钩，甚至对于一些抽象概念，在缺乏"两高"指引的情况下，也是千人千面的理解。只不过，这种偏见既可能因人而异，也可能基于特定地区特定时期的刑事治理需要而产生群体共性、引发区域差异。换言之，传统司法中偏见的呈现是多样且层次化的。此种多样化、层次性的差异，在某种程度上亦能彼此形成一定的中和，避免特定种类偏见的过度化。相比之下，人工智能既是人创造出来的，人的偏见自然会带入智能系统中。只不过，人工智能技术的引入，容易经由算法而将某种偏见模式固化进而被过分放大，引发的负面效果也就更加明显与突出。同样，在传统刑事司法中也存在不同程度的控辩失衡。如果从当前着重于公安司法机关推行人工智能的发展阶段看，其确实会在一定程度上加剧这种失衡。但如若用发展的眼光看，作为一种技术应用，人工智能若能在未来无差别地运用于控、审、辩三方，那么科技的引入或许也有望为诉讼主体的力量落差，提供一个平衡的契机。所以，文章中作者谈到技术赋权、关注被追诉人等诉讼参与人的权利保障等，我个人认为都是一个发展阶段的问题。当然，这既取决于人工智能技术本身的发展，也取决于决策者希望在多大程度或范围使用人工智能。

我觉得这个文章可能最深层次也最值得探讨的一个点，就是我们是否有可能在事实认定、裁判活动中运用人工智能。也就是人工智能的适用边界问题。要解答这个问题，首先要明确的一个内容，就是之前商老师提到的，到底要在什么范围界定人工智能？如果说你把它理解为最极致的，就是它是一个比人都聪明都智慧的，能够克服人类认知边界，感性制约的极致的智能主体，那么其未必不会比自然人裁判更客观、更公正。但这可能存在的一个更长远的顾虑是，当这个智能主体基于它的高度智慧而作出了远超于当下时代人类理解能力的裁判时，在人们普遍无法理解且难以接受的情况下，这种裁判如何定分止争？裁判的意义和价值如何实现？而另一个更本质的问题则是，若引入某种算法协助或替代事实认定或裁判活动，该种算法要如何设计才是正当且公正的？当诉讼过程中基于对结果的不满而反向质疑算法，如何对算法本身进行裁决判断？是否还需要一个高于算法的上位算法或主体进行解释与评价？而对该上位算法或主体的监督评价又该如何实现呢？

所以，从某种意义上讲，人工智能的引入，或者说算法的大量引入，意味着整个司法裁判方式与方法的变革。传统程序正义，比如程序参与、程序理性、控辩对抗等，这些举措对裁判可接受性的保障，在算法引入的情境下，最终都将不同程度地落于对算法本身是否正当、公正的评价与确认。毕竟，过去我们可以通过诉讼程序去"看见"正义的实现，而人工智能，是通过"算法"实现正义。那么算法又当如何被"看见"？

附：

《刑事司法人工智能的包容性规制》
李训虎

摘　要：我国刑事司法人工智能走在世界前列，但暴露出数据垄断、算法黑箱以及应用场景设置随意等问题。这些问题及其背后所面临的合法性挑战、正当性隐忧和伦理性风险的科学解决与化解，要求超越传统思维，创新监管模式，引入技术赋权理念和技术正当程序，对刑事司法人工智能进行包容性规制，以实现发展与规制的协调。刑事司法保障人权与人工智能以人为本的深度融合形成技术赋权理念，可以为刑事司法人工智能的研发、应用提供理念层面的宏观指引；在传统正当程序基础上发展而来的技术正当程序，可以对刑事司法人工智能应用进行过程规制，以促进司法数据的公开，提升算法的透明度，并推动刑事司法人工智能问责机制的建立。数据驱动下的司法人工智能应用对司法结构和司法治理模式形成冲击，并对司法运行产生重塑效应，逐渐形成人机协同的司法治理新模式。未来应当秉持以人为本、技术赋权理念，重塑人机关系新格局下的价值取向和行为准则，遵循法律公平正义的价值追求，构建人机协同司法治理新格局。

研读李成《人工智能歧视的法律治理》

2022 年 8 月 14 日学术沙龙纪实

2022 年 8 月 14 日，南昌大学法学院数字法治研究中心召开第八次学术沙龙，学习研讨李成副教授发表于《中国法学》2021 年第 2 期的论文——《人工智能歧视的法律治理》。

▎宋维志博士

我简单为大家介绍一下这篇论文。这篇论文发表在《中国法学》上，文章中对一些概念的理解，比如对于人工智能的理解、定义，还是很新、很全面的。我读完之后觉得和我们前面几次读书会归纳出来的一些基本点是吻合的。我读这篇文章最大的感受是：这篇文章作为一篇法学论文，是一篇非常优秀的法学论文；如果作为一篇社会学论文，同样也是很优秀的社会学论文，尤其是这篇文章的前半部分。

这篇文章除去引言和结语，主要分为四个部分。在第一部分，文章主要讲了嵌入人工智能的歧视，也就是基于现阶段以及未来可能出现的人工智能技术会有哪些歧视。作者归纳了两类，一类叫作内隐偏见，基于内隐偏见的无意识歧视；第二是基于结构性不平等引起的系统性歧视。

第二部分文章归纳了几类歧视路径，也就是说目前歧视具体表现在哪些地方。有四种可能：一是问题建构；二是数据理解；三是特征选择；四是个人信息。所谓问题建构，就是说人工智能在提出问题的时候的驱动力，或者说人工智能怎么去理解歧视这个概念。但从作者的表述当中，我们可以看出，可能至少在现阶段来说，人工智能无法实现比较公正的问题建构，或者无法比较合理地解决歧视。文章第132页提到了，公平是模糊的、难以量化的概念，这种模糊是人工智能解决不了的。到了第二、第三个歧视表现路径，数据理解和特征选择，事实上这两个是一回事，只是这个过程的两个部分而已。所谓数据选择就是我们之前反复提到的大数据训练需要的样本数据库，这个基础数据中本身就存在着歧视，所以它学习的过程中不可避免地会学习到这种歧视。特征选择其实通俗说就是有样学样，正是因为数据库本身的歧视风险，所以特征选择的过程必然会产生非公正的结果。第四个是个人信息的歧视。作者认为，在简单的场景当中，可能可以实现个人信息较高程度的保护，但是在复杂的应用场景当中，尤其是在大数据的时代背景下、技术背景下，是无法避免人工智能对于个人的信息描画、信息特征归纳走向标签化。事实上，我们看下来之后会发现，文章提到的这四种歧视现象，可能在现阶段以及未来的时间内，无法避免、无法解决。

基于这样的情况，文章就进入了下面的部分。在第三部分，作者回顾了现有的法律法规对于人工智能歧视有哪些规制方案，作者称之为制度余量。作者归纳了三种：一个是责任规则，另一个是信息约束，再一个是平权运动。责任规则我们在最开始读吴汉东老师的文章的时候就讨论过了，大体就是通过侵权责任追责的形式。这种机制最大的问题是算法黑箱，这个也是我们之前讨论过很多次的，因为存在算法黑箱，所以你不知道形式上的平等背后是否存在着黑箱运算。那么进行信息约束方面是否有可能呢？也就是说禁止过度地分析信息。文章前面的部分已经提到了这个问题。在简单的应用场景当中，我们可以设定一些规则来使信息不被过分地解读采集使用；但是在大数据的面前，这些措施是没有作用的，因为数据量达到一定层次之后，总有办法来为一个人进行信息画像，这是规避不了的。因此，这种规制也没有办法解决人工智能歧视。所谓的平权运动就是我们说的实质正义，就是我们基于实质正义来解决问题。但这样实际上就会产生一个信息保护悖论：我们试图通过事实上的实现正义来实现歧视的避免，但是前提是我们要有一个"上帝视角"，知道哪些是公正的、哪些是不公正的，然后才能回过头来判断。那怎么才能拥有"上帝视角"呢？还是会回到尽一切可能收集信息上去。这是一个逻辑上的悖论、一个自循环。

通过这三个方面的分析，作者得出的结论也是目前这三个方面的机制不足以解决人工智能歧视问题。所以作者提出了未来的治理方向，有四个可能方向：第一是数据主体赋权，主要解决的是算法黑箱问题。既要解决算法黑箱，又要保护商业机密，作者提出了算法解释权。但是这个能不能实现，我抱很大怀疑。我们之前也提到，如果把算法公开，又有多少人看得懂呢？这个问题同样可以用来问算法解释权，比如说文章提出了引入一个第三方来解释算法，一个第三方就可以解决了吗？黑箱的应用实例太多了，甲方和乙方进行一个交易，然后我们为了公正引入一个丙方来作为第三方评估，看起来很公平，但甲方完全可以收买丙方来继续维持黑箱。一样的道理，大数据的使用者完全可以收买评估方，算法黑箱问题还是没有解决。第二个是算法，也就是对代码规则的监督，我们对运行规则进行监督。这有点像我们的程序法。但问题是在大数据的时代进行算法审核，对每一项程序或者对大多数的算法进行审核，来评估是否公正、是否含有歧视，是否具有可行性？且在效率上有没有可能，谁来审核、怎么审核？什么叫作公正、什么叫作不公正？第三个是对开发商开发行为的规范，就是尝试把公平正义的规则加入算法的底层代码当中。但是事实上这还是回到了前面的问题。公平正义是模糊的，因此必须回答的问题是，什么样的规则是公平正义的，是可以加入底层代码的呢？事实上还是绕回到了原来的问题。第四个就很宏观了，文章提出要进行社会环境重塑，就是要营造一个公平正义的环境，有利于数字平权行动表达。这个说白了就是空话，没有任何实质的东西，没有意义。

其实，讨论了这么多，我们会发现，歧视的根源本质上是人与人之间的关系，而不是人与机器或者技术之间的关系。文章结语部分也提到了，人工智能歧视的根本，归根到底是人与人之间的歧视，而非人与技术之间的互动产物。在这里，我们可以发现，所谓的人工智能还是作为一种辅助，我们始终是把它定为机器人，只能作为人的辅助，是人与人关系之外的一个东西，这是最底层的逻辑。

读完这篇文章，我有一个问题：文章提到的人工智能的法律治理，也就是说作者提到的这些歧视或者反歧视，总体上来说是针对市场主体的，比如说企业、大型的公司，在应用人工智能的时候可能会产生歧视。但一个必须回答的问题是，如果权力在应用人工智能的时候存在歧视怎么办？现在我们可以看到，对人工智能或者对信息技术运用过度、不当，甚至包含歧视，更多的是发生在权力行使过程中。那么如果存在权力滥用人工智能导致歧视，那怎么去规制？文章并没有提出，完全没有涉及这些问题。这是我觉得非常遗憾的。

程迈教授

读了这五篇有关人工智能的文章，我突然形成了一个比较奇怪的感觉。这五篇文章在提到人工智能的时候，都提到了人工智能设计的歧视问题，给我的感觉好像我们这个社会是一个非常重视平等，对种族、男女、弱势群体的歧视非常敏感的一个社会。可能因为我主要是从事宪法学方面的研究，所以可能是我的职业敏感性吧。其实我们可以扪心自问一下，我们人类社会真的是一个非常强调平等的社会吗？

所以在这种社会大背景和风潮下。我们去谈论人工智能的歧视究竟是有什么推动力？我这周在读一本介绍区块链技术的书，这本书里提到了一句话，我觉得其实蛮有启发的。它说，当一个新技术产生的时候，人们往往会夸大这种新技术的影响，觉得区块链来了，整个社会会发生颠覆性的变化，但是又会过于轻视这种新技术的长远影响，就像当初的互联网一样。所以我们现在讨论的人工智能的文章，都在谈人工智能不理解概念、不理解感情，这样讲的时候是不是因为我们作为社会科学研究人员，因为对技术不了解，所以会对这种技术产生一种偏见，然后扣上各种各样的"帽子"，有时候会作出一些比较武断的判断？比如说文章的第133页讲到，互联网企业员工结构同质化程度越高，问题建构的视野越狭窄。比如互联网企业里面男性很多，女性比例很低。其实我们可以看一下别的例子，比如幼儿园的老师都是阿姨，我们人生第一次接触社会教育的时候全是女性在教育，我们按照这个逻辑，我们可不可以推出，这样教育出来的孩子们肯定都是"娘娘腔"呢？

最后一个问题也是我比较担心的，是政治对技术的过度侵入。人工智能本身是个新鲜的事物，我们现在研究人工智能、研究数字法学，这些知识还处于新兴阶段，当我们还没有充分了解的时候，就扣上这么大的一个帽子，是不是有利于学科的发展。这篇文章也提出，不是人工智能在歧视，而是社会本身的结构在歧视。我们却给人工智能扣了这么个"大帽子"，然后想方设法地规制人工智能，这种做法是不是真的好呢？

商韬博士

我提供一个模板供我们讨论参考，就是上周谈到的欧盟在2021年4月份通过的《人工智能法案》，并不是说欧洲人做的有多么好，但毕竟他们走在前面了，既然已有一个模板，我们就参考他们的做法是什么。欧洲这部法案是按照数据的敏感程度进行分类，而不是涉及主体。一旦被认为是敏感信息，无论出自政府部门、私营部门、高校、银行系统，都是将来要纳入数据监管的；如果是非敏感信息，无论出自哪个部门，暂时都可以按照市场原则允许其野蛮生长。我在想这样的方式是不是会更有现实意义？就像刚才宋博士所说的，论文中的方式可能会遗漏了我们更想关注的某些更重要的东西。

该文所探讨的主题是关于身份的算法歧视问题，我最近有一个亲身经历，和这个主题是契合的。因为我现在在早稻田大学访学，出于缴费需要，我最近去申请了日本的信用卡。申请过程是在日本工作人员的iPad上填写一些个人信息，填写过程很顺利，日方工作人员认为信息没有任何瑕疵，对成功申领信用卡他认为是没有问题的。但在提交数据的几乎同一时间，我的手机就收到了邮件，邮件内容是申领信用卡被拒。我的第一个反应是我应该是被"人工智能"给拒了，因为从提交到被拒几乎没有时间差，传统人工是无法完成的。而接下来发生的事，让我觉得可能就是所谓的"黑箱"。日本工作人员在得知我被拒后，就立刻紧张起来，但他无法回答我被拒的原因，在打了一通电话后，他还是无法解释其中原因，只是一个劲道歉。所以这个所谓的"黑箱"是什么，直观感受是人解释不了，只有机器明白。回去路上我就一直在想，这里面存在的问题可能在哪，我回忆了填写的几个关键信息：首先最重要的当然是还款能力，这一栏在咨询日本工作人员后我填写的是中国的收入再加上在日期间留基委的资助费，这个数额日本工作人员认为没问题；其次有一个关键信息是邮政编码，在日本这是一个比较重要的内容，这7位数字可以指示出一个人的居所在某市、某町、某丁目，反映出一个人所在社区的背景信息，对银行来说这也是重要的评估内容，因为我现在住在早大提供的宿舍，这串邮政编码指向早稻田大学在这一片的资产，所以应该也不会有问题；那唯一可能的问题就出在我的"在留卡"信息——外国人，并且是在留仅一年的外国人，这个信息很有可能才是导致我被拒的真实原因。所以这背后的逻辑是不是可能存在着某种歧视？表面上看是人工智能对一个在留时间短暂的外国人的歧视，但面对这种歧视好像我没有办法去指责一个机器。

在这篇论文当中，作者提供了一个解决思路，叫作数据主体赋权，我想沿着作者这条思路，谈谈我对所谓"黑箱"的理解，以及这样的办法有没有可能解决问题。按照作者的想法，应当由法院去掌握数据算法背后的逻辑，这种逻辑我的理解是社会逻辑，而不是数据逻辑。因为对我们这些搞法律的非专业人士就算工程师和我们谈数据运算逻辑我们也未必听得懂，所以应当是由法官去评价算法背后的社会逻辑，评价这种社会逻辑存不存在对某一个主体的区别对待，就好像刚才提到的外国人是不是在算法背后被区别对待了。要弄清楚这个社会问题、法律问题，我们先得弄清楚一个计算机科学问题，我们现在说的算法到底是什么，它和过去的网络数据有什么不同？简单来说，我们过去上网利用搜索引擎的方式是"人找数据"，而算法的本质是"数据找人"。举个例子，我一直在用喜马拉雅 App 听书，已经用了很多年了，现在我的喜马主页上一般只会有四类推送：推理、科幻、历史、相声，这就是数据找人的结果，它会根据我常年听书的习惯判断我的身份，然后相应的数据找到我，这就是数据找人，这就是算法的本质，它天生就是把人区别对待的，不同的人，算法推送不同的东西，这是最精准、最有效的投放。算法本身只是一种技术，它的区分是中立的、客观的，但这种算法背后的社会逻辑又是什么呢？对喜马拉雅 App 来说，如果是男性用户，就推送军事、政治、历史类题材？如果是女性用户，就推送言情、美容、时尚类题材？这种设定是人为的，且带有某种歧视，但这种歧视不也是来自社会中本来就存在的刻板偏见吗？男人都喜欢军事整天喊打喊杀？女人都喜欢美容、买包？现在要赋权法官看到数据背后的社会逻辑，用论文中的话叫作"穿透算法黑盒"，法官看到的是什么，他们敢看吗，看到了又敢判吗？哪个法官敢用一纸判决去挑战整体社会的价值观呢？论文在结语中其实提到很本质的问题——歧视就是人与人之间互动的产物，现在在人与人之间弄出来一个机器，说是机器的黑箱在歧视。那个黑箱里面装的到底是什么，我们不是心知肚明吗？

程迈教授

这五篇文章读下来呢，我有一个感觉人工智能其实反而可以消除歧视。

比如说在人工智能出现以前，这种歧视来自社会结构，它是通过一个一个的个案表现出来的。在使用人工智能之后呢，反而会把这种现象集中地表现出来。以前，如果我们只讲一、两个外国人被歧视，大家不会去关注这个问题，但现在引入算法黑箱之后，我们会看到外国人普遍地被拒绝，然后就会讨论这种现象为什么会存在，经过分析发现它来自社会结构之中。人工智能使得大家能够更强烈地意识到这种歧视性的问题，然后才会解决这种问题。大家现在提人工智能会造成歧视，在人工智能后面是遮住了作为整个社会潜意识的歧视性社会文化，原来大家看不见。

丁安然博士

这篇论文对于我而言，看上去会比较费劲，因为它涉及一些算法，包括一些涉及人工智能里面的一些技术性的介绍，其实我理解起来会比较费劲。我简单说一下自己的想法。从这个文章第四部分来看，作者对算法的解释、算法审核以及开发行为的合规、数字平权内容的阐述侧重算法或者说人工智能技术本身如何解决歧视的问题。正如刚刚商韬老师所提出的，所谓"歧视"应当是使用算法环节的歧视问题而非技术本身的歧视问题。此外，就论文第144页提出"算法是一种利益衡量的产物"的观点而言，这篇文章整篇都在强调公平正义。而从上一篇论文当中也可看出，我国当前的人工智能还存在不少缺漏，就像程迈老师所说它还属于"智障人工智能"。那么，我个人认为，在人工智能本身技术存在很多问题的情况下，就开始强调它的公平问题是否有一些跳脱呢？当然如果说把这个公平作为未来工智能发展的方向，这也是在情理之中的。

由于对于人工智能，我了解较少，可能我个人认为就人工智能的研究而言还是应当倾向于其本身技术的研究，这也更符合当下的国情。这篇文章当中提出了人工智能是效率公平正义之间的利益衡量，或者说利益博弈的一个结果。它本质上更侧重效率的提高，公平正义是在效率提得到显著提高之后，我们再去强调的一个东西，现在把它拎出来作为人工智能应当考量的这么一个东西去讲，其合理性有所欠缺。

最后，我认为，所谓人工智能中的歧视本质是人在使用环节存在的歧视，这不是技术问题，那该论文讲歧视是否有将人工智能当作幌子而本质是在揭露人与人之间的不公平呢？

郑俊萍博士

各位老师晚上好，我想先来讲一下对论文本身的理解。

先从这个题目来说，对"人工智能"的界定构成了本文写作的技术逻辑起点，虽然作者并未在文章中直接给予定义，但我们从第二部分内容"歧视嵌入人工智能的路径"中可以推定出，本文所讨论的人工智能歧视是以弱人工智能时代为其语境的，即，通过大量数据的吸收，继而分析，借助机器学习的算法运行形成一种模型或者一定的标准，当后续需作出判定或决策的事件输入时，它可以输出一个结果。

对人工智能的如此界定是否准确，这是存疑的。根据我现有的了解，当然未必权威和全面，人工智能技术开发人员内部对于人工智能现在的技术基础和研究方向——机器学习（深度学习），也是有争议的。因为它是基于经验总结的归纳式数据分析，但"如何保证过去事件的概率分布在未来也成立"呢？因此，作者第二部分内容，把人工智能限定为基于机器学习的弱人工智能就很好地规避了上述分歧，为整篇论文确定了技术逻辑起点。

然后对于题目当中人工智能歧视问题，刚刚有老师也提到过，到底人工智能自身会不会产生歧视？以作者对人工智能的界定为基础，人工智能本身其实并不会产生歧视，这也是作者在文章中或隐或现地反复提到的，歧视根源于我们人本身以及我们现有的社会规律，只是随着人工智能的出现和发展，这种歧视得以"嫁接"，也是文章中提到的一个概念"人工智能+歧视"。那么，为什么我们要专门去研讨，要对它进行一个特殊的法律规制安排呢？我认为，对这个问题的思考是对论文中"法律治理"必要性的一个交代，同时，它也会影响具体对策的设计。但遗憾的是，作者事实上并未对此进行充分的正面回应。作者始终没有交代，到底什么是"歧视"，在第一部分当中给出的两种歧视——无意识歧视和系统性歧视，其实是从社会学、心理学等角度分析的歧视产生的根源。但是到底什么是歧视，这是一个非常主观的认知，每个人的看法是不一样的，包括程迈老师说，把黑人识别成大猩猩并不当然构成歧视。再比如说，我们的保险行业普遍存在的对病毒携带者拒保的现象，到底这是不是一种歧视？怎么去界定？论文并未给出正面回应，而是建立在

"不言而喻"的社会成员的认知"常识"上,即,一旦涉及性别、种族、宗教等,只要出现不同的对待,或是比例的失衡,那就构成歧视,但我觉得这个逻辑起点是有待商榷的。因此,以此为起点进行的歧视嵌入路径分析以及法律规制建构分析就可能出现根本性的方向错误。例如,论文中对歧视嵌入人工智能的路径之一"问题建构维度的歧视"分析,作者认为人工智能开发行业中从业人员的同质化会进一步加剧歧视,这点我觉得是一种过度解读,而这种解读在某种程度上可能会对人工智能行业构成过度介入。行业属性不同必然导致对从业人员的要求不同,但未必会导致其产品或服务的歧视结果,因为产品的研发是以市场为导向的,人工智能的算法设计也是如此,它并不完全是开发者的主观意识,而是需要一系列的调研,一系列的试验。以现有人工智能技术为基础,歧视的根源是人、是社会,那么,要去规制它的话,不应过多地着眼于开发端,而是使用端。但是从第四部分来看的话,作者所提出的主要法律框架构造都集中在开发端,在开发端应该怎么去限制"歧视"的产生,而这在逻辑上是不成立的,如前所述,现有人工智能并不会生产"歧视",反而,以开发端为方向的规制路径不利于技术本身的发展。例如,对于数据我们到底是应该去筛选去清洗,还是说要在合理的法律框架内去保证数据覆盖的全面性,分布的均衡性等。

那如果聚焦于使用端的话,这个就回到我们很多老师刚刚所说的,其实是已有的要去解决的问题,而不是技术本身使它产生并要去克服的一个问题。之所以,有了人工智能,歧视变得如此"刺眼",我的思考是,在没有"嫁接"于人工智能的时候,这种歧视它是偶发的、散发的,比如,办理同一项业务,你可能因不同的业务员而获得不一样的结果。但当引入人工智能以后,就像商韬老师举的例子一样,一旦你输入某个指标,马上就会得出一个拒绝的反馈,使得这种歧视集中化和普遍化了,甚至是固化了。但从另一个角度去考虑的话,这是否是另一种公平呢?

有关使用端的规制问题,我还有一个思考,就是刚刚前面程老师提到的,会不会造成政治的侵入,这也是我在阅读的过程当中感受到的。从作者引用的大量人工智能歧视事例来说,我会疑惑,到底哪些领域是需要去介入的。

比如,人工智能在商业领域的广泛应用,商事企业希望对特定的主体去设置特定的方案,以提高运营效率,实现利润增长。那么,这是市场主体的一个自主决策行为，追求利润增长是企业的本质特征，那我们是否应该去介入，多大程度去介入，这是需要斟酌的。

最后，我想结合一些其他学科，包括技术开发人员的发言，说说目前我对人工智能运用的个人担忧。技术人员的总体感觉是，当前的人工智能它还是一个刚刚学会爬行的小 baby，但是社会整体对它的期望是什么？它已经是会跑会跳的成年人了，然后就想着怎么去管理它，怎么设立规则去规制它，这样的话反而是不利于技术本身去发展、去开发的，束缚了技术人员的手脚。就像经济法学当中要思考的根本问题——政府和市场的关系一样，当下对人工智能的过高期待和推崇可能是各种问题产生并加剧的根源。

程迈教授

经济法的老师思维就是不一样。听了郑俊萍老师的发言，我突然想到。我们各种社会主体包括市场主体也不能有歧视行为，否则就会违反宪法中的平等权规定。我们从这个角度来讨论人工智能的歧视问题也站得住脚。

但是还有一个问题大家不能忘了，市场主体也是有宪法权利的。在宪法上企业有经营自主权，那么为什么阿里、腾讯、字节跳动不能主张自己的经营自主权呢，没有人谈这个问题。我觉得说到底还是需要放在法治的框架来进行讨论，不然就会表现出经济民粹主义的态度。正如刚才郑俊萍老师提到的，比如说一个保险公司，它不是慈善基金，对于弱势群体，它为什么不能够拒绝提供服务？因为这种对弱势群体的照顾责任是政府的责任，应当先由政府承担起对弱势群体的照顾责任，在此基础上再去讲大公司不能歧视弱势群体，不能反过来，政府还没有履行自己的责任，就让公司去做这件事。本身公司的负担已经很重了，它是社会创新的推动者、社会财富的主要创造者，现在还要给它加上这么大的社会责任，这样真的很好吗？

蔡荣博士

就像文章结语中所指出的，技术歧视归根结底是人的歧视，与之相呼应，作者也在文章引言部分提到"数字技术成为歧视表达的新载体"。而作为歧视"新载体"的数字技术，相较于以"人"为载体歧视，我们在歧视消解方面能够做的更多。我们可能无法消解人的歧视，无法改变他人的想法，但我们可以通过算法的修正，尽可能消解数字技术中的歧视。这可能是人工智能歧视问题相较于几千年来人们讨论公平正义话题所不曾有过的。过去，我们可以通过沟通来消除歧视、我们可以通过教育来消除歧视、我们可以通过立法来消除歧视，但这都是外部举措，而歧视是主观性、经验性的，每个人产生歧视的原因是不一样的，之前任何的外部手段最多实现的是减少歧视，或者尽可能地缓和歧视。

但当身份歧视和人工智能技术结合之后，就会出现新的情况：

第一，相较于人的歧视，这些问题在人工智能技术下，身份歧视容易被暴露。就如商韬老师的例子，如果我是银行雇员，我可以编各种理由，告诉商老师银行对你留学身份并无歧视，商老师可能很高兴地接受了这些说辞，认为申请不到信用卡是自己的问题，在日本人频繁的鞠躬中满意地离开。他被歧视了，但被隐藏得很好；但现实是，人工智能否定了商韬老师的申请，并不说明理由，商老师意识到自己因为留学身份被歧视了，并且可能下次选择对留学身份没有歧视的算法系统重新提交申请。人工智能的歧视不能被说明，但可以被发现。

第二，相较于人的想法难以改变，人工智能歧视可以通过技术手段予以消除。这是过去我们讨论消除歧视所无法运用的手段。人工智能有身份歧视，没问题，找几个程序员消灭它。因此，我不同意宋博士的观点，我认为人工智能可能会成为身份歧视消除的一个契机。

第三，法律能为人工智能歧视做什么？正如文章所说，在人工智能歧视暴露之后，我们可以通过数据主体赋权、代码规则监督等方式，预防性地在事前消除歧视。通过法律手段将非歧视作为设计开发者的行为准则。但这只是一个方面，就如所有人都知道杀人偿命，依然有大量的杀人案一样，即使法律设立的行为准则和合规标准，依然有人铤而走险。或者是如漫威电影中的灭霸，为了理想信念，我可以消灭一半人口，即使我因此身体受损或身首异处也在所不惜。因此，规则的作用也是有限的，依然会有人将歧视通过算法表达出来。归根结底是人的歧视。

第四，还可以进一步讨论的是，当人工智能歧视不能归结为人的歧视时，法律应该如何呢？我们前面讨论人工智能概念时，普遍认为人工智能应当具有深度学习能力。那么开发设计者在设置算法时并没有刻意地制造歧视，行为规范也符合法律要求。但算法自我生成了歧视呢？比如算法在对男女职工工作效率对比之后，发现男员工效率更高，因此更倾向招收男员工呢？这个时候，我们无法将人工智能歧视归责于开发者，应该如何处理呢？我认为可以借鉴刑法上的不作为犯。虽然开发者并没有可以制造歧视，但在歧视发生后或者有关部门通知消除歧视后，开发者或使用者仍没有修改算法或纠正错误的，才应当承担责任。

第五，关于程老师提到的人工智能"遮羞布"的问题。我依然秉持前几次我研讨人工智能话题的思路，参照网络技术发展历程进行比照。过去我们认为网络社会是虚拟的，我们可以在网络上做任何事情，没有人知道我是谁，我在网络上是绝对自由的；但随着网络社会的发展，实名制、IP属地查询、舆情监控、大数据，我在网络上成了透明人。网络从绝对的自由变得满是束缚和监督。那么人工智能呢？我们躲在人工智能背后谈论社会上的身份歧视和权力任性，但歧视者和擅权者完全可以把锅甩给人工智能，"不是我做的，是人工智能自己产生的歧视"。由于算法黑箱和技术壁垒，对歧视的举证将变得更为困难。我认为人工智能是"遮羞布"，歧视者将人工智能作为"挡箭牌"。

附：

《人工智能歧视的法律治理》
李 成

摘 要：人工智能在我国的大规模部署带来了歧视数字化的法律风险。个体层面由内隐偏见驱动的无意识歧视和社会层面由结构性不平等驱动的系统性歧视，或影响人工智能的开发设计，或干预数据生成、采集和利用，在问题建构、数据理解、特征选择等环节将偏见和结构性不平等嵌入人工智能，诱导其输出歧视性结果。面对数字时代更加隐蔽且广泛的歧视，我国基于责任规则、信息约束和平权行动构建的既有禁止歧视法律体系陷入归责不能、约束失效等困境。治理人工智能的歧视需要实现反歧视法律数字化转型，以算法解释化解信息单向透明趋势，以算法审核抑制代码歧视风险，以非歧视准则规范人工智能开发、利用行为。此外，还需借助数字平权行动，推动社会权力结构变迁，消除滋长歧视的结构性不平等。

主题二
算法法律问题研究

研读丁晓东《论算法的法律规制》

2022 年 8 月 21 日学术沙龙纪实

2022 年 8 月 21 日，南昌大学法学院数字法治研究中心召开第九次学术沙龙，学习研讨丁晓东教授发表于《中国社会科学》2020 年第 12 期的论文——《论算法的法律规制》。

程迈教授

我个人的感觉是，这是我们目前读到的六篇文章中，讲得最实在、最具体，也最落地的一篇文章。但是在最后关于制度改革建议方面，我觉得可能还是有一些需要深化的地方。这个文章分了五个部分，其实我觉得文章的第四和第五部分，对于算法的场景化规制内容部分是可以合并的。

在文章的第一部分，他也提到了在我们从讨论人工智能开始就已经经常被讨论，或者说大家比较担忧的一些问题，尤其是挑战人类的决策知情权与自主决策权、威胁个人的隐私和自由以及导致歧视这些问题。特别是歧视的问题，在我们前面阅读的五篇文章里不停地被讨论。不过在这篇文章里，丁晓东老师更落地地讨论了什么是歧视、会存在怎样的歧视的问题。

关于怎么去纠正这些问题，我觉得这篇文章主要还是想提出应对的方案。这篇文章分析了目前在处理这些问题时，或者说对算法进行规定，其实说白了对人工智能进行规制的时候，主要是三个方法：第一个是算法公开，就是公开到底是怎么做的，算法中有没有歧视的内容，需要将这些东西全部公开；第二个就是赋予个人对自己个人信息的权利，相应的就可以去对抗大公司在使用算法中可能存在的歧视；第三个就是直接要求在设计算法时不得有任何歧视的做法。从丁晓东老师的文章来看，他对于这三种方式都提出了一些不同的看法。

第一个就是公开算法。我自己这一周也开始看关于算法的一些书，发现目前我们所说的算法和程序其实是同义词，人类只能理解算法但不能理解程序，因为程序是通过0和1去写的，程序到了人类这里就叫算法。但是算法是一个不断地被调整的东西。丁晓东老师就提出，虽然公开了，大家也不一定能懂。比如在文章的第143页，丁晓东就提出专家其实也很难完全理解算法，因为某一个算法可能是成百上千个专家共同工作的结果。第二个问题是，如果公开算法，会不会反而会激化问题？文章就提出，比如Google这种网页排名算法，如果公开了网页排名的算法，有人就会作弊了，反而会使得大家获得的信息是失真的。

第二个也是现在经常讲的对个人信息进行赋权，以此阻止大公司利用算法进行歧视或者侵犯隐私。但是对个人赋权面临的第一个问题是，个人是不是对权利感兴趣的问题。大部分人可能对这个东西并不一定感兴趣，因为较真的人毕竟是少数，在这些较真的人里面，对他们采取公开的做法，他们也不一定能理解，结果就没有实际意义。而且丁晓东老师也提到了一个非常实际的问题，如果对个人的信息给予过多的保护，是不是真的会给个人带来好处。比如不想让算法推送产品，让个人自己去挑产品，个人挑出来的产品可能反而更不符合他自己的需求。我们仔细想在淘宝上，比如说我挑一些产品，虽然说他给我不停地推送，但是的确推的还是我想要的东西。所以你现在来个个人赋权，你禁止算法去代替个人做决定，这么一来的话是不是真的好？

第三个是关于反算法歧视的问题，这是这篇文章比较有特点的一个方面。它提出现在我们认为算法歧视，但是没有算法的话，现实会不会更加歧视呢？尤其是在文章第148页提到，人们说Uber的算法歧视黑人，但是你不用Uber那些私家车或者说出租车司机就不歧视黑人了吗？所以把歧视黑人的账算在算法里是不公平的。而且在现实中只要进行区别对待，它就会有歧视的问题，这也是上周郑俊萍老师提到的，歧视到底是来自算法还是来自社会？没有算法是不是就真的不会有歧视了？而且有的时候一些区别对待有他自己的合理性。比如文章在第150页就提到，雇主在挑选员工时挑男人不挑女人，可以认为这是歧视。但是作为企业来说，其会考虑年轻女性招聘进来，马上就要婚育，在这种情况下，其怎么控制成本。所以区别对待有时可以提高决策的效率。

文章最后的第四、五部分是我最感兴趣的，因为其实前面三个部分，在我们读了六篇文章以后，我们会发现基本上讨论都是歧视的可能性问题，甚至包括算法是不是真的是歧视的造成者的问题。现在我倒是更想看到第四、五部分到底怎么去解决这个问题。但是严格来说这两部分我读下来还是有一些失望，或者说我希望他能写得更多一点。文章在这里比较有意思地区分了公共算法和私人算法，觉得公共算法可以对它的规制更加严格，私人算法可以给予更多的空间。但是公共算法会更有可能涉及国家安全、公共利益，在我国这样强调集体文化的国家，对公共算法公开为原则的做法不一定真的能实行下去。像《政府信息公开条例》最开始的公开为原则、不公开为例外，但是2019年修改《政府信息公开条例》以后，对这个原则进行了非常大的限缩性调整。

所以对于这篇文章提出的建议，我没有看出太多实质性的东西，更多的还只是一个论断性的建议。从整个文章看来，包括我们前面读过的五篇文章，都是发表在顶级的刊物，但是对一些问题的讨论还有待深化。首先是读了这篇文章以后，我们没有找到一个真正的例子表明算法在歧视，不知道其他老师有没有这个感觉。大数据"杀熟"可以认为是一种市场竞争行为，从经济学的角度来说具有一定的合理性，对老客户可以收费更高，因为他们粘性更强；对于新客户收费低，是为了把这些新客户吸收进来。从经济学上说这样做对企业其实是有一定好处的，因为它使企业的利润最大化，企业利润最大化以后，它才有可能更好地去开发它的产品。而且市场对这些问题是有纠正力量的，为什么一定要用法律手段对付它呢？那么在大数据"杀熟"之外，算法歧视的例子到底是什么？在我们已经阅读的六篇文章中，我没有看到一个具体的实例，讲得最多的就是讲美国的人脸识别会把黑人识别成猴子，中国的例子究竟是什么？所以算法歧视究竟是一个真问题还是一个假问题？而且更关键的是，在人工智能刚刚发展的初期，就对它施加这么强的一个限制，这样做是不是明智，还是说我们法学实在是没什么新东西好研究，没有问题我们要创造问题去研究。

蔡荣博士

刚才听了程老师的观点，其实我也觉得比较有意思，就是我们研究人工智能、研究算法是不是一个真问题？以前我一直是对人工智能、算法、大数据的选题持一种排斥心理的，我认为这并不是法律专业讨论的问题。但经过这几个星期的研读和讨论之后发现，为什么这些文章能发表在《中国法学》《中国社会科学》，是因为他们能把一个假想的问题写得好像是个真问题一样吗，这其实也是一种学术思辨。

当我们把所谓的人工智能、算法这些因素全部剥离出去，然后再来审视文章中所讨论的问题，它最终是能够还原成我们法学理论中基本的论题，比如，这篇文章中所讨论的算法的法律规制，归根结底就是平等与公平的问题。还有我们之前谈论的司法智能化也是个效率与公平的问题。这些古老的议题在新的环境背景下换了副面孔，又引发了新的讨论而已。从这个角度来看，我觉得无论它是真问题还是假问题，学术研讨有时就是一个思辨性的、抽象的、空对空的探讨。就是提出一个问题，然后让大家辩论，最终提出一个新的观点出来，这也是我们研讨的目的。我们研讨的成员也都没有关于算法数字运用的实践经验，对吧？所以，不用去纠结这是个真问题还是假问题，能够展开讨论就是有意义的。

关于丁晓东老师这篇文章提到的三个问题，我学到的最重要的一点是，他把算法法律规制中所可能遭受的各种问题做了一个很好的总结，并且对它进行细致的分析。但我的感觉跟程老师一样，读到最后一部分，又是不解渴了。按照文中的分类，我也分三个方面来讲：

第一，所谓算法的公开。这方面就像刚才而程老师说的，可不可能公开？尤其是文章对公权力算法和私权利算法的公开程度提了不同的要求，文中认为公权力算法应当尽可能地公开。然而，结合上一周程老师谈到人工智能"遮羞布"的问题，我认为，人工智能也可能成为滥用权力者的挡箭牌。他会说权力滥用是人工智能造成的，不是擅权者造成的，这是算法造成的，不是人造成的恶果。我们在当前的情势下，权力决策的过程几乎是不公开的，既然现在决策过程不公开，那么作为辅助决策的算法又怎么可能被完全地公开呢？这就是文中观点值得反思的地方，现在政策的出台和调整，这些决策的过程都是不公开的，我们也无法肯定公权力未来会对算法的决策过程进行完全公开。

第二，算法歧视的问题。刚才程老师也谈到为什么个人歧视大家就觉得理所当然，比如我就看不惯某些人，是没问题的；但公司为什么不可以有歧视？Uber为什么不能拒载黑人？同样是作为权利主体，为什么公司跟个人在这个歧视问题上他有不同的看法，是因为公司的影响力更大吗？我还没想明白这一点。

第三，在个人数据赋权方面。这篇文章我主要关注的是个人数据赋权，文章也在个人数据赋权方面谈了很多，但是解决方式却是比较宏观的，所以我认为并不"解渴"。其中他谈到数据赋权，它不是个人的一个权利，大数据是具有公共属性的。前两天我看到劳东燕老师和于改之老师写的两篇关于刑法的数据权利保护的论文，文中观点也认为数据权利不是个人的占有，刑法不只是对个人数据的占有的保护，而更应关注对数据滥用行为的保护，这是一种新的法律规制路径。

数据到底是个人的东西还是具有公共性的？比如说，我们的行程数据是源于我们自身的，是我们自己走出来的，没有错，但是如果没有百度、滴滴这些互联网公司去把你在App上的行程轨迹画出来，你自己甚至都不知道有行程轨迹这个数据，在这里，数据到底是基于身份关系属于个人呢？还是属于它的生产者、制造者？个人对数据有权利意识吗？我们注册账号或者下载App的时候，永远点的是"同意"用户协议？对协议的内容我们漠不关心。这种漠不关心在算法公开中也存在，比如，与我们不相关的政务信息即使公开了，我们也毫不在意。说得再直白一点，我们学院工作群里面发的消息，如果跟你没关系，你根本就不会去看一眼。这样我觉得公开的意义在哪里？我们对自身数据权利的漠视，或者在我们对数据风险无意识的情况下，我们就完成了对个人数据的授权，法律无法提供有效的规制。但同样作为权利的财产权，例如我们钱被偷了，我能意识到我的钱一下被偷了，但是我数据被盗走了，我可能一下意识不到，我甚至不觉得那是我的东西。这是数据赋权所无法解决的。还有关于数据权利的救济。既然事前授权型的法律规制不可能，那事后法律能提供及时的权利救济吗？如文中所说，只有当算法对个人形成支配时法律才应禁止，等于是给数据使用企业很大的空间，就是数据你可以拿走,你也可以用,但是你只要没有对人造成侵害就没有问题,但关键是算法对人造成侵害之后,作为个体很难进行维权。比如我又举个不恰当的例子,学校保卫处在校门口设置了人脸识别,但没有强制要求教职工录入人脸信息。我意识到人脸作为生物信息对我十分重要,我不能随便授权,我也跟学校提了反馈意见,但没有回应。然后我每一次进出校园都变得十分不顺畅,保安时刻在催促我录入人脸,由于没有人脸信息,我每次要额外出示校园码才能入校,我觉得很麻烦,后来我想想算了,就干脆把人脸录进去了,为了便利我放弃了权利,承担了人脸信息可能被泄露的风险。这是我对自己的一个生物数据权的放弃吗?的确是的。然后我们假设,保卫处的系统被黑客攻击了,导致我的人脸信息被不法分子窃取。事后保卫处却说,当初老师们是自愿录入的,我们没有强制;再则,数据的泄露是黑客窃取的,不是保卫处主动泄露的。保卫处不存在滥用行为;最后,系统存在漏洞是技术公司的责任,我们保卫处不应承担责任。这个情况下我们无法对保卫处进行追责。但是,作为学校的教职工,我们是基于工作需求和对保卫处的信赖录入的人脸信息,期待保卫处能够对我的人脸数据做到一个很好的保护。这时应当承担责任的保卫处却无须承担责任,这是存在疑问的。

另外,法律规制路径从数据占有保护向数据滥用制裁过渡,但怎么才算数据滥用?怎么去解释?从法益保护的角度来看,最终还是要落到真正对个人权益造成侵害时,我们才能说数据滥用的行为具有法益侵害性。而从规范上看,对数据权利进行保护的罪名大多规定在侵犯秩序类犯罪章节中,更多是强调对秩序的保护。但即使是社会秩序和经济秩序,它最终也是还原为个人权益。但当数据的滥用对个人权益的侵害微乎其微时,个人是没有动力维权的。而数据的滥用又确实具有社会危害性时,可能就只能用公益诉讼来解决这个问题。

程迈教授

蔡荣讲的问题其实还是老问题,只不过是通过一种新的形式表现出来。比如说刚才蔡荣老师特别强调的维权难的问题,为什么?因为对于个人来说,他的这个权利尤其是在他点同意的时候,他感觉付出的代价是非常小的,大家都怕麻烦。你看蔡荣也怕麻烦,就不愿意再去折腾了。当大家都怕麻烦的时候，最后变成了实质上的被迫、形式上的自愿。这几年对公益诉讼包括刑事诉讼的改革，其实使公益诉讼发起的门槛越来越高了。本来公益诉讼也是一个社会组织的方式，它使大家对每个人来说是一毛钱的诉讼，通过众筹的方式变得更有实质意义。1000万人每个人一毛钱，合并起来就变成100万元了，对律师来说就有意义。哪个律师会打一毛钱的官司，不可能的。在南昌5000块钱以下的官司，基本上很少有人接。但是从宪法角度上说，它其实是个新问题，以新的问题形式触及治理结构中更深层次的问题。

余渊博士

我比较赞同丁晓东教授写论文的角度。但是我在看他分析问题的时候，跟大家的感观有点相似。我看他的参考文献，引用的很多法条都是国外的，就跟刚才程老师说自己遇到的那些问题一样，在我们国家是很难碰到的。我的感觉是，我们在中国遇到的这些问题，实际上和丁晓东老师在他这篇文章中所阐述的问题区别有点大。

蔡老师刚才提到他的面部生物信息的问题，我原来上法治思想概论课程的时候，讲了一个关于劳东燕教授的报道。她之前也是碰到这个问题，她回小区必须出示人脸生物信息，否则她进不去，然后她为此专门写了法律函。我觉得我们的问题是，实际上我们对于信息被收集的话语权很少，真正的权利其实跟国外的问题很不一样。比如说像蔡老师他的生物信息一定要被收集的话，你不允许收集，就会给你带来各种各样的困难。比如说你是学校的一分子，你不录人脸信息，进出校园，就不方便，你怎么办？而且如果维权，会涉及社会运行的各个方面。那么就不仅仅是这个文章里面所强调的赋权这些问题了。因为我们自己在这方面的权利的行使，特别是涉及权利和法律冲突还是比较远，主要涉及公共的权力和我们个体的私人权利之间的划分，我们该如何更好地保护我们自己的权利。

所以我想说的是，这个问题，我觉得更多的还是在大数据的方面，也就是我们的数据的收集和整理。我觉得这篇文章里面所谈到的更多的也是大数据，而不是算法。我个人其实对算法也有一点自己的思考，我觉得大数据会让我感到恐惧。实际上倒不是说被歧视，而是我的信息被它收集去了。我觉得算法令我感到最恐惧的一部分来自大数据。第一个就是它的精确性。以前的时候，它不可能那么精确的。现在它的精确性更大。我觉得对我们权利影响最大的也是这个方面，你可能会被精确"打击"。第二个方面就是留痕。真正让我感到恐惧的是痕迹。以我的个人体会来说，我在前几年准备买房子，我想比较一下武汉的市场、南昌的市场，我就都去了解了一下，结果一直到现在，我仍然在收到不同的房地产公司的骚扰电话。实际上我的房子早就买好了，但是我曾经的痕迹就留在那里，然后我的数据也不知道为什么就被共享了，一直到现在。我觉得我们的权利所处的情形完全不同了。我们的个人的信息一旦留了一个痕迹，那么再加上刚才说的精确打击的话，对我们个人来说，就会让人感到很恐惧，所以我觉得这是算法要明确限定的地方。

程迈教授

我可不可以请教一下恐惧什么？如果没做错事，你为什么要恐惧？

余渊博士

我觉得是这样的，如果要求每个人他个体的行为完全符合法律或道德的话，我觉得会很难。比如说讨论到醉酒驾驶。我们说一点酒都不沾才能开车，那有时候你喝了米酒算不算酒后驾驶？可能我觉得家离得比较近，喝了一点米酒就不算。从社会学的角度来讲，我们行为可能会失范，我觉得这也是很正常的，就好像我们人的行为常常可能涉及违法，这也很正常。

之所以说一个行为是违法的，往往是国家基于我们公共利益的考量，或者基于一种公平正义的观念等，来对我们的行为进行校正。就好像我们曾经的很多商业性的行为，早期的时候也是一种违法行为，它是慢慢地根据我们的实践来校正的。这跟我们每个人的行为、我们的行为的习惯、遵循的习俗都有一定的关系。如果我们的法律执行得过于严苛、将其一禁了之，如果是这种精确"打击"的话，有些失范行为可能没有任何生存的空间，那就真的很恐怖。

我们每个人我觉得或多或少在生活中可能会有一点点违法的行为，当然通常不是犯罪行为，或者可能就涉及了部分的违法行为。我个人觉得我们的行为没有那么完美，那么如果精确"打击"的话就会很恐怖，而且还可以对你"秋后算账"——也就是保留了对数据痕迹的追溯力。这个数据一旦别人握在手上,他现在是没有对付你,他如果一旦对付你,你不就很恐惧了吗?

所以我觉得算法最大的问题就在留痕。它收集了我们的信息,就好像我刚才看到丁教授在他的论文里面写的这个方面的观点,我个人也是比较认同的。就是说要做一个区分,我们的信息收集过去,有的只是作为那个数据而已,它不跟你的身份挂钩,或者更准确地说是抹掉个人身份信息,那么这种数据好说一点。但是如果这个数据留了痕,一直跟你身份挂钩,那么你曾经某一些观点可能之后某时就会被追究责任,那么这样就比较恐怖了。我们需要负责任的行为可能突然激增起来。所以我个人认为算法它的问题就在这里,把我们的身份和数据联系起来,能不能脱敏或者说是不留痕迹,如何来做,这个是一个方面。

刚才蔡老师也讲到了,我们个体的生物信息对我们来说很重要。如果一旦被收集去了——比如说像我们学校的做法——我记得蔡老师在群里提出了这个问题,然后我们办公室的老师,我忘记是哪一位给的答复,只是说他们保证不去乱用这个信息。这个保证对我们学法律的人来说就比较难说清楚了,保证有什么意义呢?如果出了问题是谁的责任?这个保证是代表了校方会承担以后相关的一切民事或者刑事责任吗?或者是怎么做?实际上是很笼统地对我们的权利进行保护。

刚才程老师说的一个问题,实际上我也有一些想法。我还是比较赞同程老师的意见,就是关于大数据"杀熟",是不是歧视的问题?我们传统上认为的歧视是什么?比如说女性歧视、黑人歧视,这是我们最常见的。那么歧视的含义是我们首先对这个人身份做出了区分,它违反的是我们法律对人的基本的价值观,就是人人平等。它首先做出了身份区分,然后对你进行了一系列的权利的侵害。它为什么要做身份的区分,实际上是对你人格进行的一种贬损。但实际上我们在"杀熟"中不是这样的,商人的做法不是为了进行人格的贬损,或者是蓄意地侮辱你、侵害你的权利,他只是基于商业目的来作出区分。曾经有一个讨论,说很多的游览区,如果男女厕所是一样的话,那么女性经常会排队,所以后来有的地方就改了一个做法,就是把女性的厕所建得比男性的大一倍,或者是把男性的挪一半出来给女性使用。那么这个时候有的男性网友就会留言,这样做是否也侵犯到男性的权利了,你把男性的厕所改小了,那不就是对男女区别对待了吗?所以从这个里面我想表达的意思，如果我们行为不是出于对人格的这种贬损目的的话，尽管因对人有所区别而有必要讨论其适当性或正当性，但我认为它实际上不是歧视的问题。歧视的反面应当是消除歧视，而不是对不同对象歧视的来回跳跃。所以我并不把大数据"杀熟"视为一个歧视问题，它只是一个商业的技术。或者这种技术是不正当的，这是我对这个问题的看法。

还有一点，刚才几位老师还提到，我们关于大数据经常碰到的问题是，我们在现实操作中通过点了一个同意而默许了部分权利的放弃。但是我自己的亲身经历似乎远不止这样。有时候并不需要涉及你的同意，也会招致权利受到侵害的问题，比如说如果大家有用过 360 软件的话，会发现经常会跳出来游戏网页的界面。我从来都不打那种游戏，但是有时候我点网页时，就会跳出来"杀杀杀"的声音和画面，这时候我也没有去点击同意，但是只要是使用这个软件的时候它就会跳出来。那么这个时候我能不能以及如何维护我不受侵扰的权利，事实上我也没有像刚刚老师们说的点击任何同意就已经出现。因此这种情形好像和大家刚才讨论的"由于习惯性的同意，然后导致我的权利有可能会被侵害"，还不一样。好，我讲的就是这几个方面。

周锦侬博士

这篇文章有几点我觉得挺有启发的，一个是文章一开始对于算法的界定。作者在文中分别呈现了广义、狭义、中义三种算法界定模式。并提出其立论基础，在于从中义层面理解算法是一种"人机交互决策过程"，所以涉及价值选择判断，从而有法律规制必要。对此，作者还引用了算法与作为犯罪工具的数学公式与手机的不同，阐释技术作为一种工具与作为一种决策辅助的本质差异，以强化对算法进行法律规制的必要。我认为作者是意识到了算法对社会运行可能产生的本质改变的。人机交互决策的本质，其实是承认算法可以影响甚至替代人类的自主判断，且其判断能力却并不亚于甚至优于人类。那么对于涉及多方考量、价值取舍、影响人类社会活动与行为的各种决策，人类的决策行为尚需受到法律的规范与限制；那么作为足够影响决策甚至可能替代决策的算法，似乎同样也应当受到法律的规范与限制。只是，这种规范与限制，究竟应在什么程度、通过什么方式展开。程度与方式问题，我觉得是探讨算法法律规制的两个关键。

作者的行文核心，在于基于算法运用场景的不同而对算法公开、个人数据赋权，以及算法歧视这些传统规制方式进行差异化构建。当然，相较于笼统地谈论算法的利弊得失，从抽象到具体地在特定情境下讨论应对之策显然更具有针对性和可行性。但是作者对算法法律规制的思考，个人感觉还是立足于传统应对解决方案下的分情况对待，这意味着传统解决方案的应对与不足仍然会存在，它并不会因为你排列组合、搭配方式的不同而有实质性的改变。比如说，算法公开，作者谈到应当区分公权力与商业算法拥有者，从而设置不同的公开责任与公开程度。但是，不论你怎么区分程度与责任，作者在文中谈到的算法公开的可行性障碍，比如过于专业公开意义不大、非基于因果关系而难以被理解、算法公开可能面临的被钻漏洞与抄袭攻击等，这些问题并不是区分公开程度或公开责任可以解决的。所以我想说的是，传统算法规制方式的问题，是无法通过根据情景区分适用来实现的。

所以，读完这篇文章，我的一种感觉是，虽然我们会从很多方面探讨算法的问题与解决方案，但我们对算法规制的理解很多时候仍然是在现有规制思路框架下进行的。何为算法公开？公开就是透明？打个极端的比方，你把一本书放在文盲面前，他能看懂？看不懂给他看书意义何在？如果文盲的身份无法改变，书也还是那一本书，是否我们就需要找一个中介，将文字的书转化成语言让他能理解？而不是一味说我们要给他看书。算法领域，也是如此，如果算法公开本身是一个有助于提升算法决策接纳程度的举措，算法公开的方式，或许比探讨什么情况下公开，更有价值。再比如，反算法歧视。何为歧视？怎么界定歧视？算法究竟是加剧歧视还是在消灭歧视？我们目前对这个问题都没有一个定论；再比如数据赋权，算法时代，何为数据权？对数据权的保护框架和传统民法权利能一样吗？就如同赃物犯罪，传统的窝赃、销赃，和当下利用网络、数字金融的隐匿，惩戒模式不可能一样，否则金融机构也不至于吃力不讨好地进行各种客户身份调查的反洗钱监管策略了。

我觉得，对算法的规制，唯有深入了解其是如何真正影响人类决策，对这个过程有一个精准把握，才能思考究竟应当通过什么样的方法去限制弊端发挥长处。毕竟，目前的法律都是以人为决策主体的设计，而算法冲击的本质，在于决策主体的部分或全部被替代。

程迈教授

我问一个不光是问周老师，也是问其他老师不大礼貌的问题。我们能举得出一个具体的算法的名称吗？我其实这周开始上周刚刚看完区块链。我看今天蔡荣推了一篇区块链的文章，其实无论是区块链还是人工智能，我们读下来以后你会发现其实它技术是非常不成熟的，区块链也是很不成熟的。我们这周去卓云集团，卓云集团它本来是要搞一个小额不良债权征收的区块链，但是我问下来以后，它其实也不是个区块链，它是一个用他们技术话术，它只是一个私有链。真正的区块链它是大规模、分布式存储的，就是像比特币的这种。但他做的也不是。他们还专门跟南昌市做了一个项目叫"区块链技术在司法执行中的运用"，其实根本就不是。包括这个算法也是。我这周看的第一本算法书，一直看到现在这里根本都没在说算法。这篇文章讨论其实严格来说它是一个程序。以前我学过一段时间的计量经济学，丁晓东他的本科是学电子工程的，因为他跟我是同学，我的本科学的是电力系统自动化，所以这里到目前为止讲的其实不是算法，它是一个程序，也就是说它通过一个程序你输入各种特征，然后它可以把你挑选出来。而真正的算法我专门看了一下，像比如说区块链里面最核心的一个算法是 Paxos 算法，用处非常大，可以讲是区块链的一个核心技术，能够保证数据不可篡改，但是 Paxos 算法本身来说没有任何歧视，它就是 $1+1=2$ 这样一个公式。所以其实严格来说也是刚才周锦依老师提到的，社会变了。因为技术改变了社会，但是我们去解决问题的方法，还是老方法、还是这个老思路。包括你讲的算法根本就不是一个算法，它其实是一个程序，所以在这种情况也是我非常赞同周锦依老师提到的，你拿一个具体的例子给我来，说这个算法歧视了。到现在我还没看出来这个例子到底是什么。

周锦依博士

说一下关于算法歧视，我之前一直在琢磨为什么大家对算法歧视的共识度这么高，即便没有具体的个例，仍然有很多学者普遍认为它是会导致算法歧视的。我的一个理解就是个体的差异，其实它是会随着我们主体数额的增加，彼此会出现一种抵消的状态。但是算法一旦付诸实践，它的适用面是非常广的。所以如果我们一旦在设置算法的时候植入了某种价值选择或判断的时候，它可能会导致一种价值选择或判断普适性的适用。那就使得本来因为个体差异可能形成的一种对撞或者冲抵，在算法的普遍适用下没有办法得到抵销，因为它是一致性的普遍适用。

程迈教授

我再问个不礼貌的问题，你怎么知道算法它在进行歧视的时候，算法自己的运行会产生各种抵消的作用？比如说这个人可能是个黑人，但是与此同时你具有另一个属性，你是一个富人。那么对于这个算法，对于富人可能是一个加分项，对于黑人是一个减分项，它就相抵消了？

周锦依博士

您说的事我当时也想过，就是说算法本身它可以设定一种机制，就是当考量的方面足够多、视野足够广的时候，其实是可以抵消我们因个人的认知和理解能力可能产生的歧视的。但是写算法的是人，这个时候人的认知局限会被限制进去。而且算法还有一个更厉害的地方，它在人机交互的过程中自己会升级，所以我觉得在这种层面，我和余老师的感觉是一样的，我会产生很强烈的恐惧感。如果说它自己能够在自己的运作过程当中不断的优化，我们只能是说这个算法相对于我们人的个体来说、相对于每个具体的个人来说，它一定是最优的，它的决策似乎会比我们更理智。但凭什么说它的思考能力不可能会出现问题？那似乎需要有一个比算法更高级的主体或算法再去评价或纠正它。如果说按照算法未来的这样一个发展趋势的话，人类便处在一个被统治和被指挥的地位了。

程迈教授

这有什么问题呢？如果人类处于被算法统治的地位有什么问题？如果它给你的是一种更好的生活呢？

周锦依博士

什么叫"更好"？每个人有不同的理解，算法所认为的"更好"只是它认为的对你的"更好"。但是可能在个体的认知层面，基于个体认知差异，作为自然人的个体是不接受和不认可的。就如同父母会按照自己认为对的方式要求、规划孩子的行为，但孩子并不一定会觉得幸福，因为孩子有在他们认知层面对更好生活的理解。

程迈教授

所以你宁愿保证自己的自主权，也不愿意去尝试一些挫折，对不对？

周锦依博士

我觉得人类的自主性是人类非常宝贵的品质，如果说因为算法的发达，把人类的自主性给完全扼杀了，人类完全属于流水线上被操控的被动者，任由外在的算法决定一切，这在我而言很难接受。

石聚航副教授

前面大家都讲得很好，我简单说一下这个文章的阅读感受。

第一，关于题目。题目是算法的法律规制，我们一般讲法律规制肯定是要规制一个违反规范的行为。比如说在公法领域当中就是如此。前面周老师也说了，比如说洗钱的法律规制，前提是洗钱行为是违反刑法规范的行为，所以才需要规制。但是，这里讲的算法规制其实里面算法既有好又有不好的方面，只有针对算法过程中出现的问题才可能适用规制的说法。

第二，结合前面说的规制的对象，数据赋权不是算法应用中的问题，而是权利的制度化问题，充其量是制度设计，显然，对数据赋权，不能用规制的思路来处理。这个数据赋权是个有利于个体价值实现的正向激励。因此，核心的问题应当是对算法使用中的问题进行类型化归纳后，才可以进一步讨论规制的路径。

第三，大家也说了，文章讲了很多法律规制最后要考虑两个层面的问题，第一个层面就是一定要落到一些具体的制度，文章从头到尾写得很磅礴大气，但更多地去侧重一些理念性的东西。比如说在制度层面上，我究竟是要另立新的制度，一套关于算法制度，还是说按照现行的分散的各个部门法当中的法律责任条款就可以有效处理，这种责任条款的制度就无法突破。第二个层面是规制的模式问题，或者说是责任实现的方法和传统的方法是不是一样的？有没有新的内容，究竟是对已有制度的颠覆还是修补？如果是没有什么新的东西，规制其实没有太多的制度增量。

附：

《论算法的法律规制》

丁晓东

摘　要：算法崛起对法律规制提出了挑战，它可能挑战人类的知情权、个体的隐私与自由以及平等保护。作为人机交互的算法决策机制，算法并非价值中立，具备可规制性。算法公开、个人数据赋权、反算法歧视是传统的算法规制方式，但机械适用这些方式面临可行性与可欲性难题。算法公开面临技术不可行、公开无意义、用户算计与侵犯知识产权等难题，个人数据赋权面临个体难以行使数据权利、过度个人数据赋权导致大数据与算法难以有效运转等难题，反算法歧视面临非机器算法歧视、身份不可能完全中立、社会平等难以实现等难题。传统算法规制路径面临困境的根本原因在于忽视算法的场景性，算法可能因为运用算法主体的不同、针对对象的不同以及涉及问题的不同而具有不同的性质。因此，算法规制应采取场景化的规制路径，根据不同场景类型对算法采取不同的规制方式，以实现负责任的算法为目标。在算法场景化规制原则的指引下，可以构建算法公开、数据赋权与反算法歧视等算法规制的具体制度。

研读苏宇《算法规制的谱系》

2022 年 8 月 28 日学术沙龙纪实

2022 年 8 月 28 日，南昌大学法学院数字法治研究中心召开第十次学术沙龙，学习研讨苏宇副教授发表于《中国法学》2020 年第 3 期的论文——《算法规制的谱系》。

程迈教授

阅读了苏老师的这篇论文后，我的第一个想法是，对于算法这种还在发展中的技术，我们现在是否就要用法律的方式给出这么多的限制？上周石聚航老师也提到，对算法本身不应当规制，因为只是一个东西出了问题才有规制的必要。要规制的应当是算法带来的不好的东西。上周郑俊萍老师也提出了人工智能和算法现在还只是一个小 baby，这个小 baby 还是在成长的过程中。对于还处于成长过程中的小 baby，我们通常会给予更大的发展空间。那么对于算法，我们是否有必要现在就如临大敌呢？

当然如这篇文章所言，算法的确会带来很多风险，例如深度伪造、数据投毒。但是人们似乎也要看到，算法技术的运用与发展也给人们带来了很多的便利，让大家的生活得很舒服。我们读了这么多文章之后呢，对于算法包括前面提到的人工智能歧视的风险讲了很多，但是具体实例其实非常少。在没有发现实实在在的风险的时候，就重点研究算法的风险，这样是不是很好？而且对风险的防范，从法律上说，我们不一定要完全消除风险，因为有些风险是没有办法消除的。在这种情况下，更多地以责任分配为制度建设的目标可能会更好。而且现在算法技术在发展过程中，有可能从技术层面上对算法现在存在的一些问题，以技术的方式给出解决方案，而不是用滞后的法律来解决不断变动的技术问题。

我的第二点疑惑是，苏老师这篇文章中谈到的一些问题，是否符合现在我们国家数字法治的现实状况？比如文章第 173 页提到，算法相关权利已经逐渐成为庞大的权力簇，例如算法解释请求权、人工接管权、免受自动决策权、获得人工干预权。但是现在在我们国家数字法治的发展过程中，连数据权益都还没有确定，现在就谈这种庞大的权力簇是不是真问题。

一个可能更加真实的问题，也与这篇文章提到的问题相关。当我们的社会生活发生变化之后，法律思维是不是也应当有所改变？对于目前像算法这种我们没有办法规制的对象，是否一定要采取一刀切的控制思路？在目前国内关于算法和数据法的一些论文著作中，都经常提到欧盟的《通用数据保护条例》。但是欧盟的《通用数据保护条例》，它对个人隐私和个人信息的保护强度是非常高的。那是因为欧洲经历了第二次世界大战，尤其是纳粹对于人权的践踏之后，欧洲对于人的尊严和人的权利是非常重视的。但是这放在中国是不是合适呢？而且对于数据运用来说，这还是一个新生事物，是不是一定要套用西方国家的思路来解决中国问题，这也是值得考虑的。

最后一个问题也是这篇文章第四部分的第四小节提到的，以人的主体地位为基点的动态规制谱系。其实我现在在想，为什么在讨论对算法的规制时要这么强调人的主体地位？比如今年的夏天非常热，天气有所变化了，但这是一种自然规律，气候变化是一个自然规律的结果。在自然规律面前，人是不是一定要强调主体地位？对于算法，其实我们也可以采取这样的思路。算法的应用，实际上对我们的社会生活带来了非常大的改变，使我们生活的环境发生了比较大的变化。但是这种变化，其实我们可以认为它也是一种客观的变化。在这种相对客观的社会发展规律面前，我们究竟是要去人定胜天地战胜这个规律，一定要坚持所谓的人的主体地位，还是说去适应这个规律，适应这种新的结构，而不是一味地想去否定它在发展过程中有可能存在的任何风险呢？

商韬博士

　　这篇论文核心的部分应当是算法规制的局限性以及对于谱系的思考，也就是论文第三、四部分。对于算法规制的局限性也就是现状所出现的问题，作者归纳了很多方面，包括思维、对象、主体、工具、法律关系，我就在想还有什么问题是在这个范围之外呢？好像几乎所有方面都有问题了。如果一件事情所有的局部都出现了问题，该如何理解这件事呢？作者对此的思考是提出了一个很宏大的谱系概念，因为所有局部都出现了问题，那么就从宏观叙事角度来解释这件事。作者提出的谱系本身，我觉得是一个很好的归纳和总结，但谱系能够落地解决论文当中提出的那些问题吗？我想是不能的，作者在论文结语中也写道："逐一考察……并提出制度设计建议颇费周章，实非本文在有限篇幅内能完成的任务。"

　　既然谱系不是用来解决问题的，而作者发现算法规制几乎在所有方面都出现了问题，如果按我的思路，我会怀疑这件事情本身，也就是算法规制自身出现了问题，要规制的事情，所瞄准的对象出了问题。就像刚才程老师说的，法律到底要不要登场？法律是不是在这件事上瞄错了对象才出现这样一个很尴尬的情况，就是作者发现几乎所有方面都有问题。就好比一个防空雷达，当敌机侵犯领空了，雷达瞄准它并解决它，这是一个正常的操作。现在防空雷达瞄准的是一片云，发现瞄不准也打不下来，是不是要想想瞄准的对象错误了。放在我们讨论的问题上就是现在法律规制是不是目标错误了。

　　我以《欧盟人工智能法案》为例。按照欧洲专家自己的预测，这个法案会在 2024 年年底生效，现在出现了一个很奇妙的现象，从 2021 年到现在出现了很多初创公司，这些公司有两个特征：一是总部位于欧洲；二是它们几乎都手握一种新模式的算法或者说人工智能。《卫报》前不久报道过一家名为 Causa Lens 的初创公司，这家公司认为自己提供了一种更先进的算法模式，这种模式按它的说法可以避免潜在的偏见。他们认为现在的算法叫作"相关型模型"，是从过去的相关大数据中学习并形成算法，如果过去的数据中存在不平等，那就从过去学到了不平等，这种算法就是在把从过去学到的不平等重演到未来。比如银行在过去的贷款中发现黑人很难还款、女性很难还款，算法从过去这些数据中学到的就是黑人和女性的还款能力不行，再把这种学到的东西重演到未来,将来如果黑人或女性来贷款,就不放贷或少放贷,这就是所谓的"相关型模型"。Causa Lens 说自家公司提供的产品不一样,叫"因果模型"。"相关型模型"很难真正检验到底存不存在歧视,这种算法给出的结论到底是基于不公平,还是基于理性客观的判断,没办法去评估,更没办法评估它会不会造成损害或造成多大损害。而"因果模型"可以让执法人员在每一个个案中去核查,核查方式也很简单,直接输入"女性""黑人""残疾人"等关键特征,看得到的是不是歧视性结果,如果不出现歧视结果就不能说这个算法违背了欧洲的社会价值观。这就是这类初创公司带来的所谓新算法模型。

说一下我的感受。第一,"诛心"。所谓"相关型模型"其实是没办法证明或很难证明存不存在算法歧视的,就像我们之前探讨的,算法黑箱是不是真实的,没办法去证明或证伪。但是大家害怕这个东西,有些人正是利用人们心中的担心、害怕,所以我说这个是"诛心"。第二,所谓"因果模型",简直就是为人工智能法案量身订制的,为那些可能被欧盟列为"高风险",且担心受到歧视审查的算法和人工智能打造可供审查的算法版本。但是,这两种模型在本质上真的不一样吗?也许在人类思维逻辑听起来"相关性"和"因果"有很大差别,计算机逻辑中它俩儿真的有差别吗?当然这个问题不应该由我来判断,我们需要咨询计算机专家。如果没有我们想象中的差别的话,那么欧盟这部法案到底在做什么?是不是在用一个新的区域标准去扶植欧洲的企业?因为在人工智能、算法、大数据等领域,中、美两国才是领跑者,欧洲人落后了,他们在追赶,而在追赶的过程中,这次法律扮演了什么角色?

法律这次可能只是一个工具,有种被人当枪使的感觉。当"算法歧视""算法黑箱"等关于算法的问题被抛出后,或许一开始就不是真正的问题,当我们把它视为法律问题,众口铄金、三人成虎的时候,就好像真的有了歧视问题,随后欧盟新法就出现了,接下来这部区域规则就可以堂而皇之用以打击在算法、人工智能等领域领先的外国企业,并扶植欧洲自家企业,扭转欧洲人在这一新工业革命领域的长期颓势。按照欧盟的解释,他们说人工智能法案是在遏制基于机器的偏见,到底是机器有偏见,还是人有偏见?我看是欧洲人对中国企业、美国企业,对所有领先于他们的人存有偏见。

蔡荣博士

第一，我对程老师的观点持否定的态度。程老师和商老师都认为，我们现在对数据和算法采取的是一种管制思维。法律是具有滞后性的，但理论研究应具有超前性。在这个层面上，出于对算法运用可能存在法律风险的想象和担忧，预设法律规制路径，我并不认为会抑制算法技术扩张适用。其实，我们现在流行一个词叫"合规"，我们把"规制"换成"合规"，在语气上这种管制的程度就降低了很多。如果我们仔细翻过网络安全法、数据安全法、个人信息保护法，包括现在学者的观点，都不是强调我们对数据挖掘和算法创新的遏制，而强调是对数据和算法滥用行为一种禁止。这与禁止数据挖掘和算法创新是不一样的。例如，与对数据的获取方式不同，防止数据的滥用是从使用方式上对数据使用者提出的合规要求：你如何获取数据不重要，只要正当地使用数据就行；只有在使用者滥用数据给他人权益造成侵害之后，才对你有规制的必要。反而是像欧盟这种强调对个人数据权属保护的规制路径，是更不利于数据经济发展的。另外，我国国家对数据算法技术的发展在执行层面也是较为宽松的，从执行层面进行调控，是我们国家更加常用的一种执行策略。在执行上我可以从宽或从严地灵活调控。根据具体的情况来进行把控，不能因为我们理论上较多地讨论法律如何规制算法，就简单地认为我们实践中采取的也是一种管制态度，恰恰相反，我们对个人数据权利和算法侵权的保护力度可能是不够的。

第二，这篇文章中谈到了一个很有意思的观点，就是算法防御。这应该是前面六篇文章里面没有出现的新概念，什么叫算法防御？我所理解是，对于算法侵权，我们更多关注的是国家的监管，强调公司、企业的社会责任，但还要从个人如何预防算法侵权的角度进行分析。如果个人对只能寄希望于国家的救济或者直接与大公司进行对抗，这样的数据权利保护是没有意义的。因为最终法律保护的都是个人的权利，因此论文谈到一个给予个人的算法防御是很有意思的观点，也是值得去重视的。从概念上看，作者用的不是"同意权"，而是"防御权"。因为他看到了同意权在算法和数据侵权对个人权利的保护是无力的。我们点击"同意"是很轻率的。更多是个人在使用过程中如何抵御算法侵权。在权利人同意算法介入之后，在我把部分数据和隐私让渡给算法以换取便利之后，在面对算法使用过程中可能造成的侵权，我怎么来进行自我保护的问题，这也是法律对个人权利在算法使用中的一种保护模式。我认为，其中最重要的一点，最能够起到防御作用的就是拒绝权。我在同意算法介入之后，当我发现算法可能对我权利构成威胁时，我有选择拒绝算法对我的监视、引导和控制。例如，我可以选择拒绝算法对我的推送，或者我可以拒绝算法对我搜索记录、位置信息的监视和滥用。这种拒绝的权利是防御权最重要的一种权利类型。但作者在谈到如何提供算法防御工具的时候，他的观点是"用算法打败算法"，就好像我们说用魔法打败魔法。关键是，算法的开发设计都掌握在国家和大公司手里，我们个人不具备开放算法的能力，如何用算法去打败算法呢？在这里，我想到了国家反诈中心 App，它能够通过算法监测你的来电是否为诈骗电话，对你的财产安全进行靠前保护。这可能是用算法打败算法的一个实例。但这个 App 如果同样在检视我的通话记录和通讯信息，当它对我构成侵权，我又如何保护自身呢？"用算法打败算法"是可能对我们的权利造成二次侵害。当个人掌握不了算法的开发和利用，甚至不能对算法进行一个解释的情况下，我们如何相信算法能给我们进行防御？例如，还是以网络安全为例，过去我们认为在网络上匿名是对我们的隐私的保护，但是如果大家上网都匿名，我们在遭遇网络诈骗时是很难追索的。网络不是法外之地，法律要求大家上网都实名制。而在实名制之后，我们让渡了我们的部分隐私权，但是我们保护了我们的财产权。在这个过程中，我们又会发现一个问题，实名制构成了对我们的监视，网络由一个自由之地，变成了一个限制之地。为了权利保护，我们创造了实名制，而实名制也会对我们的权利造成限制。所以提出"用算法打败算法"，当用新的算法打败旧的算法时，还要谨防新的算法可能对我们权利的二次伤害。屠龙勇士终成恶龙的故事并不鲜见，尤其是当勇士本身就是恶龙，这种风险就更大了。

第三，文章中还提出一个责任的问题，把算法侵权的责任类型归属于产品责任，既然是产品责任，那到底是过错责任还是无过错责任？这也会涉及对算法这一新兴技术是从严整治还是从宽扶持的政策选择。我认为当前的算法责任应当是无过错责任。一方面，无过错责任并不会抑制算法计算的发展。正如商老师和程老师所谈到的，现在我们对算法过多限制了。但即使我们把算法责任设定为无过错责任，也不可能阻止当前科技公司去发展自动驾驶技术,即使承担无过错责任,在巨大的经济利益面前,算法技术依然是向前发展的。另一方面,算法责任无法适用过错责任。过错责任要解释侵权行为与侵害结果之间的因果关系,而由于算法黑箱的存在,解释算法的因果是极其困难的。

最后,文章中把所有算法规制涉及的问题都谈到了,但正如大家所讨论,我们要区分哪些是技术问题,哪些是法律问题。这样才能找准问题的关键。

余渊博士

关于《算法规制的谱系》这篇文章,我自己比较感兴趣的是有关构建和发展算法规制谱系这一部分内容。其中最感兴趣的,是算法规制谱系的基本图式。但实际上我看了半天,也不是很理解这一部分的内容。我感觉有关规制工具,作者写了好多,但是这些规制工具之间的关系我不太能理解。比如说他罗列的规制工具,包括算法审查、算法标准、算法解释、算法认证、缺陷检测、必要安全措施、算法查验、算法登记、应用登记、监管专用接口、算法责任配置和算法防御工具,这些是不是在同一个逻辑维度上?我一直在思考这个问题。因为像前面的这几个算法审查、算法标准、解释认证,这几个概念在我的理解里面都不是一个统一的标准。

比如说在我们探讨算法审查的时候,我们是不是也要用到算法的标准?那么我们在运用到算法解释的时候,要不要用到算法的标准?还包括算法的认证,你比如说前面这四个概念,可能审查和认证可以从程序上来作出区分,但是我们所讲到的标准和解释就是另外一个层面的问题了。包括缺陷检测,我们可以把它归纳到算法审查、算法认证这个层面。后面的几个概念也是一样的问题,比如说算法应用登记、监管专用接口,这好像也是更偏重算法规则的程序这一块。但是当我们谈谈讨论到算法责任配置时,讨论的这个概念好像是一个更广的理论范畴。实际上我们在前面的所有的程序都可以探讨到算法的责任配置,这就像刚才我讲到的算法的标准和算法的解释是一样的。所以尽管作者都罗列为规制工具,但是我觉得这里面的逻辑关系可能有一些问题。同时,我个人还觉得可能有一部分内容严格来说能否算作规制工具也值得思考。

另外,作者罗列了参与主体维度和用户权利维度,但是我看了一下他的论证，好像对参与主体维度的描述比较模糊。我个人对这个问题最感兴趣。文章中罗列了很多的参与主体，然而这些主体是什么关系，他们是如何参与的？是不是所有的参与主体都参与了全过程？这些参与主体是否都可以把它视作规制的主体？尤其是最后这个问题，但是因为单看这篇文章，他好像是没有讲清楚这个问题。参与主体是不是我们所说的规制主体？还是说他们是被作为规制对象来看待的？

蔡荣博士

从作者所作的关系图上看，现阶段应把算法设计者和算法应用开发者置于更重要的责任主体位置，算法的开发者对算法侵权要承担更多的责任。

文章中还谈到多元参与主体共治的问题，这一想法可能来源于我们正力图打造的共建共治共享的社会治理模式。但共治模式强调的是一种自下而上的共治。但现在算法能不能做到自下而上，个人作为自下而上中的"下"，对这个算法有没有话语权，个人只能通过拒绝使用产品或拒绝接受服务的方式用脚投票，但在算法社会，在科技公司鼓吹"用隐私换便利"的当下，个人即使作为一个消费者，有时候连拒绝的权利都是没有的。

周锦依博士

这篇文章看前面感觉还挺有启发，看到后面却是不太懂了。特别是作者在讲一些很专业的术语的时候，知识储备不够的话，确实是很难跟上和理解的。这篇文章对我的一个比较强烈的启发，在于作者在文章开篇的时候就对"算法规制"做了界定。借助作者对于算法规制这个概念的界定，我开始意识到其实很多时候算法使用过程中产生的问题，可能是需要一分为二地看。有一些问题是算法技术本身所携带的，无论谁来使用算法，结果都是一样的；有些问题，则是算法不当使用造成的，它会因使用人的不同而产生不同的效果。所以我觉得这两个方面或许是要区分清楚的。因为前者更多甚至只能是通过技术的手段去解决，后者才更多依赖法律来规范或控制。

所以作者在文章中谈到几大风险，比如说作者列举的第一个"目标失范"，它强调的就是利用算法去进行一些违法的不当的操作，有点类似于我们假借一个公司的名头去从事违法犯罪一样。在这种情况下，算法其实就沦为了违法获利的工具。第二个提到的"算法缺陷"的风险，这种情况我认为其实就是算法本身的技术缺陷，而不是人类不当使用的结果。类似于使用一个存在各种 bug 的办公系统，就算人们想好好用，但基于系统自带的诸多技术缺陷，系统也很难被好好用。从这个意义上来说，其不是行为规范层面的东西，而更多地应该从技术本身去解决与突破。当然如果你说在技术还不成熟的情况下，我们推迟它的适用时间或者是限制它的适用程度，那就是另一个层面的东西了。文章谈到的第三个"风险信任危机"，其实还是怎么把复杂的算法转化为人们可以理解的内容，从而建立算法的可信度。在我看来，这还是一个技术层面的东西。类似于我们使用手机。手机从最早的砖头机"大哥大"、到现在的全面屏智能化，它其实也是经历了数次技术的革新，背后的专业化程度是越来越高。尽管如此，在我们的日常生活当中，我们也从未因为手机制造专业程度的提高而阻碍手机的使用。恰恰相反，我们的手机使用感受是越来越好了。其根本还是在于不管手机背后的设计原理多复杂，技术人员都必须要把它转化成一种舒适且简单的操作方式，以迎合人们的使用习惯和增长的各项诉求。当然这个例子不一定十分恰当。毕竟手机是一个纯技术领域的东西，而算法特别是在决策层面的应用，它涉及很多的价值选择和判断。但是我想借此类比去说明，或许"算法的设计"和"算法的转换"是两个领域，甚至是两个阶段的事情。先有算法，然后我们再去谈算法语言的转化呈现。而算法语言的转化，在一定程度上更多的还是一个技术问题。就如同讨论如何将手机电路板的电子信号转化成屏幕上图片影响，是一样的道理。你让一个法律专家去谈这个转化过程，感觉多少是有点强人所难的。文章谈到的第四个"风险防御的薄弱"与第五个"风险监管责任机制的有待完善"，在我看来可能才是作者所界定的"算法管制"的适用范畴，这其实也是文章讨论的一个核心所在。只是防御的薄弱与监管责任机制的不够完善，我认为其更应被视为引发不当使用风险的原因，而非风险本身。对于这个问题，作者构建了一种关联性图谱以将所有影响要素彼此联系起来，形成"自上而下+自下而上"的监管思路。只是，由于图谱太过宏观且综合，对具体要素交织影响的论述基本是示意性的。所以读罢感受更多的是，作者更多是提出一种希望，即用联系的视角看待算法管制，而不应过分局限于特定的主题、领域或方面。

郑俊萍博士

我刚听了各位老师的讨论发言，大部分观点我都非常赞同。我先就文章阅读过程说一下大致感受吧，这篇文章的几大部分依次读下来就像看一部电影一样，不同的章节带来几次转折。

先是提出了问题，就感觉一个"大怪物"出现了，然后在阅读现有规制路径时，就好像在说，打败或者控制这个"大怪物"我们有哪些"武器"，都是什么原理，打中的是什么要害，但一个挨一个试了以后，又给我一个大逆转，不行，这些"武器"都发挥不了实质作用。那就要在现有"武器"基础上研发新"武器"，当我满怀期待地去阅读下一部分的时候，整体感觉有点失落，就感觉这个影片最后的结尾有点烂尾了。当然，这可能是由于我自身知识储备不足造成，没有领会到真正改进的点在哪。

就像程老师还有各位老师说的，作者整篇文章偏宏观叙事性，文章中的谱系示图，在我看来，更多的是对现有规制路径的总结，并没有提出一些新的具体的方式，在图谱之外，作者提出一些理念性的建议，但实际操作性却不得而知。

文章中，我印象最深的是有关规制路径的转变问题，作者提出传统的规制路径是自上而下的监管模式，普通公众作为一般受众，处于规制最末端，参与不多或无需参与。但作者提出了自下而上的规制方式，与传统规制路径逆向而行，需要全社会参与，包括平台，包括我们每一个使用者。这就非常有意思了，给我感觉未来算法可能会成为我们每个人必备的一项技能或是知识储备。我在想这个也不是完全不可能，因为算法的运用和普及，相当于给我们带来一种生活模式的转变，而市场往往能够第一时间捕捉到这种转变，家中有小孩的朋友会发现，近几年冒出很多编程教学类的辅导机构，从三四岁开始就可以学了，这是不是意味着未来社会可能算法就是我们必备的一项基础知识或是成为一种生存本能，只有掌握了，才能更好地去利用基于算法而生成的各类工具，去维护基于该类工具使用而生成的各项权利，我觉得这也可能是未来的一幅社会景象。说到这，讲点题外话，永远不要低估人类幼崽的潜力，未来，可能算法的习得就像母语学习一般自然，只是，我们这群还未进化的人类是无法理解的。

那么，从我们现有认知水平出发，新技术的出现是否需要每一个产品使用者真正地去实质地掌握它的原理呢？根据已有的技术适用场景，答案为否。比如说手机网络速度的提升，从"2G""3G""4G"再到"5G"，我们每一个使用者能够非常便利地享受到不断提升的上网速度，但这背后的技术和原理却很少有人去关注。那么，这个也就是我所疑惑的，未来，算法到底会不会彻底改变我们的社会模式，是否需要每个人都掌握相应的原理，才能去掌控它，进而在普世化的层面进行运用，还是像现阶段技术发展一样，通过个别专业人士的开发研究逐渐实现技术革新、产品升级，而普通受众并不需要去掌握它背后的诸多原理。也就是很多老师提出的问题，算法规制的必要性到底在哪，方向为何，是彻底束缚，还是规范化发展？以现有人类认知水平来看，更多的是想方设法地束缚，所以，多篇文章读下来，这是一个基本共识。但一定正确吗？我不置可否。

附：

《算法规制的谱系》

苏 宇

摘 要：不断增长的算法风险引致了算法规制的兴起。算法风险的产生原因主要存在于目标失范、算法缺陷、信任危机、防御薄弱、监管与责任机制不足等方面。目前的算法规制实践已经初步形成了算法规制谱系的轮廓，但仍存在规制思维、规制对象、规制主体、规制工具及法律关系等方面的诸多局限性。目前的算法规制谱系可以通过四个维度及不同维度间的各种联结关系进行刻画。在未来，应以人的主体性而非规制工具的效用为基础完善算法规制的谱系，以具备开放性、反思性和统合性的框架应对各种算法风险的挑战。

主题三

数据权属法律问题研究

研读程啸《论大数据时代的个人数据权利》

2022 年 9 月 4 日学术沙龙纪实

2022 年 9 月 4 日，南昌大学法学院数字法治研究中心召开第十一次学术沙龙，学习研讨程啸老师发表于《中国社会科学》2018 年第 3 期的论文——《论大数据时代的个人数据权利》。

■ 宋维志博士

这是我们开始读的第一篇关于数据的论文，读起来和之前的文章感受不一样。我还是先简单梳理一下这篇文章的内容。

这篇文章大体分为四个部分，思路很清晰。第一个部分讨论数据作为民事权利客体的问题。作者试图论证的是，数据是一种民事权利客体。在第 106 页最上面的这个地方，作者把这篇文章的基础说得很清楚——他说"大数据时代个人信息的权利与个人数据的权利是一回事"。也就是说，这篇文章认为，我们所研究的个人数据实际上与个人信息数据是一体两面或者完全分不开的事物。这也就揭示了到底什么是个人数据——事实上它的核心、它的本质就是个人信息，个人数据权利实际上就是个人信息权利。

然后到了第二部分，讨论个人数据的界定。这一部分作者是想说明究竟什么是个人数据。在这里作者做了个人数据与非个人数据的区分。按照文章的说法，我们应当加以严格保护的是个人数据。但是对于这个问题，实际上文章作者自己也意识到了，在大数据时代什么是个人数据、什么是非个人数据，其实已经很难区分了。比如作者就举例说，能定位到自然人的数据应该是个人数据，不能直接定位到自然人的是非个人数据。但是当下我们就已经可以通过各种各样的侧面数据——这种各种传统意义上的非个人数据——来实现对特定自然人的定位。所以在文章讨论的范围内，我们可以提出的第一个问题是：在未来怎么区分个人数据和非个人数据？或者说如果当我们讨论大数据时代的个人数据权利时，要对这个权利进行保护，我们保护的边界在哪里？这个问题关系到数据权利的未来发展。因为对于数据，作者很明确说了，对个人来说应该严格加以保护，但是对于整个社会或者说对于市场来说应当予以鼓励，让它去自由发展。这实际上是两个完全不同的路径，一方面要保护，另一方面要鼓励它发展。所以这就是为什么我们要提出个人数据、非个人数据的边界问题。当这个界限模糊的时候，我们怎么处理这个问题？

第三部分讨论个人数据上自然人的民事权利，这个部分是这篇文章的核心。作者在这一部分详细介绍了到底什么是自然人的个人数据权利，也就是说对于自然人来说，关于个人数据的权利到底是什么权利？在第116页，作者对个人数据权利给出了一个相对较为明确的定义。文章说，"自然人对其个人数据被他人收集、储存、转让和使用过程中的自主决定的利益"。简而言之，就是一种自主决定的权利，就是自然人对于个人数据能不能有自主决定权。这就是所谓的个人数据权利。同时在这一段的最后一部分，作者进一步说这种权利应当是一种防御性的权利，就是说自然人并不是积极地去使用它，而是作为一种消极权利，在这种权益受到侵害的时候，来产生救济或者追偿的权利。

文章第四部分对企业的权利进行了界定。作者认为企业对个人数据的权利是一种支配的权利，性质上属于独立于人格权、物权、债权、知识产权的新型财产权。也就是说本质上它是一种财产权。这个很好理解，对于企业来说它的目的就是促进财产的流通，促进经济的往来，所以对于企业来说这终究是一种财产权。但是作者说它是区别于物权、债权、知识产权以及人格权的新型财产权，那么新型财产权到底新在哪里，作者并没有正面地给出新型的界定，而是通过一个反面的例子，通过反不正当竞争这样一个反例来说明，我们不能通过不正当竞争来保护这种财产权，而应当通过确定它是一种新型财产权来保护它。但这个新型到底新在哪里呢？我没有搞懂。

我不是研究民法的，之前对数据权利这样的概念了解得不多，这篇文章读起来收益很大。但是我觉得这篇文章，给我的一个很直观的感受是，在数据企业对个人数据权利的后面，还是应该继续再写下去才对。在第 114 页倒数第 2 行，这里写得很清楚，"真正蕴含巨大经济价值的是政府以及数据从业者即数据企业收集和储存的海量个人数据"。也就是说当我们讨论数据权利这个问题的时候，必须意识到，政府在其中是扮演一个相对独立的角色的。我们不能以传统的思维去理解，对于数据、信息，政府、市场、个人，这三者应该是放在一块讨论，而不是只讨论市场和个人，只关注我侵犯了你的个人数据怎么样、企业侵犯了数据怎样。一个逻辑上必然的问题是，政府侵犯了个人数据那应当怎么样？政府是数据信息最主要的使用者、收集者，我们不可避免地要讨论政府的责任、政府的角色。比如在健康码这个问题上，政府无时无刻不在收集每个人的日常行踪，通过信号塔之类的技术设备收集了我的个人身份信息、行程，我居住在哪里、我的年龄、我干了什么事等，这些所有的信息都收集到了。那如果基于这篇文章说的防御性的权利，个人数据是我个人的一个权利，我可不可以拒绝呢？我认为政府现在过度收集我的信息是违法的，那我可不可以拒绝收集呢？我可不可以甚至提起行政诉讼来争取我的权益？我的权利基础是什么？我诉讼的基础又是什么？这一类问题在这篇文章是个空白，这是这篇文章读起来最不"解渴"的地方。

程迈教授

这篇文章读下来我有一个感觉，个人信息权和企业的数据权利，它不是一个相同的东西。我觉得目前我国数据经济发展中最大的一个问题，好像不是法律问题，不是确认企业对其掌握的数据在法律上到底有什么障碍，无法从法律概念上对企业的数据权给出一个明确的定义。如果大家一定要从法律上定义这个数据权，其实还是能够做得到的。我个人的感觉现在确定企业数据权的主要障碍，实际上是来自于实践中的障碍，或者说是法律之外的障碍，比如说政治障碍。刚才宋维志其实就已经提到了这个问题，如果我认为阿里对它掌握的海量数据是有权利的，那么政府想从阿里拿到这些数据，这就麻烦了。一旦确定了企业对其掌握的数据的权利，就有点像我们前几年的土地征收一样了，确定了非城市土地归农民集体所有后，政府想开发就得去征地，要是农民就不把土地交出来，政府就没有办法开发。

类似的，如果确定了企业的数据权，政府要用企业的数据的话，企业就不给政府，这个时候政府就很尴尬了。所以目前有人提到数据国家所有，我觉得从促进数据开发利益的角度出发，这种观点是需要非常斟酌的。

张恩典副教授

谈谈我的一些体会。这里面确实有个问题，数据跟信息是什么关系？程啸老师这篇文章立论的基础是，在数据跟信息关系上采取了一种统合模式，就是说不对数据和信息做实质性区分。数据是信息的载体，信息是数据的内容。但有一些学者，比如说梅夏英教授，他就认为信息跟数据是要做区分的。

在个人数据和公共数据上，其实并不好区分。比如供电、供水公司在提供公共服务过程当中，或者在履职过程当中收集的，到底算什么数据？从主体上来说，这些是公共部门，那应该属于公共数据；但是刚才说到，附着在个人上的，或者说只要是跟我相关的，那都是个人信息。我们按照这种观点，那么供电、供水它们收集的数据，就没办法区分公共跟个人。这就意味着从收集主体的角度来讲的话，很难区分。

为什么数据确权那么难？因为数据的背后承载了太多的利益。包括国家安全、政治安全、人种的安全都有可能在里面。单个的数据是没有价值的，但是很多的数据汇聚之后，这里面可能就有政治层面的考量了。

我们现在国家的立法，是在朝着开发利用的路子上走。比如《个人信息保护法》，第三章有关于个人信息的一些权利的规定，这个权利更多的是一种我保护或者控制数据的权利。当然，这里面有很多问题，比如这种控制在我看来，可以是一种积极的主张，也可以是一种消极的防御。但是这里面很少提到把它作为一种财产来对待。

还有一个问题就是，如果我们严格去区分数据跟信息的话，有的学者就提出过，数据就像一个无主之地一样，一个自然状态，谁有技术、谁有能力、谁捕获到了，那么这个东西就是谁的。所以如果严格采取这样一种分离模式，你会发现个人在这当中的地位是微乎其微的，相对于平台来说，实际上个人是很难获取数据的。你只是数据的载体，或者说你通过活动不断地在商家或者平台产生痕迹，你可能不断地成为数据原料。除此之外你什么都不是。个人是很难分配到什么东西的。

程迈教授

刚才张恩典老师提到了洛克，我们现在回到资产阶级革命的时候，当时的法律制度为什么会确定个人财产权，而且把财产权抬到那么高？我的理解是这样做有促进当时的资本主义发展的目的在内。确定一个权利不确定一个权利，终归还是要服务于社会的发展。比对于企业的数据要不要确权，它本身不是一个法律问题，最终它会是一个经济问题，甚至是一个政治问题。

比如我们现在讨论数字法学，讨论数据的问题，我个人的感觉包括中国在内的各个国家都想把数字经济当作未来经济的一个增长点，就像网络经济一样。20世纪90年代美国人搞网络高速公路，结果他在经济上、科学上就一枝独秀。现在搞数字经济也可以是一个经济转型，谁能最快地把数字经济体制建起来，就最有可能占得下一波整个世界经济发展的先机。中国有些地方已经做得很不错了，我看到一个报道，中国发表的关于人工智能的文章比美国还多，所以我觉得我们讨论数据确权的问题，关键的问题还是要像政府报告里讲的，大数据作为一个新的生产要素，把这个生产要素最好地用起来，这是最重要的目的。

反过来说，我们不可能让经济发展的需要，服务于法律上的某种奇奇怪怪的理论，如果一个理论过时了就应当抛弃它，我们再用新的理论去指导现实生活。宪法上就出现过这种情况，社会主义宪法取代了资本主义宪法，然后发展中国家的转型宪法取代了经典自由主义宪法，这是我的一个想法。

所以回到这个大前提，我们讨论所有这些东西的目的是把数据用起来，然后使得中国的经济有一个新的增长点，能够发展得更好。

张恩典副教授

我打断一下，这里面还存在着一个问题，也就是数据上面实际上承载了很多利益，不单单是经济利益，还有政治利益、国家安全的考虑、隐私利益等，不只是不同主体之间的财产权的问题。现在数据流通都已经上升到了国家主权的层面了。

程迈教授

所以这也是我的下一个问题。我最近也在看技术方面的书籍，在网络时代我们已经进入到分布式计算的时代、去中心化的时代，但是我们在讨论过程中还是在用传统的法学概念和政治概念。这其实是两个完全不同的思维与制度、两种思维方式在竞争。我们现实其实可以去设想一下，究竟怎样的制度会胜出。

其实在人类历史上就发生过这种事情。我们经常讲威斯特伐利亚体系，它就是一个民族国家制度取代神权国家制度的体现。民族主义和民族国家不是一个当然正确的东西，它是在中世纪末的时候才兴起的，并摧毁了中世纪的一些思想。

我们现在的这些法律和政治制度都是中心化的，都是拼命地想控制自己的利益，现在它还想控制数据。但是数据是否真的能控制得住？

在这两种思想竞争的过程中，是否一定要不断地强调数据安全至上，这种思路是不是真的有前途？还是说我们干脆就不要去搞数字经济了，因为数据使用不起来，数字经济就发展不起来。但是想保护数据的话，保护的成本其实又是非常高的。如果做不到绝对保护的话，是不是就要转换思路了？

张恩典副教授

按照我们国家的立法思路，网络安全法、数据安全法、个人信息保护法、算法规制这些问题，整个的思路看起来都是在保护数据安全。但是实际上我们发现，法律在多大程度上落地依然是一个问题。我们目前关于个人信息保护的问题，从执行层面上讲，它基本上是一个"裸奔"的状态，在现实中，我们的数据安全保护实际上是远远不够的。但是对于目前我国的这种立法导向，我整体上还是持赞成的态度。

丁安然博士

我个人认为其实我们国家在数据发展这一块还是比较薄弱的。在这个可能处于初期的阶段，我们就去强调数据安全，会不大利于它的发展。在这样的一种情况下保护数据安全其实更多是一种口号，也有可能有碍于数据的发展。我们现实更多地要强调如何利用数据的问题。

我们现在其实更多是在强调要如何去利用，如何去实现数据的发展这个问题，所以我觉得这是一个现实导致的数据安全无法落到实处的一个根本原因。

附：

《论大数据时代的个人数据权利》

程　啸

摘　要：大数据时代的个人数据权利涉及自然人的民事权益保护与数据企业的数据活动自由关系的协调。个人数据可以成为民事权利的客体，并应当通过私权制度对其加以规范和保护。自然人对个人数据的权利旨在保护其对个人数据的自主决定利益，从而防御因个人数据被非法收集和利用而侵害既有的人格权与财产权。自然人对个人数据的权利并非物权等可以积极利用的绝对权，只有在该权利被侵害而导致其他民事权利被侵害时，才能得到侵权法的保护。数据企业对个人数据的权利来自于其合法收集、存储，并支付了对价这一事实行为。数据企业的数据权利是一种新型的财产权，不能仅仅通过反不正当竞争法给予保护，而应同时作为绝对权给予更系统的保护。

研读梅夏英《数据的法律属性及其民法定位》

2022 年 9 月 11 日学术沙龙纪实

2022 年 9 月 11 日，南昌大学法学院数字法治研究中心召开第十二次学术沙龙，学习研讨梅夏英教授发表于《中国社会科学》2016 年第 9 期的论文——《数据的法律属性及其民法定位》。

宋维志博士

我先简单地介绍一下这篇文章的内容。这篇文章是 2016 年发表在《中国社会科学》上的，在 2016 年的时候能对数据的法律问题做这么清晰系统完整的梳理，确实是有发表在《中国社会科学》的道理。

这篇文章在最开始的时候就提出了：数据是财产吗？或者说，从法律的视野来看，数据是什么东西？怎么来理解数据？文章要解决的就是这么个问题。

这篇文章讨论数据是从两个大的方向入手的。首先，作者告诉我们，数据不是物。不管我们认为数据是什么，是抽象的概念也好，还是 0 和 1 的组合也好，总之至少在民法的视野里，它不是一个物。数据是一种无形的事物吗？还是什么？总之它是一个无形的、看不见的、可能只能存在于理念当中的，或者存在于计算过程当中的一个事物，确实在民法上没有办法给它定义为一个物。作者花了一些篇幅来论证数据不是物，当然这并不是他的目的，他的目的是通过这个界定来得出一个结论，就是数据本身不能够成为民法的客体，这个是作者先得出的第一个结论。其次，作者抛出了他的第二个判断，就是数据和信息是不同的。我们经常把数据跟信息合在一块，但是作者在这里就明确地把这两个区分开了。数据比信息要更为基础，或者从另一种层面说，我们可以从数据当中提炼出不同的信息来。作者为什么要花相当大的篇幅把数据和信息分开？事实上是为了得出第二个结论，那就是数据本身没有财产价值，但是得出的信息是有价值的。作者在文中有一个类比，说数据之于智力成果，就犹如元素之于化合物。他的意思其实很明确，就是说元素本身是没有价值的，同样 0/1/0/1 这些字符是没有意义，甚至没有价值的。只有当它们按照一定的顺序、一定的规则排列组合起来，才能提炼出有价值的信息。这个可以说是这篇文章的立论基础。

作者还提出了大数据交易，怎么来理解大数据的交易？作者认为大数据无论数据量多大，数据本身都没有价值。他认为大数据交易本质上是数据服务合同，是一个基于甲乙双方的服务合同，只不过服务的内容是关于大数据的。那么如何处理大数据的纠纷？作者提出了代码的规制。作者认为把数据转化成信息的转化过程的规则是有意义的，也是可以规制的。这就是文章里说到的代码的规制。对于数据的法律规制，就转化成了对于代码的规制。

如果我们认可这种方法，对代码进行规制，那么我们事实上就把大数据纠纷分成了两类。第一类是大数据在其中表现为工具性的作用，这一类可以归为传统侵权的范围，比如说篡改账户；另一类是虚拟性的网络纠纷。这类纠纷主要体现在诸如游戏装备或网币（如 Q 币和比特币）交易或被盗、电子账号（电子邮箱账号、QQ 账号等）的继承、网店的继承和分割，等等。这些纠纷不能通过民法的行为规范进行定性，但可以通过民法的侵权救济得到解决。作者的处理方式是要么把它转化为经济救济，要么实行操作性的救济，比如电子账号丢失或者继承，你获得的救济渠道就是重新获得对某一特定账号的操作权限。

程迈教授

这篇文章读下来读得我比较憋屈。一方面是这里面涉及的不是我专业领域的很多问题，觉得自己可能知识不够。所以今天非常幸运看到了李士林老师来参与我们的讨论，可以为我们提供许多知识产权法方面的帮助。第二个比较憋屈的是我感觉梅老师对数字经济发展，包括数据的价值可能持有一种比较保守的态度。当然在这种保守态度的最后，我体会到的是梅老师对一些技术问题可能不是很清楚，包括数据的价值。梅老师论文的立论点，他认为没有信息的数据是没有价值的。但是真的是这样吗？比如说我如果是一名天文科研人员，我突然收到了来自火星发射的有规律的脉冲信号，我知道它肯定不是自然界形成的，这有点像《三体》里描述的一样，他突然收到了外太空的一个信号，我不知道这里面讲的是什么，但是我知道这肯定不是一个自然的信号，它是一个人为的信号。如果我是地球上唯一一个把这些信号储存下来的人，你说我这个数据有信息吗？有可能没有信息，或者人类最终就根本破译不了这个信息。但是人们可以说它没有价值吗？数字经济一个非常重要的方面就是去挖掘信息，通过各种数据分析是可以从中挖掘出信息来的。所以不是说数据上面没有信息，数据就没有价值的。数据本身是有价值的，哪怕暂时看不出它到底包含着什么信息。

我上周提出，个人只有信息权，个人没有数据权。因为单个人的信息从数据意义上说是没有意义的。但是数据企业的数据是有价值的。企业的数据不一定要反映成信息，例如淘宝积攒的这些海量数据，这些企业可能已经用到了这些数据的一部分，比如说去给顾客推送某些产品，它已经用了一些数据，但是这些数据的价值是不是就用完了？其实没有。

第二个问题在于梅老师引入的"代码"这个概念，我们已经读到了第12篇论文，这是第一次出现代码这个概念。但是我看下来，我觉得其实梅老师讲的"代码"说白了就是程序。在技术上说，代码可以跟数据有着相同的意思，就是0/1/0/1/0/1。现在梅老师又引入代码这个概念，让大家理解起来更难了。当然这不一定是他的错，因为他可能缺乏技术上相应的背景知识。而且这篇文章是在2016年发表的，所以文章中的一些观点需要在后期慢慢成熟，这种现象也可以理解。2016年以后的文章中，我们也的确没有看到对"代码"进一步的引申讨论。梅老师这篇文章的价值倒不一定在于它给大家解决的问题，而是他提出的一些问题，让大家可以去深入地思考。

第一个问题就是关于财产的定义。梅老师对数据的财产价值给出了一个比较狭义的定义，但是我个人感觉梅老师的定义过于狭隘了。在梅老师看来，似乎财产必须符合社会主流的观点才能成为财产。有一些物品我就是喜欢，甚至是无体物，难道它就不能成为财产吗？比如有些小朋友追星，他就有一些特殊的癖好，在我们成年人看来可能是无价值的，但是对于特定的当事人认为它很有价值，它难道就不能成为财产吗？

当然这篇文章是从民法的定义上说，数据不能成为民法的客体。这也是我想向李士林老师请教的一个问题：数据不能成为知识产权的客体吗？根据我对知识产权法的依稀记忆，我觉得数据的不定型性、可复制性的特点，好像不是成为知识产权客体的障碍，因为其他知识产权的客体本身也是不定型的，也是可以复制的。所以从这个意义上说，梅老师提出的数据不能成为法律权利的客体，我是不能理解的。还是说梅老师所说的权利客体就只是指民法的客体？或者说，如梅老师认为的，数据只是一个载体，所以没有什么价值？其实严格来说数据也是一种广义的信息，它也需要其他的东西做载体。梅老师不断地强调说数据没有市场价值，但是我不是很能理解数据为什么没有市场价值？你比如说如果淘宝愿意把它过去一年的这种销售数据都给我，在我财力的范围内，我愿意拿出所有的钱买过来，然后转手去卖，我觉得它是有较高的价值的。所以我对梅老师在这篇文章里，对数据给出这种比较狭义定义的方法不是很能理解。

而且梅老师在提出数据定价的问题时，将数据与人格权的客体区分开来，给我的感觉是，人格权是不具有经济利益的。但是对这一点我也是不清楚的。我的感觉是，梅老师认为个人信息是与人格权相关的，人格权是不应当具有经济内容的，但是为什么人格权不可以有经济内容呢？比如说今天某演员出事了，难道就没有涉及他的人格权的利益吗？他以前难道不是通过行使他的人格权，或者说在放弃他的人格权来获得经济利益吗？他对自己的肖像，对自己一些私生活的曝光难道没有给他带来经济利益吗？当然这篇文章写得比较早，发表在 2016 年，所以可能有些问题没有成为定论，但是这篇文章给了大家很多思考的机会，这就是最宝贵的。

李士林副教授

第一，梅老师这篇文章我觉得他界定的数据概念跟我们目前理解的数据概念不一样。他讲的数据有一点像莱斯格教授的《代码 2.0》这本书里面的一些想法，但是他讲的代码又跟莱斯格教授理解的不一样。所以从这个意义上来讲的话，数据的界定是不是从技术上单独来讲就是 0 和 1，决定了我们在讨论这篇文章的时候有什么样的观点、出现什么样的冲突。文章整体看下来，是从技术上把它理解为 0 和 1 的代码，然后说它没有价值，也就是说跟这个数据本身折射出来的东西不一致、经过分析之后发现和它所承载的东西不一样，这是他的观点的立论基础。文中的两个例子，一个是 QQ 的继承问题，另一个是虚拟设备的问题。不管是虚拟设备还是 QQ 的继承，其实都是从传统民法推断出来的。所以用传统的理论去驾驭和框定新兴事物，难免会出现偏狭的问题。我认为梅老师的界定受制于他的一些看法，这个数据的界定跟现在我们的数据理解是不一致的，所以从这个意义上来讲，这篇文章的价值就大打折扣了。因为界定的数据不一样，我们讨论问题的立足点就是不一样的，我们再来争议这个东西就没价值了，所以我觉得这是一个核心的点。

第二，就是从代码的角度，梅老师讲的是把代码当作网络空间规制的一种法律，那么这个法律是基于互联网的集成技术和互联网的架构技术所实现的，所以它不是我们世俗社会里面所使用的法律，它是网络空间的一个法律。所以我们要深层地理解梅老师这篇文章，应该去看一下莱斯格教授讲的《代码 2.0》。我觉得在这一点上梅老师还是有点断章取义的。因为系统来讲，莱斯格教授讲的是互联网空间的架构，讲的是代码，因而梅老师把代码直接认为是程序，这个肯定是偏狭的。因为莱斯格教授认为它是互联网空间的一种规范、互联网空间的一种法律，所以它包含了技术架构，也包含了我们达成的各种各样的协议，比如说爬虫协议，这个就是相互搜寻所使用的一种规范。他认为爬虫协议就是互联网空间的一种代码，而不是文章里面讲的代码。我觉得这两点还是不一样的。有学者写了一本书，他讲的互联网时代的这些法律规范是一种政治经济学，互联网时代的政治经济学，他多次讲到莱斯格教授的《代码 2.0》。他认为互联网空间是自由空间，这个自由空间规范它是跟法律不一样的，所以首先应该遵循互联网自身的这样一个技术判断。当然从现在来讲，这个是政治错误的。因为我们顶层设计里面认为互联网自由是西方的价值观的一种推崇。我们叫网络空间安全，不能通过网络自由去危害其他国家的安全，这个在政治上是比较正确的。所以从这个意义上来讲，我们以互联网自由作为一个逻辑前提，来引用代码的话，我觉得在现在语境下也是不合适的。

第三，就是数据或者是信息，或者是我们讲到的无形物跟知识产权的关系，在这里面其实梅老师也没有详细地展开。就数据本身来讲，它跟知识产权的逻辑前提不一样。知识产权的逻辑前提是智力创造或者是智力创作，从这个意义上讲，它一定会有原始素材，在原始素材的基础上有智力投入、有再加工，才可能产生知识产权。如果我们把数据界定为是不包含信息的独立的代码的话，或者就是0和1的组合，那么按梅老师这个说法，它肯定跟知识产权不是一个话题。我们把这个话题拉近到现在，假如赋予数据一个丰富的产权，赋予它可以信息提取的这样一种自由，把它作为一种打包的复合体，那么从这个意义上来讲，我们一般认为：数据提取加工的方式，包括算法、包括搜索引擎的搜索方式，还有数据的检索和编排方式，目前可以用知识产权来保护。但是就数据本身来讲，比如说我们大量的个人信息的组合，梅老师认为如果是没有加工的，只是一个数据包的话，是没有知识产权的。当然目前在这个问题上争议很大，比如说我们前面探讨算法的时候，我们在讲算法到底是商业秘密，还是应该公开的一种非商业秘密的信息，还是说可以专利化的这样一个技术层面的东西，还不清晰。但是目前大部分知识产权学者仍然认为，数据跟知识产权还是有一个智力创造或者是一个技术层的隔阂在中间。也就是说数据是一个原始的东西，知识产权是加工之后的我们所赋予的一种产权。

第四，就是从文章的结论上来看的话，作者把虚拟设备和个人信息这两个实例作为逻辑的起点，最后的结论还是会从这个角度来推出。也就是说它的逻辑点其实是比较小的。因为数据它的界定比较低，所以我认为基于这样一个数据来界定的话，用来分析当下我们对数据所赋予的丰富意义，不一定是适当的。

蔡荣博士

第一，在2016年大家讨论网络犯罪或者说网络法制的时候，梅老师已经开始关注数据的问题了。但是即使我们把视线放在2016年，我们也会发现对数据的理解不仅仅是0和1的问题了，那时候已经有像《大数据时代》这类的书。对数据的传递应用，包括对数据的保护，已经开始引起人们关注了。也就是说在这个情况下，梅老师依然把数据的概念界定在0和1的问题上，是不是用了一种相对来说讨巧的立论？把它界定到0和1的时候，其实是最好立论的，因为他的数据是最简单意义上的数据，而且是可以在当时的民事权利体系框架内去讨论这个问题的。但是我们把视线放到大数据上来，或者放到现在人工智能对数据的使用的时候，我们发现这样的观点是有些过时的。它过时体现在哪里？首先因为结论很简单。我否定这个否定那个，最后把自己的观点立起来，这才是一篇文章所谓的创新性或最难的地方。但梅老师在这个观点上是过于保守的。他谈到用代码或者用技术去解决技术的问题。我们上次说的用人工智能打败人工智能的问题，这种情况下，如果你仅仅强调用技术打败技术的话，那么会存在一个问题，当你的技术不足以规制的时候，我们寻求什么样的帮助？比如梅老师说，美国唱片业与网络服务提供商合作，由网络服务提供商对用户非法分享音乐文件的行为通过电子警告、降低网速，甚至切断其网络服务的方式来规制。难道现在我们的这些互联网公司或者说网络社交平台做不到这三点吗？电子警告、网络降速和其他服务，每个都可以做到，为什么现在还是盗版横行？当技术不足以去规制这些，或者说是互联网平台本身没有足够的动力去关注技术的时候，这时候我们才需要求助于法律。我们的法律永远是后置的手段，而不是一个前置的手段。当技术能够解决问题，我们当然不需要通过法律，不需要把它作为一种权利来保护。但当技术不能够解决问题的时候，我们可能才需要法律。因此梅老师认为大数据保护最终交给技术来处理这个观点，我是不太认同的。

第二，李士林老师谈到大数据的控制。数据的价值在于实际控制，而无形物的价值在于稀缺性。强调抽象数据的财产性会忽略信息层面上交易性和人格保护性。

第三，因操作控制而使数据有利用价值，很大程度上说明数据本身不是财产价值来源，其价值来源在于数据的控制和自我保护。数据交易价值完全依赖于数据控制方的自我控制措施，在数据泄露或者数据窃取的情况下，数据服务的价值将全部消失。比如说他一再地强调对数据的控制才是我们要处理的、要规制的对象。他用数据控制来否定数据，不是恰恰说明了数据控制才是整个问题的痛点所在吗？因此我们对数据权保护的重心，或者说数据权的发展方向，应当在数据控制上去解决。因为在这个数据可复制或者传播的时代，每个人都可以获取大量的数据。这些数据本身如果不跟个人信息权利相关的话，在没有办法作为财产权保护的情况下，我们从数据滥用的角度来保护是可以的。

第四，梅老师认为数据不能作为知识产权保护。但是我们从数据使用或者说数据挖掘的角度上来说，恰恰是知识产权的保护模式能够对数据的滥用进行一种保护。知识产权也是因为知识产权滥用才需要保护的。虽然李士林老师认为在现有的框架下面，数据不能完全纳入知识产权的保护里面，但是一方面我们考虑到梅老师所界定的0和1的问题，另一方面我们考虑到数据的使用过程中也有人的因素在里面。因此我认为在数据本身、数据的使用和数据的创造这三个阶段中，可能数据的创造能够交给知识产权去保护。然后数据本身我们更多的是通过技术手段或者通过它背后的权利属性去保护。我们重点要解决的是数据的挖掘和使用问题。至于数据的使用怎么处理，我觉得是现在数据权的保护里面谈到最多的一个问题。

李士林副教授

梅老师这个逻辑有点颠倒，我觉得不是因为数据是无形性无价值，然后不属于知识产权的客体和保护对象。对知识产权来讲，是没有任何排除的，它的要求就是智力创造成果，所以强调创造，因而对机器人的争议其实还是创造，在创造这个基础上还有很多判断。比如说我们讲到的个人信息，个人信息为什么不是知识产权？因为个人信息是客观的，它的创造空间有限，你改变信息的话，就不是个人信息了。所以客观事实不是由知识产权保护的。因而应该说数据不具有知识产权的独创性，所以它才不是知识产权的客体。

当然您刚才谈到企业的数据，对数据进行开发利用的这样一个设计。比如说算法为什么现在存在争议？算法到底是什么？知识产权的争议其实是基于它对大数据的加工，加工可能是智力创作。不管是创作了一个程序也好、软件也好、专利也好，还是商业秘密也好，都必须要有公开的技术标准，不管是什么东西，它肯定有一个表现形式。然后我们看表现形式是不是可以满足知识产权保护的独创性，再来考虑它是不是唯一的或者表达是有限的，是否是伤害公共利益的。所以知识产权跟民法的一般的东西不一样，它是封闭性的。你满足了这些标准，就可以用知识产权保护；你不满足这些标准，就不属于知识产权，除非我们把知识产权体系推翻。目前可以推翻知识产权的，比较犹豫不定的就是商誉是否纳入知识产权保护范畴，因为它的客体不确定，所以在诉讼的时候，原告说被告侵犯商誉，那商誉到底是什么？如果我们把数据推到智力创造成果的话，这个麻烦点就很多，你怎么把数据转化成智力创造？它创造了什么？我们先不管数据本身是什么东西，我们看北大法宝、知网为什么会发生争议？最简单的，知网的东西我们可不可以随便用？为什么不可以随便用？所以对它的原始数据来讲，你看针对知网的反垄断调查，包括针对它的诉讼，其实我们抓到了一个核心点，就是这些原始素材不是你的，你不可以垄断。为什么知网不说它是一些基于数据开发的？比如说开发了很多东西，大家为什么不提这个东西？因为它是基于开发的一些程序，确实属于它的软件，或者是属于它的网络里面所阐释的作品，但是内容不是你知网的。所以从这个意义上来讲，它是受制作研发保护的，因而我们主要打击的就是为什么别人发表的东西你可以垄断？这跟你有什么关系？这是关键点。我们可以推测，比如说全国人大建立了一个法律法规库，那么法律法规库的数据是不是对大家都是一样的？因为法律法规在我们国家是不由著作权法保护的，所以这些法律法规其实是开放的。但是全国人大检索方式是不可以直接照搬的，包括它的排版方式，这个是有临界权的。你可以直接把它的数据拿过来，你可以直接再开发其他法律数据库，这是没有问题的，但是它的方法没办法直接用，所以这是目前我们对知识产权和数据关系的一个解释。当然数据搬迁、数据翻译这种方式算不算是我们法律应该保护的，它可能在数据里面讨论，而不是在知识产权中讨论。

宋维志博士

李老师提到文章里的数据跟我们现在的数据不是一回事，这个问题也是我现在想提的。我们说大数据时代，大数据到底是什么？我们应当首先界定一个基本的概念，梅老师认为数据就是 0 和 1，然后程老师认为所有的记录这些是数据，但事实上你们两个讲的是完全不同的两个东西。数据到底是什么？是最底层的梅老师所谓的 0 和 1 的组合吗？还是说是我们基于一些系统产生的记录？我觉得用记录可能更合适，我们到底把什么东西认定为数据？如果记录是数据的话，它一定是有意义的，一定是可以挖出东西的。所以我们只有把概念弄清楚之后，或者说在我们横向比较不同的文章、不同的学者的观点的时候，我们首先要弄明白的一个问题是大家讨论的是不是一个问题。如果不在一个层面讨论，后面的展开就没有办法在一个系统内比较。我们讨论人工智能的时候就存在这样一个问题，到底什么是人工智能，搞不清楚。这篇文章说这个是人工智能，那篇文章说那个是人工智能，大家都用同样的一个词。这就像李士林老师说的逻辑起点不一致，那就没得讨论了。

丁安然博士

我自己有一个想法跟蔡荣老师有些相似，我也一直在考虑这个问题，数据跟信息到底如何分割？我个人也觉得数据是一个类型化的概念，信息是一个具象化的，或者说它更具有针对性。我也认为大数据要发展，是需要去定义数据到底是什么的。当然如果无法很统一地很明确地定义数据到底是什么东西，但是至少可以用类型化的思维画个框框，我们才能使用起来。或者说它的使用边界在哪里？这个也是数据安全一直要讨论的一个问题，怎样的范围下我们可以去使用它？怎样的范围下超过了就侵犯了个人信息保护？具体如何去类型化数据，以及怎样才叫数据，怎样才叫信息？我还没有明确的想法，只是刚才听各位老师讨论的时候，觉得是可以用类型化思维去研究或者说规制一下，我的想法大概就是如此。

附：

《数据的法律属性及其民法定位》

梅夏英

摘　要：计算机数据是不是财产以及其与民法客体的关系问题在民法理论上缺乏基础性研究，既有的网络民事纠纷裁判及理论研究倾向于单独将数据进行客体化和财产化的处理。数据没有特定性、独立性，亦不属于无形物，不能归入表彰民事权利的客体；数据无独立经济价值，其交易性受制于信息的内容，且其价值实现依赖于数据安全和自我控制保护，因此也不宜将其独立视作财产。基于数据的非客体性，大数据交易的合同性质宜界定为数据服务合同；基于主体不确定、外部性问题和垄断性的缺乏，数据权利化也难以实现。数据具有工具中立性的本质特征，法律能够对其实现的规制功能有限。网络民事纠纷可以区分为工具性和虚拟性两类，分别适用一般侵权救济和违反保护他人法律的侵权救济。

研读龙卫球《数据新型财产权构建及其体系研究》

2022年9月18日学术沙龙纪实

2022年9月18日，南昌大学法学院数字法治研究中心召开第十三次学术沙龙，学习研讨龙卫球教授发表于《政法论坛》2017年第4期的论文——《数据新型财产权构建及其体系研究》。

宋维志博士

这篇文章非常详细地介绍了美国和欧洲关于数据的法律规范，这应该是其引证率高的一个重要因素。这篇文章总体上是一篇文献综述，关注的核心问题是数据在法律上的定位到底是什么？能不能作为权利的客体？

美国对于个人信息问题，很早就立足于用户的角度，通过援引和变通隐私权保护来加以处理。美国宪法对于个人信息的保护存在特定的语境，其重在限制政府权力，以保障公民信息。当然，从市场发展的角度出发，我们应当尽可能地促进数据流通，尽可能减少限制；但是，掌握、使用数据的最主要主体是政府，那么我们就必须在法律上设置更多的规范、更多的门槛来防止数据被不当利用。欧盟采用的是严格保护模式，明确个人对其信息具有人格权地位。同时作出一些有利于数据经济发展的现实调整，以更好地满足新信息技术条件下个人数据保护及流通要求。

文中提到了莱斯格教授，指出了个人信息财产化上存在一些单向性不足。莱斯格教授通过赋予个人信息以财产权的设计，使得数据活动更加方便和顺畅，但是赋予用户以个人信息财产权，却排斥了数据从业者应有的财产地位和利益诉求。

文中也明确提了数据的权属，包括产生数据的个人和作为主要交易平台或者主要交易主体的企业。毋庸置疑，我们要重视企业在数据交易、数据流通当中所起的作用。因为大数据时代要重视大数据的收集整理，要重视市场主体的权利。所以作者构建了数据新型财产权。数据新型财产权分两个部分，包括用户的权利和数据经营者的权利。用户的权利分为信息人格权和信息财产权。传统的信息，尤其是在欧盟的法律当中，我们可以看到它是基于人格权或者隐私权来讨论的。信息财产权是美国法律的典型的思路。数据经营者的权利包括数据经营者所拥有的数据经营权和数据财产权。数据经营权是一种关于数据的经营地位或经营资格，类似于把数据当成一种市场要素，确定它的经营范围。数据资产权是数据经营者对其数据集合或加工产品的一种归属财产权，类似于所有权的法律地位。

最后有两个问题，一是信息人格权和信息财产权是否能够明确区分出来？二是我们在垄断领域讨论个人主体是否有议价能力？

程迈教授

我就结合我的专业来谈。最开始宪法学者是比较强调宪法的普适性的，不同国家的宪法制度有时可以直接进行移植。但是这么多年，我感觉像宪法包括公法制度，很多时候必须和国家的历史文化背景相结合。如果完全不重视这个国家的历史文化背景，去设置一个宪法制度或者政治制度，哪怕愿望很良好，在现实中也很可能运行不起来。

这篇文章提到美国更多的是从隐私权出发去考虑数据权，欧盟更多的是从人的尊严出发去考虑隐私权，为什么会有这种差别？我认为这是因为两个国家的政治和法律系统存在差异。美国是一个高度强调自由主义和个人主义的国家，它把政府或者国家当作一个潜在的对手，甚至潜在的敌人，所以它的立脚点是隐私必须征得个人的同意才可以去使用。当然如果个人愿意放弃，或者不构成对个人隐私空间的介入或者渗透，那么相对来说就没有太大的问题。但是欧盟对个人信息的保护是十分严格的，哪怕有可能会遏制数据的应用以及数字经济的发展，也在所不惜。欧洲经过了两次世界大战，尤其是德国在历史上存在侵犯人的尊严的事件，所以欧洲在立法上对人的尊严是相当重视的。

在这个基础上我就有个疑问，我们去讨论西方国家怎么做，真的能解决中国的问题吗？是不是还是要回到中国历史背景和文化上去思考？我们现在讲数字法学、讲数据利用，要结合中国人对隐私的看法、中国人对政府和社会关系的看法。在中国，其实我个人感觉没有很强的隐私文化。另外，我们现在讲数据，还是希望能够把数据更好地利用起来，这是我们现在讨论的一个出发点。不管其他国家怎么做，如果把其他国家的东西套用过来而实现不了，我们讨论数据，建立数字经济也就没有意义了。比如我们今天开腾讯会议，从理论上说，我们所有的信息都已经存在腾讯的服务器上了，不管你愿不愿意，它都存在服务器上了，所以真正的问题并不是信息会不会泄露出去，我觉得真正的问题是这些信息会被怎样利用。比如在刑事、行政处罚时，如果规定个人信息在没有征得当事人同意的情况下，可以收集、存储，但是不可以利用，是不是也可以起到这种保护的作用，这是我个人的想法。而现在的关键问题是关于数据的法制还没有建立起来，所以我们担心个人信息滥用。但真正的问题并不是个人信息被滥用，而是一些制度建设有问题。在此基础之上会发现真正的问题并不是侵犯你的隐私，而是国家没有法，或者有些行政机关有法不依。这些公共数据、个人信息摆在那里，制度也在那里，结果就不按照制度去做。在此基础上，这并不是对于个人信息侵犯的个别问题，它可能是一个普遍问题。所以西方的这些理论对于中国数字法治的帮助有多大呢？

这篇文章提到了人格权的问题，人格权是民法上的概念。但是人格权为什么不可以具有经济利益？为什么一定要把信息权确定为一种人格权？为什么人格权中不可以包含经济利益。所以我觉得个人是没有数据权的，个人只有信息权，而数据权在企业那里，但是个人可以通过让渡部分自己的个人信息去交换一部分经济利益，我觉得这个逻辑是可以自洽的。包括数据权是不是一定必须要按照龙老师的想法把它定义为一个民法权利。我想知识产权也不是很在意所有权的问题，知识产权的构造跟民法权利的构造也是不一样的。所以数据权为什么一定要用传统民法权利的框架去定义，数据权它就是数据权，而不是传统物权上的所有权。干脆就构造一个数据权，一种不同于传统的民法权利、知识产权权利的一种新型权利。这种大的数据权下面，对于数据进行经营占有流通有什么不可以？最终的目的还是要服务于中国的基本国情，需要把它打造成一个新的经济增长点，实现国家的经济转型。以上是我的看法。

杨峰教授

我想纠正程迈教授的一些观点。首先是关于信息保护的相关法律，在我们国家并不是没有，这方面肯定是有的。《民法典》中有相关规定，同时各类信息保护的法律法规中也存在。但关键的问题是如何执行，还有单行法规如何协调，并不是所说的不存在。因为执行永远是一个在路上的问题，需要不断完善的问题，包括个人执法水平意识问题。其次，为什么民法学者对个人信息保护的权利属性一定要确定清楚？因为这涉及司法保护问题。比如为什么讨论它是债权还是物权？因为物权的保护方式跟债权的保护方式不太一样，虽然都可以用侵权法去保护，但如果是物权的话，它有物权法也可以保护，如果是债权的话，也可以用合同去保护，所以诉讼地位是不一样的。我们以前讲的居住权合同，如果这种居住权是一个合同权利，那么第三人侵害的时候，这种保护的力度对居住权人的保护是不利的，只能依据合同关系，不能够直接到法院去起诉。但如果是物权的话，现在《民法典》已经明确规定它是一种居住权，那么就可以以个人的身份到法院去起诉。所以为什么民法学者争论这种权利的属性，是因为与其相关的保护有关。但其实有些性质难以进行区分。新型的权利不能够直接将其定义为数据权，数据权只是一个"帽子"，在其之下包含了各个方面的内容，我们希望将其类型化，这也是科学研究精细化的一种体现。

今天仔细阅读了龙卫球教授的这篇文章。我们知道目前关于数据法方面的论文是海量的，但其实在当时并不是很多。当时龙教授提出这样的看法，我觉得是具有较大的原创性的。作者将数据新型财产权在区分个人信息和数据资产的基础之上进行两个阶段的权利构造，赋予其两种不同的权利，然后对其性质进行定性化的阐述。民法主要是从静态去看权利的归属，但我个人认为企业对数据进行整理加工，再交易，其实是一种商业活动。商业活动更注重的是因其使用而获得权益，而不是权利的归属，是一种动态的权利。龙教授这篇文章角度比较新颖，数据进入商业活动以后，它的性质更加复杂。

我认为龙教授是想平衡个人信息最初的权利与后续使用之间的关系。将人格权商业化是可行的，但哪些人格权可以商业化，这又值得讨论。在商事活动中，人格权的一些内容可以进行商业应用。

这篇文章中对商事活动的一些权利的分类定性对我启发是很大的。但可能由于论文的篇幅所限，所以龙教授这篇文章可能还要进一步探讨，比如说个人信息的这几种权利，包括人格权、财产权，还有数据资产权和经营权，他们之间的保护与冲突。其次是作者对权利的定性，他没有进一步充分地论证，文章并未指明其是属于物权性质抑或是债权。这是我对这篇文章的一些看法。

蓝寿荣教授

我多年从事经济法教学，所以可能讨论这个问题是外行，这个问题法理学和民法学者的见解可能会更有说服力。

龙卫球教授这篇论文提出面向个人信息和数据利益关系的法律建构，应该在区分个人信息和数据资产的基础上，进行两个阶段的权利建构：首先对于用户，应在个人信息或者说初始数据的层面，同时配置人格权益和财产权益；其次对于数据经营者（企业），基于数据经营和利益驱动的机制需求，应分别配置数据经营权和数据资产权。龙教授有深厚的民法学功底和敏锐的学术眼光，值得我们学习。

数据涉及领域太广，方方面面的信息都可以汇聚成数据，从企业来说，以行业领域划分，有农业、工业、能源、医疗、教育、交通、旅游等行业数据，以数据运行环节来分有数据生成、采集、整理、存储、加工、分析、使用服务、安全保障等。我今天谈的是，以商业活动中的个人信息及其相应的企业数据为对象。

第一，平衡企业的数据经营与个人的信息保护。企业的数据经营，包括个人信息在内的各类信息的收集、整理、使用，有的是企业正常经营所必须的，也有的不是企业原先经营所必须，但可能会发展成企业新的业务，也成了企业经营所必须。企业具有经营自主权，"法无禁止既许可"，从宏观来看，正是企业对各种信息的汇聚成了数据业务，其野蛮生长构成了未来可能远长于我们所能预见的数据产业。

随着国家"东数西算"战略全面启动，大数据产业向京津冀、长三角、成渝等国家算力枢纽节点集聚。在前十强中，京津冀占 2 席、珠三角占 2 席、长三角占 5 席、成渝占 1 席。区域集聚协同的大数据产业发展生态逐渐形成，将成为未来引领中国大数据产业发展的增长极。在 9 月 15 日至 9 月 16 日举办的首届"西部数谷"算力产业大会期间，北京大数据研究院联合大数据分析与应用技术国家工程实验室、北京治数科技有限公司在宁夏银川市共同发布了《中国大数据产业发展指数报告（2022 年）》。

对于企业的数据经营要予以肯定，要在法律制度中有激励性的法律规定，就像高新技术那样给予制度性鼓励，包括鼓励数据业务开发及其数据产业发展增进社会福利、民生幸福的价值追求。

在目前的企业经营中，企业对于客户信息的收集已经非常重视，各种个人信息的非法收集、不当使用也屡见不鲜，甚至有的已经造成了严重后果。鉴于企业数据业务已经产生的危害和今后可能产生的更大危害，需要法律规定予以强制性限制，甚至设定有少量禁止性义务。

我主张平衡企业的数据经营与个人的信息保护，是要在划分各自的权利边界基础上，激励企业的数据业务发展，刺激数据产业的发展兴盛，同时坚决保护个人信息特别是个人敏感信息，两者不可偏废。一句话，产业要兴盛，个人有尊严。

第二，要对经营者数据业务涉及的个人信息作类型化区分。2021 年《个人信息保护法》明确将个人信息分为一般个人信息与敏感个人信息，第 28 条第 1 款规定："敏感个人信息是一旦泄露或者非法使用，容易导致自然人的人格尊严受到侵害或者人身、财产安全受到危害的个人信息，包括生物识别、宗教信仰、特定身份、医疗健康、金融账户、行踪轨迹等信息，以及不满十四周岁未成年人的个人信息。"

个人生物识别信息，属于个人信息的一种，包括静态生理特征，如面部特征、虹膜、耳廓、指纹、掌纹及个人基因，和动态生理特征，如表情、声纹、步态、笔迹等信息。常见的种族、民族等个人信息生成通过简单统计过程可得，而个人生物识别信息则有明显的区别，是其必须经过特定的技术才能采集，即必须经过计算机技术或其他具有数据运算与图像处理功能的终端设备才能生成。

从一般个人信息与敏感个人信息,再到个人生物识别信息,关联的财产利益越重,体现的个人尊严越强,法律保护的程度也要越高。

第三,要对个人信息予以消费者权益保护。在商业活动中个人与企业经营者存在信息不对称、明显的个人弱势地位,需要立法进行倾斜性权利配置,以维护正常的社会经济秩序。倾斜性保护理论,要求对社会上处于弱势地位的个人和群体,要作为消费者,予以权利倾斜保护以实现实质公平,是维护社会经济秩序的一项重要原则。

从个人角度看,个人在自己的信息维护上处于明显的弱势地位。在商业活动中,个人信息,特别是生物识别信息,被企业经营者收集、使用,存在严重的信息不对称和后果不可预计,需要给予倾斜性保护。经营者收集使用个人信息,要坚持目的必要、最少收集,手段必要、最小收集,时间必要、最短维持,安全必要、最小损害。

从商业利益角度看,个人信息倾斜保护有利于数据产业的良性发展。事物之间是对立又统一的,个人与经营者之间虽然存在利益冲突,但更多是互为依靠。通过法律规范和保护,引导个人与经营者协调发展。个人信息倾斜保护,也为经营者收集、存储和利用行为提供了行为规范,减少经营者与个人之间的数据纠纷。保护商业活动中的个人信息,可以培养个人对经营者的信任,个人信息权益得到充分保障,个人会更愿意将自己的信息交给经营者使用,经营者获得更多信息数据也能提供更个性化的产品和服务,惠及大众,二者之间的良性互动会促进经济增长和经济秩序稳定运行。

第四,数据应该是一种新型权利。关于新型权利问题,学界争议很多,很多观点都很有价值。在这些争议中,有不少学者认为没有必要主张新型权利,有其法理依据和内在逻辑。但是如果我们将法律制度置于整个社会发展的制度体系中,就可以发现对于社会问题的回应是有必要设置一些新型权利的,而当社会发展到新的阶段,这样的新型权利可能就不是新的了,也可能归类到既有的权利种类中,也可能就退出了。因此,我个人是主张因应社会发展中出现新问题的需要,可以设置一些新型权利。我们今天讨论的数据,我个人认为就是一种新型权利。

保护的合理性。一是权利所保护的利益是正当的,一个判断标准是该利益是否具有普适性。保护数据是大众认为合理的。二是存在保护个人选择的

研读龙卫球《数据新型财产权构建及其体系研究》

必要性。不是道德倡导就可以解决的，需要法律规定。个人信息及其数据，仅用道德约束处理企业经营的行为不靠谱。

能为既有的法律体系所容纳。《民法典》第 111 条规定了"自然人的个人信息受法律保护"。《民法典》第 990 条第 1 款规定："人格权是民事主体享有的生命权、身体权、健康权、姓名权、名称权、肖像权、名誉权、荣誉权、隐私权等权利。"《个人信息保护法》第 1 条、第 2 条规定个人信息受法律保护，使用"个人信息权益"一词，有实现的可能性。严格地说，一项新型权利的实现可能性不应该成为法律权利的内在标准，但没有实现可能性的权利会损害法律权威性，进而导致权利受损，因此没有实现可能性的权利不宜认定为法定权利。实现数据权利，有赖于个人或者组织行为，从权利行使来看是可行的，并不会出现巨大的社会成本，也不存在政治上的违反政策性，具备现实的实现可能性。

我个人认为，数据是一种新型权利。主张财产权的看法，忽略了数据及其背后个人信息所具有的强烈的人格属性，是不成立的。事实上，《民法典》也将个人信息保护放在人格权编，作为人格权益。主张隐私权的可能是受美国法律的影响，美国伊利诺伊州《生物识别信息隐私法》和加利福尼亚州《消费者隐私法案》都将个人生物识别信息作为隐私来保护。我国法律规定的隐私权，是一项具体人格权，将个人信息及其数据直接纳入隐私权保护不符合我国法律体系，还会阻碍个人信息及其数据发挥其利用价值。目前，要考虑大数据时代技术发展的现实，我国经济发展和全球数据产业竞争的实际。

李士林副教授

我认为这篇文章有三点是值得我们关注的。第一个观点，数据财产权建立的基础是个人信息，而不是企业数据，也不是政府公共数据，更不是国家安全数据，所以本篇文章的立论点还是个人信息。但即便有《个人信息保护法》，那么我们仍然面临一个很大的问题：美国变通隐私权保护的宽松模式和欧盟国家的专门确立个人信息人格权的严格保护的这两种模式在我国都行不通。所以龙老师提出了第二个观点：在个人信息的范围内采用动态区分原则，动态区分是把个人信息与个人数据区分开来，个人信息不等于个人数据，那么什么是个人信息？什么是个人数据？个人数据是个人信息去身份之后，或者说我们叫隐名化之后的一个数据包。比如人脸识别的信息，那就是个人信息，基于个人建立的主体活动的一些轨迹就是数据。然后作者提出第三个观点：如果采用这种区分的原则，那么涉及个人信息加工成的数据有两个——第一个是原数据，第二个是深度加工的数据。原数据是什么呢？原数据是匿名化之后的数据包，没有开发利用的，没有再加工的，那么企业可以通过个人信息许可进行使用开发。那么从个人数据到个人信息生成的数据再到企业使用的过程，作者认为是可以通过协议方式。但通过协议的方式，作者认为这个不太完美，所以作者在此过程中建立了一个经营权，其实类似于联产承包责任制。

我们国家在数字经济方面，数据作为经济生产要素的驱动力，因而数据的各个参与方都要分享利益。从这个方面来看，文章跟高层的观点其实是一致的，或者说高层的观点在这一理论上有所借鉴。大数据作为一个生产要素，凡是涉及数据贡献的各个环节，那么都要分享数据产生的利益，而不是说企业经营产生的利益归企业，跟数据来源人没有关系，这是第一个层面。第二个层面，龙老师提到，经营者对数据进行加工之后产生的数据产品，就不能再等同于大数据，这是大数据作为一个原素材加工而成的产品，那么这个产品他认为可以创造出一种类似于工业产权这样一个财产。类似于知识产权，但它不是知识产权，例如淘宝店铺是个数据平台。因为我们基于这个平台产生的不是知识产权，所以称之为数据平台。因而基于数据加工成的产品，当然归企业所有，类似于数据产权，所以就落实到这个方面。然后在这三点的基础之上再进行演绎，那么就可以形成从个人信息到数据加工这样动态过程。最后，通过大数据的使用得到这样一个收益变化，因而就建立了基于全面个人信息动态区分原则在现实中开发利用的一种权利架构的模式。

整篇文章思路并不是要阐述对数据要怎么用。文章引用莱斯格教授的观点是要支撑数据可以产权的方式来建构，但其实这就是这篇文章没有明确向我们指明的，也是我们固有的思维里面所陷入的一种逻辑误区。数据为什么可以配置财产权益，这是基于什么？基于来源主义还是基于劳动原则？在给企业配置数据经营权和数据资产权背后的法理或者说支撑的逻辑是什么？作者认为企业是对数据进行加工，所以企业有知识产权。那么个人为什么可以共享？因为信息来自个人，那么作为初始数据的个人信息事实主体就享有权利,加工人就享有权益,而背后的逻辑典型还是西方产权私有的这样一个概念,那么这个概念在数据方面是否能够加以采用?数据作为公共资产的公共性怎么来处理?

莱斯格教授认为代码产生的数据是可以财产化的,他是从私有财产和经济发展,还有产权交易的角度论述的。这篇文章提出了一个观点,对于个人信息,我们为什么采用动态区分原则而不进行静态区分?因为个人信息和个人数据有时刻在变化的边界线,所以进行静态区分。那么静态区分个人信息,只在个人信息、数据、原始数据和加工数据的基础之上,我们可以分析产权,从而发挥个人信息在整个数字经济中作为资源要素的驱动作用。我们可以各自争议、共同开发来应对当前平台数据开发的问题、数据的平台开发的数据产品的问题。那么这些问题都可以在这个理论框架内找到自己应有的理论支撑,找到自己的定位,我觉得这是这篇文章里最有价值的地方。我个人认为直接把它放到民法框架内,当然性地来推断可能有点武断,跟当前数据共享的思路可能有一点不一致,这是我的一点看法。

蔡荣博士

关于这篇文章我的一个看法是,我们在讨论数据和个人信息是否属于财产权,上个星期我们在讨论其是不是属于知识产权,然后现在我们是在讨论是不是将其作为一种新型权利来考虑。我觉得其实我们忽略了还有一个权利,我们可以借鉴物权,尤其是用益物权,更加准确地说是用益物权中的土地承包经营权。当我们把数据比作农民的土地时,会发现我们国家的土地所有权和使用权是分离的,而土地使用权与土地经营权也是分离的。这是我们土地流转过程中所发展出来的权利类型,数据是因为个人信息而发展出来的数据,它因为身份关系,可能会无法与个人完全分离。但另一方面,个人能不能让渡自己的权利,或者能不能把自己的数据流转出去,当数据流转到企业,企业通过对数据的挖掘,数据产生的收益是不是就归企业个人所有了?或者说是不是归承包的经营者所有,我觉得如果用这种权利模型进行类比化处理,也可以从权利流转的角度作为一个破题。读了这篇文章之后,我认为将数据作为财产权,不如把它作为物权,物权对权利的保护力度比财产权的保护力度更大。物权可以对抗第三人。这是我读完这篇文章的一些想法。

余渊博士

前段时间在日本的媒体上看到,日本媒体在讨论我们国家的自动驾驶时,他们关注的是隐私权,而在我们国家一旦讨论自动驾驶,通常讨论的是安全问题,所以我觉得这还是一个观念的差异。

其次我今天顺着龙教授的论文,查了一些相关的法律法规,一个就是龙教授论文里面的关于司法解释的信息可能有一点不太准确,最高人民法院《关于审理利用信息网络侵害人身权益民事纠纷案件适用法律若干问题的规定》在 2020 年又做了一次修正,龙教授讨论的这一条正好被删除了。还有一点就是这条的第三项,我们之前讨论到如何保护个人信息,实际上 2021 年出台的《个人信息保护法》里面都有涉及,包括 2020 年修改的司法解释。第三项提到了要公开的方式不足以识别特定人群,在个人信息保护里面他也多次强调了必要性原则,就是要限定在最小范围,然后采取必要信息。包括刚才宋维志老师提出了一个问题,也是我以前一直很关心的问题,就是我们使用特定 App 时,若不同意相关协议就无法使用。但实际上,《个人信息保护法》第 16 条已经规定,"个人信息处理者不得以个人不同意处理其个人信息或者撤回同意为由,拒绝提供产品或者服务;处理个人信息属于提供产品或者服务所需的除外",也就是说如果我不同意平台收集我的信息,我也能够使用这个 App。这是我梳理法条得到的一些启发。

丁安然博士

我听了各位老师的见解深受启发。包括上次比特币的案例,也涉及数据的性质认定问题。我的观点是:数据是否可以作为财产去认定?数据在使用时可以将其作为财产去认定。但涉及犯罪领域,再将其作为财产,量刑上会存在过重的情形。因此在数据的使用环节中进行定性,而不是在它的源头,把它作为物权的一个属性去定性。然后将数据定义为知识产权,其实我个人比较赞同。但因为数据它又不仅仅涉及知识产权,它又涉及个人信息,也就是说文章当中指出的人格权相关的内容。那么我的初步想法就是能否在使用当中看它是如何使用的,然后来辨别它到底涉及人格方面的信息,还是涉及资产以及经营方面的认定,这就是我的浅薄的观点。

附：

《数据新型财产权构建及其体系研究》

龙卫球

摘　要：随着大数据的出现以及数据经济的兴起，数据日益成为举足轻重的新型资产，与此伴随的是有关个人信息和数据资产的利益关系也变得越来越复杂。数据经济及其数据资产化趋势，推动了数据财产化的发展，一种新型财产权形态呼之欲出，但相关理论存在进一步完善必要。传统法律架构无法适应当前数据经济利益关系合理调整的需求。在当前数据经济的环境下，面向个人信息和数据利益关系的法律建构，应与数据经济的结构本质、特别是其双向动态特点紧密结合，采取一种更加复杂的权利配置方式。从体系上说，应该在区分个人信息和数据资产的基础上，进行两个阶段的权利建构：首先对于用户，应在个人信息或者说初始数据的层面，同时配置人格权益和财产权益；其次对于数据经营者（企业），基于数据经营和利益驱动的机制需求，应分别配置数据经营权和数据资产权。

研读纪海龙《数据的私法定位与保护》

2022 年 9 月 25 日学术沙龙纪实

2022 年 9 月 25 日，南昌大学法学院数字法治研究中心召开第十四次学术沙龙，学习研讨纪海龙教授发表于《法学研究》2018 年第 6 期的论文——《数据的私法定位与保护》。

宋维志博士

这篇文章在分析数据和信息的思路上很清晰。文章讨论的核心问题是数据的法律属性是什么，怎样把它引入法律的框架内，怎么在法律的框架内对它进行规范。在前几篇文章中，不同学者对此有不同看法，比如梅夏英教授主张数据不是法律上的客体，而龙卫球教授主张数据是法律上的客体并提出了新型的财产权。为什么对于数据的法律属性意见分歧这么大？我认为首先数据是无形的，其次传播非常快且不可控，最后它的价值又是非常大的。基于这么几个显著的特征，很多学者都认为数据在现有的法律框架内进行规范是不妥当的。纪老师这篇文章把数据文件和数据信息这两个概念分离开了。我们之前讨论过数据到底是什么，一串代码？一个信息的表达形式吗？要在哪个层面上理解数据？这篇文章很清楚地回答了这个问题。在文章最开始的部分，引入了符号学的一些相关内容，非常成功地把数据做了概念上的区分。作者把数据分成了三个部分：第一是数据载体，也就是存在的物理形式；第二是数据文件，也就是作者所讲的这个符号意义上的数据，比如电脑里的 0 和 1 构成的文本文档、音频文档等各种文件；第三是数据信息。在区分的基础上，主要讨论的是数据文件和数据信息。数据文件虽然我们肉眼无法感知，但它确实是物理上存在的。所以作者主张参照对所有权保护的类似方法来对数据文件进行绝对权的保护。

这篇文章后面部分主要讲了两个问题，第一就是对数据文件应当给予绝对权的保护。当然作者首先说的是数据信息不应当作为绝对权保护，因为信息是当今社会最需要的，能鼓励大家来发展数据业务，所以不应当过分限制，如果过分限制可能会影响数据的市场发展。但应当保护信息的共享使用，应当尊重创作加工者的劳动成果，同时激励创新和制造，所以对于数据文件要进行绝对权的保护。

数据这样的新兴事物，包括人工智能在法律上似乎找不到落脚点。但事实上新兴事物通过一定的分析、构建，可以在现有的法律框架内解决大部分相关的问题。我个人认为不应当在一个新兴的事物出现后，就打破现有的法律体系，进行适度的调整就可以。一部分学者提出我们现在要大力发展数字法学，出发点可能是要通过这样一种发展新兴法学的理论或者实践来实现弯道超车，走出法学上的自主性。以上就是我对这篇文章的看法。

程迈教授

我觉得纪老师这篇文章最大的一个贡献，就是将数据和信息区分开来了。我觉得文章对物理层面的区分是没有意义的，没有必要去谈数据的载体。但是比较成功的是将信息和数据区分开来。比如相同的代码利用不同的解码方式，可以传递出不同的信息，这一点我觉得也是非常有启发性的。比如说同样是一篇诗歌，我们读那就是一篇诗歌，但是一些间谍用自己特殊的代码，就会从诗歌里解读出不同的信息。而不同的数据文件也可能表现出相同的信息。所以从这个意义上来说，数据文件和数据信息的确是相互独立的关系，所以相应的数据就有了自己独特的价值，因为它到底会传递出什么样的信息，其实是不确定的。但我其实不大同意纪老师文章里面认为数据文件可以设定绝对权。以我对民法比较粗浅的理解，民法上可以设定绝对权的物必须具有不可复制性，但数据文件是具有可复制性的。刚才宋老师讲可以放到既有的法律体系里面去，我们讲的民法上的任何客体都是不一样的，哪怕是一些标准化的产品，它生产出来之后，其实这些产品之间还是具有了不可替代性，而数据文件是具有可替代性的，也就是说它放不进民法客体中。上周龙卫球老师的文章提到了新型权利，我还是倾向于认为它会成为一个新型的权利。然后顺着这个思路往下做，把这个权利很好地定义下去。

蔡荣博士

本篇文章从物理层面、符号层面、内容层面对数据进行了剖析，并在此基础之上进行分析论证。纪老师将数据文件类比于电、热能，虽然是无形的，但是可以持有的。如果将数据文件虚拟成了一种无形物，而在其之上设置任何权利都是可以在现有的法律框架里面去讨论的。但我国《数据安全法》第3条第1款规定：本法所称数据，是指任何以电子或者其他方式对信息的记录。虽然纪老师通过分层的方式将信息和数据进行了区分，但是我们现有的数据法律规范对数据的定义仍然是信息记录的一种方式，即将其当作载体。数据无法与信息进行完全的区分。

文章一直在强调数据文件的权利属性，而没有讨论数据信息的权利类型。作者认为数据信息不应该设置绝对权，但数据信息上能不能存在相对权？也就是说数据信息如果没有进行匿名化处理，侵害了个人信息、国家安全。数据文件本身对于每个人而言都是一样的，关键是里面包含了信息，才是其作为一个权利的价值所在，或者作为民法上客体的价值所在。

如果我们严格区分数据文件和数据信息，单纯将数据文件作为一个载体，不去挖掘数据文件背后的信息，数据文件的拥有就是完全没有价值的。以商业秘密为例，黑客盗取了一个公司的商业秘密文件，如果没有公开，仅仅是窃取，这个行为构不构成对他人的侵权呢？侵害的客体是作为载体的数据，而没有侵害信息。这篇文章里面只谈到对数据文件设置绝对权，在纪老师看来，黑客的这个行为也构成对权利的侵害，因为侵害的是数据文件的绝对权，但并未侵犯数据信息权，这是纪老师并未提及的。

文章最后谈到数据文件所有权的原始取得，在交易观念下的数据制造者标准。比如滴滴公司记录乘客的行程信息，包括车辆的行驶轨迹信息，在这个数据上到底谁才是数据的制造者？哪些人享有对数据的权利？数据文件是滴滴公司创造的，个人只是基于信息享有大数据的权利。但如果没有乘客的使用、参与，平台能不能制造出这个数据文件？因此这里数据文件所有权的原始取得到底是归于平台还是归于乘客？只要是对数据信息进行加工就可以原始取得数据文件的所有权吗？我觉得这是存在疑问的，因为文件的数据最终是来源于个人信息的。与个人信息相关的那些参与者是否可以享有数据文件的权利，不仅是所有权，还有删除权、匿名权等。但纪老师并没有对这个问题进行回应。虽然纪老师也同意交易观念下的数据制造者的标准，但他没有对共同参与者享有什么权利进行一个更细致的讨论。我觉得这是可以进一步去挖掘的部分。

程迈教授

蔡老师提到《数据安全法》第3条第1款里提出数据是对信息的记录，从这个法条出发，数据的定义是 a 是对 b 的记录，从这个句子的逻辑上来看，就已经区分了数据和信息。《数据安全法》里没有对信息本身作出一个定义。从法条解释上说，可不可以认为这是对潜在信息的一种记录。我一直认为有一些数据价值不明，大量数据的存在不知道会传递出什么样的信息，但是这并不会影响到其价值。所以我不认为必须要有明确的信息才能去定义数据。

当涉及数据与信息侵害时，如果将数据和信息区分开来，那么数据侵害和信息侵害的确就如蔡荣所说，一旦确定了数据主体的权利之后，就很好解决信息和数据侵害问题。比如这篇文章中提到的洗衣机、电梯，很可能数据的获得者在收集数据的过程中会侵犯这些主体的物权。再假设赋予企业数据权，有权去收集各种各样的数据，我们把这个数据权就干脆作为一个绝对权，可以用各种方式去收集各种各样的数据，只不过在行使权利的过程中，要尊重他人的个人信息和他人的物权，这样是不是能更好地解决问题。

从中国的角度上来讲，这种制度设计的最终目的还是在促进数据的利用。我们正进入一个大数据时代，社会需要生产和发展，因此就要去挖掘数据，分析数据，而且要鼓励数据流动起来。

蔡荣博士

程老师刚好提到了大数据，我谈一下我的感受。数据和大数据似乎不是一回事，或者说似乎我们应该把它们分开来看。数据的法律规制和大数据的法律规制，两者不管是法律制度建构的框架，还是立法或者规范的整个思路动机，似乎都是不一样的，而且整体的进度也不一样。

我们在讨论数据和大数据的时候，似乎应该有两条路可以走，不能把数据跟大数据完全搅到一块。我们不能把对小部分数据的思考套在大数据上面，这可能没有什么意义。收集一堆在大家看起来没有任何意义的东西，去发掘出它的意义，它的价值，可能现在发掘不出来，但十年后可能通过这些数据发掘出价值。这就是我要回应程老师的点，如果我们不把信息和数据考虑进去的话，单纯的数据文件本身，我不需要回答为什么保护他，我也不需要知道里面有什么信息，只要有这么多数据在这里，它就能够挖掘出商业价值。

▎蓝寿荣教授

我个人认为纪教授的文章仍然遵循着司法的思维和物权制度的既有路径。凡是民法的文章，读起来都很顺口，尤其大陆法系，因为大陆法系也叫民法法系。实际上文章很巧妙地避开了现在数据法研究中的一种胶着状态，也就是作者用传统的方式将其进行了简化处理。比如就U盘而言，按照文章的观点，U盘是一个介质，U盘里的文件夹是信息，文件夹中的PPT是信息的内容，作者将其简单化了，然后依循了这样的一个思路，得出结论是在数据文件上设定绝对权。因此作者将信息放到看不见的和看得见的介质之间，在二者中间设定了一个过程，然后在过渡层里设置权利。如此就解决了数据与信息之间的模糊问题，对于大众来说也更容易接受。因为将一种事物界定为一种物权，大陆法系国家很容易接受，像英美法系的信托在我们国家就不好接受。

作者的结论就是在数据文件上设定绝对权，数据文件所有权指向的客体是数据文件。作者的逻辑依据就是法律保护数据文件的最终目的是保护主体对于信息的创造和收集。事实上文章的意思就是收集和整理。当然作者也厘清了数据载体的法律属性，我觉得这也是这篇文章最主要的贡献。那么文章中论述的对于数据文件的权利设定，事实上它就是我们传统理解的对收集者和整理者的权利保护，而对于数据文件和数据信息本身的权利，我们不是讨论这个载体要不要保护，而是讨论数据信息本身应如何保护，所以学术界正处在这种困境。

目前处于大数据时代，面临着数据产业发展的诸多问题，比如说数据的收集整理，语言信息拥有者的保护，各类平台拥有大量数据的共享，也就是说数据的流动问题,还有数据的技术赋能与数据的安全问题。作者在数据文件上设立绝对权,而认为在数据信息上不必设置相应的权利,我个人认为他这个思路是很清晰的,但是却不能够解决我们现在面临的发展问题。那么,我觉得我们还是需要继续研究,并且希望国家能够出台相关的法律法规,为发展中的数据权利确定、数据交易、数据安全、数据保护提供一个有效的制度安排。因为如果没有有效的制度安排,那若干年后我们国家大数据的发展与其他国家的数据发展就可能会落后。如果我们这方面有很好的制度安排,那么若干年以后,就有可能会带来一个很大的产业发展。可以参考我们国家20世纪90年代致力于发展信息产业。我个人不是很注重看一物一权或者物权这样一种确定化概念,我是着眼于产业发展。数据研究之所以如此热门,大家可以预感到数据产业有非常好的前景。

孙中山先生曾说过:物尽其用,货畅其流。我个人认为数据法的研究也要立足于此,那么今天我们学这篇文章是非常好的,但是我觉得如果仅仅是限于这样,还远远不够,它只能是作为我们研究的一个阶梯中的环节。这是我的观点。

附:

《数据的私法定位与保护》

纪海龙

摘　要:符号层面的数据文件应当与内容层面的数据信息严格区分。数据文件是信息的表现形式,而数据信息则是数据文件蕴含的信息内容。在经济属性上,数据信息具有非竞争性。对于数据文件中蕴含的信息,不必一般性地设定绝对权。在现行法下数据文件以及数据信息所负载的利益受到若干制度的保护,但都有其局限。数据文件是物理的存在,虽然可被人控制但无法被人的肉眼观察(无形)。基于数据文件可被界分和控制以及可以很方便地和存储载体相分离的特点,数据文件可以成为权利客体。尤其是基于占有法、破产法、强制执行法等方面的理由,应在数据文件上设定绝对权即数据文件所有权。数据文件所有权的原始取得人为交易观念视角下的数据文件制造者。数据文件所有权的权能和保护与其他绝对权类似但也有所不同。

主题四

公共数据法律问题研究

研读王锡锌、黄智杰《公平利用权：公共数据开放制度建构的权利基础》

2022 年 10 月 2 日学术沙龙纪实

2022 年 10 月 2 日，南昌大学法学院数字法治研究中心召开第十五次学术沙龙，学习研讨王锡锌教授、黄智杰研究员发表于《华东政法大学学报》2022 年第 2 期的论文——《公平利用权：公共数据开放制度建构的权利基础》。

宋维志博士

这篇文章结构非常简单，主要围绕着公平利用权，也就是在解决公共数据开放问题时怎么来处理？开放的边界在哪里？怎么样来规范？公共数据开放和政府信息公开的区别又在哪里？

这篇文章论证了公平利用权，比较了公共数据开放制度与相关但不同的政府信息公开制度及自然资源利用制度。

第一就是公共数据开放与政府信息公开比较，政府信息公开主要是基于公民的政治权利。公民选举产生了政府，政府要对选民负责，然后因此产生了政务信息公开这个逻辑上推演出来的概念。公共数据开放说的不是监督层面，它理论的基础是我们要高效地促进数据的流通，促进数据的利用，是把它当作一种资源来对待。

第二就是公共数据与自然资源的比较，由于公共数据与传统物理性的自然资源在基本性质与用途上存在着区别，所以公共数据开放无法直接适用宪法上关于自然资源的条款。自然资源，比如山川、河流、风能、电能等，是可以明确所有权的，它们归属集体或者国家。但是数据不是自然生成的，是基于人们的活动产生的，尤其是公共数据，它需要进行加工利用，以资源性产品经营与利用的方式确立公共数据的法律地位，无法促进社会共享与大众创造。

当然，大数据之上的权属到底怎么确定？这是一个很棘手的问题。我们既要促进数据的高效利用，又要让它最大规模地被人们合理地使用。在此基础上，我们可以设置一定的准入门槛。但准入边界在哪里？这是作者始终没有触及的一个问题。因为是政府开放的公共数据，那么是不是就归属于政府？我们先把这个问题放在一边，当下关注的是尽快把数据利用起来。而该文的说法是不应仓促地规定公共数据为政府所有。

我读完这篇文章，就想到前两天广州已经成立了数据交易所。我看到这个新闻的时候还是有点吃惊的：第一个吃惊的是发达的、政策领先的城市动作确实快，在江西可能还在思考要不要的时候，别人已经成立了。因为学界目前都没有把数据的权属问题作出一个相对明确的定论，尤其在立法上还没有一个确权，所以我感觉广州数据交易所应该也是跟该文的思路一样，在促进数据的使用、交易和流通上先行一步做文章，赶快下手布局。

程迈教授

文章将公共数据开放与传统的政府信息公开的知情权，与公共资源在宪法上规定的国有资源的利用权进行了讨论，非常不错。对不同的概念进行讨论，然后从中提出了我们现在讲的对公共数据的利用权。政府信息的知情权和对国有资源的利用这二者的本质是不同的，这可能是这篇文章在学术上最重要的贡献。但这里面也有问题，文章提到了一些地方的数据条例，规定公共数据属于国家所有。我总觉得所有权难道不是物权法上的问题吗？这样说，一个地方政府规章就可以规定国家所有权了吗？国有资源是规定在宪法里的，其实在民法里也很有争议。

在《民法典》的制定过程中，甚至早在《物权法》的制定过程中，有学者就提出：社会主义公共财产神圣不可侵犯。公共财产能跟私有财产放到一个层面上去讨论吗？但是反过来也说明规定国家所有权，不可以简单地用地方政府规章，用下位阶的法律规范文件去谈。那我认为可不可以和公共资源

研读王锡锌、黄智杰《公平利用权：公共数据开放制度建构的权利基础》

来进行一个类比，认为它是公共资源，地方性的法规有没有权力就把它规定成国家所有？我觉得在这一点上经不起推敲。

另外，文章反复强调公平利用权是一种防御权，我们讲的防御权是什么意思？防御权是一个盾牌，它是阻止国家介入。文章将公平利用权作为防御权来对待。这不是防御权，它不是一个消极权利。如果想在法律上确定对公共数据的利用，它是一种积极权利，更类似于劳动权、受教育权，或者讲经济社会权利，希望政府有所作为。比如公民向政府主张对公共数据的公平利用，是希望政府来帮他做事，它不是一种防御权，而是一种积极权。所以我不是很能理解作者为什么不停地去讲是一种防御权，而且即使在法律上可以确定对公共数据的公平利用权，它不是一种防御权，它是一种积极权，相当于受教育权、劳动权这种权利的实现，其实是要高度依赖于政府的配合的。比如就算赋予江西省户籍人口部门对江西省政府的公共数据公平利用权，然后我凭借着这个权利到江西省大数据中心去，人家有各种各样的理由可以不给的，所以这种权利能不能司法化？如果想正儿八经地把它作为一种法律权利，至少我是想不出来怎么根据司法制度去执行它。我说我现在要用数据，但是拿过来以后发现里面缺了很多，统计部门说我的数据就是这样，然后解释说工作中有问题，在这种情况下怎么去执行？如果把它作为一个司法上的权利，在这里恰恰就和信息权区分开来了。

数据和信息是有比较大的区别的，我觉得上周研讨时我就已经讲得非常清楚了，信息是有内容的，数据不一定有内容。数据的内容是要通过不断地挖掘，然后才能转化成信息，所以你可以向政府要一个很具体、很明确的信息，它不给你这个信息，就属于没有履行相应的义务。现在要把数据作为一个法律上的权利，怎么知道政府有没有把数据给你。因为数据本身包含的信息的范围和价值，它其实就是不明确的。数据的价值就在于它包含的信息是不明确的，这也是使得我们现在没有办法从民法上、从知识产权法上对数据权进行定义的难点所在。所以从司法上去构造，或者说在法律层面上去构造一个公平利用权，有没有实际意义？如果权利落不了地，我觉得还不如不要去定义，还不如就回到数据权上面去。如果规定一个公民的公平利用权，落不了地，就像我们研究宪法的，尤其有这种痛苦。在宪法上定义一个权利，结果没有办法落地，没有办法给公民赋予实际的保护，那就不要去定义这个权利。要实现整个社会对数据的利用，关键还是激励政府把数据拿出来，这是最终的目的。所以要建立激励机制来让政府把这些数据拿出来。数据里面包含的信息是不确定的，这正是数据的价值所在。因为如果数据包含的信息的价值是确定的，首先它就不再叫数据，它就是信息了，其次大家也就不会再去追捧这个数据的价值了。

从数据里面会挖出什么东西是不明确的，我觉得这是现在数据利用中最大的障碍。真正的问题就在这里，数据的价值在于它的不确定性，但是阻止数据公开的最大的障碍也在于它的不确定性。所以我想真正要落地的问题是怎么才能促进数据的利用，可能还是要回到数据的主体有什么动机、有什么激励能把这个数据拿出来分享。

刚才宋维志老师提到了广州大数据交易所，其实最早是贵阳，但是到现在好像贵阳的这种数据交易还是没有很好地发展起来。还是要回到中国的语境上来说，不结合中国背景去引用西方的这些制度是不是管用？这是我从一开始就有的困惑。

丁安然博士

我个人其实挺赞同王锡锌老师这篇论文的观点的，就是说先不去谈确权的问题，而去谈如何在一定程度上使用的问题。虽然说他确实是从公平正义的角度出发，去谈如何更好地公平地利用数据，但是在一定程度上也是在用这个数据。然后文章中做了很多的细化的构想，我觉得在实践中是有推广价值的。

这篇论文立足于怎么样更好地、更大范围地让大家都去使用数据，因为确权确实是存在比较大的阻碍。包括收集数据的主体，如果说涉及权属问题的话，它们也很想要拥有最原始的所有权。作为国家和政府而言，也认为应该是属于政府或国家。而作为数据的直接来源的个人，政府只是一个收集、加工的角色，那么最开始的所有权应该是归属于个人。三方主体可能都会各执一词，然后也确实是三方主体都在数据的收集、存储、使用的过程当中，都或多或少扮演了一些角色，甚至是很重要的角色，都是不可或缺的。如果没有最开始提供数据的人，这个数据的原始数据是没有的，也不可能有之后的利用问题；如果没有这个数据的收集者的话，也很难走到利用这一步；如果没有国家的监管，任凭市场去使用这个数据的话，我觉得也有可能会带来一定的灾难性的东西。虽然具体的后果我不是很清楚，但是我觉得一定要有监管的角色在里面。

就当前的现实而言去谈确权的问题，我觉得确实难度比较大。不妨跳开这个话题，就直接去讨论如何使用的这个主题，所以我个人还是蛮认同王老师这篇论文以及他对数据使用的这个构想。

程迈教授

这篇文章主要讲的公共数据的公平利用权。让政府把这些数据拿出来，我是完全同意的，有什么办法让政府把这些数据拿出来呢？拿出来其实有两个目的：第一，政府应当把这些数据拿出来；第二，因为在中国政府掌握的数据是最多的，包括阿里、淘宝掌握的那些数据，还是辛辛苦苦自己去服务器买的。政府的确是更有理由把这些数据拿出来，这一点上我跟所有的老师同学都没有差别意见，但是我的差别意见是要构造一个新的权利是什么？要创造一个权利，必须要发挥实实在在的作用，我们就回到这篇文章去讲，你要去创造一个公平利用权，我想不出我怎么从法律上去适用这个权利。宪法经常讲怎么把宪法司法化，现在创造一个公平利用权，我作为一个普通公民，怎么从司法上主张公平利用权？

丁安然博士

如果说用这篇文章的观点，分成无条件开放、限制开放以及禁止开放这么三类。定义什么是禁止开放的，什么是有条件限制开放的，什么是完全可以开放的数据，这才是最难的。当然关键问题就是如何去定义哪些数据是禁止公开的，哪些数据是有条件限制的。

程迈教授

我觉得如果创立了一个没有办法得到落实的权利，就不要再去创立了，就在既有的范围内去规范。而且我觉得对于数据权这是没有办法回避的一个问题。反正终究我们要创造一个新的权利，到底是创造数据权还是创造一个公平利用权，怎么可能回避呢？现在在司法审判实践中已经开始出现了针对其他公司的数据权的争议了。现在不是说要不要数据权，而是说在什么框架里要数据权，是在传统的民法和知识产权法的框架内去定义这个数据权，还是说干脆就创设一个新的数据权？但是要不要数据权，这不是什么太大的争议问题。在此基础上，创造公平利用权，我觉得可能这个想法是好的，目的是好的，但是很难落地，而且一旦不能落地，我觉得造成的伤害要比它的实际作用更大。

附：

《公平利用权：公共数据开放制度建构的权利基础》
王锡锌、黄智杰

摘　要：公共数据开放的立法和实践不断展开，但该项制度的权利基础尚不明晰。从规范逻辑和功能来看，公共数据开放制度不宜以数据权属为基础，而更应注重数据的公平开放和利用。通过比较公共数据开放与政府信息公开、自然资源利用制度间的异同，可将"公共数据公平利用权"作为前者的权利基础。公平利用权所体现的是一种数据利用主体的视角，该项权利与数据开放主体的管理职权，构成数据开放中"权利-权力"间相互促进和制约的关系结构，可为当下的公共数据开放制度及实践提供引导。公平利用权规范公共数据对外开放利用的全流程，强调资格准入维度和实质利用维度的公平。基于此，我国公共数据开放制度在基础规则层面不宜仓促规定公共数据为政府所有，而应着重建构符合公平利用要求的数据开放秩序及相应的管理机制，并完善权利救济规则与义务设定规则。

研读胡凌《论地方立法中公共数据开放的法律性质》

2022年10月16日学术沙龙纪实

2022年10月16日，南昌大学法学院数字法治研究中心召开第十七次学术沙龙，学习研讨胡凌副教授发表于《地方立法研究》2019年第3期的论文——《论地方立法中公共数据开放的法律性质》。

宋维志博士

这篇文章从结构上来看非常简单，是一篇中规中矩的关于法律规范建构的法学文章。这篇文章将当前对于地方政府公共数据开放的几种模式做了一个梳理比较。文章提出了政府的数据开放主要是分为两种模式进入：第一种是将公共数据开放视为现有政府信息公开的扩展；第二种就是文章着重说的作为国家财产的公共数据。因为政府掌握的公共数据不仅是由政府自己创造的，来源非常广泛，政府只是一个整理以及汇集的平台，所以作者做了几种区分。第一种就是数据池；第二种是引入了信托理论；第三种是功利主义。其实如果我们认真思考这个分类，其核心都是围绕付费使用这个概念。但是作者并没有回答最开始的问题：数据并不是政府产生的，政府为何收费？无论是作者提到的三种进路中的哪一种，他都无法解决数据公共性的这样一个问题。所以作者在后半部分就提出了平台型政府这么一个概念，但平台型政府实际上也是引证他人观点。国外的理论认为平台型政府可以作为一种数字平台。但是这一部分我实在是没有看出所谓的平台型政府和前面作者提出的在政府信息公开和财产化这两条路之外的第三条路有什么本质上的区别。因为作者提到的平台型政府是在我国智慧城市建设过程中逐渐出现的，是以电子政务为基础的一网通办为表现形式，也就是说作者把目前的一种客观事实当作解决方案。我实在是不明白所谓的平台型政府和当下的政府之间的数字平台的区别在哪里。因为平台型政府还是由实体的政府来构造的，我们并不是说在虚拟空间内打造了一个政府，命名为平台型政府，而是这个平台是由实实在在的各级政府来运作的，所以我不明白这个平台与政府到底是指什么。基于这种疑惑，作者后面的立论在我看来可能是不太周全的。

传统的法学文章是：出现了什么问题，在法律上应该给予怎样的解决，用什么规范来立法的这样一个思路。但是在我看来讨论怎么去利用数据或者怎样来开放这些数据的使用，事实上已经是在后端来讨论了，因为这无非是一种开放的形式，你可以把它当作政府信息，或者也可以把它当作一种财产，这无非是一种路径，一种技术化的手段。但这并不是核心的问题，其核心在于基于公共性而产生的数据，政府为什么要开放这些公共数据，或者说它开放的正当性是什么？这个问题是我们讨论这些开放手段之前应当明确的，我们为什么一定要让政府的数据开放，这是个必须回答的问题。如果回答不了这个问题，也就是相当于我们只是设定了这么一个命题，就是政府信息要开放，数据要共享，然后我们讨论后面怎么样共享，但是前端为什么政府信息要公开，要共享？它的逻辑是什么？这个问题必须讨论清楚。

程迈教授

作者提出了数据开放的两种模式。首先提到数据公开与信息公开的逻辑是很类似的，很多地方是贯通的。但是接下来讲信息公开的逻辑不适用于数据公开，我仔细看了一下为什么不适用，又没有讲得很清楚，言辞不详，反正就把它作为一个事实给接受下来，其实这恰恰是一个可以讲的前提性问题。

上一周我们已经提到，信息的内容相对来说是确定的，所以通过信息公开的过程，公民拿到什么信息、不拿到什么信息，政府是确定的，但是数据公开对政府来说就是不确定的。公民拿到这些数据之后，会挖掘出什么信息是不清楚的。如果基于政府与公民之间的不信任，关于公共数据的开放和利用将会变得举步维艰。

在对数据的讨论中，我们经常将安全放在一个非常高的位置，我觉得这是值得商榷的。数字社会是一个开放社会，同时也是一个多元化的社会，我们还没有具体地去讨论数字社会中的一些技术，比如区块链、"5G"、通信、开放式计算等，我们会发现这些技术的逻辑都是去中心化。而在数字社会里任何一种去中心化的设置都会严重地降低效率。因为数字社会强调的是通信速度的快速，所以这个数字社会作为它的技术层面，或者讲作为物质层面，就是一个去中心化、分布式开放性的一个社会。

就像宋维志老师讲的，文章根本就没有解决前提问题。在信息公开的层面上讲公民对政府有知情权的问题，信息和数据在哪些地方可以区分？这个前提问题的确比较重要。但是这个前提问题可能是在数字法学里解决不了的，可能宪法都解决不了。宪法作为政治法，在政治层面上没有改变它的思维，这很有可能是所谓的数据利用，尤其是公共数据利用的一个比较大的瓶颈。但我觉得这个瓶颈不光涉及公共数据的利用，也会涉及商业数据的利用。如果过度强调数据安全，过度强调因为数据的流通会损害国家安全，过不了多久商业数据也会被用相同的逻辑囊括进去的。难道没有更好地实现国家安全的方法吗？

这篇文章的题目讲的是地方立法中的公共数据开放的法律性质问题，我读下来没觉得它跟地方立法有什么关系，是因为发在地方立法研究上所以一定要"套帽子"吗？我觉得把"地方立法"去掉，就是关于公共数据开放的法律性质也没什么问题。

蔡荣博士

程老师，首先我认为可能"地方立法"这4个字是编辑加上去的，这篇文章应该是编辑找作者约的稿，那个时候《地方立法研究》还没有成为核心期刊，我猜也可能是编辑加了个"论……"

我之前就看过胡凌教授的很多文章，他也是从网络犯罪过渡到数字法学研究的。我个人的一个感觉就是，胡老师的文章是把一个很前沿的问题用法学的视野来分析。作为刑法学者，我重点关注文章谈到的对数据网络爬虫行为的入刑问题。不论数据权属如何，如果违反先权利或者侵入计算机信息系统以不正当方式抓取内容，那么这种抓取和使用行为就违反了法律，从而间接地确认平台对数据池的财产权利。撇开财产权利来谈，胡老师一直在谈论的一个观点，就是平台到底通过什么样的方式来保护这种公共数据。但在文章中，我发现作者一直将平台和政府混同，有关政府对数据的把握和平台对数据的把控总是来来回回穿插，最后作者提出了平台型政府这个概念，但是我们看到这个网络爬虫行为，并没有确认这个数据就是公司的，而只是对入侵系统行为本身进行了一个处罚，因为网络爬虫是要入侵对方的系统，网络爬虫行为的确是首先把它定义成一个不正当的行为，但是接下来使用什么样的刑罚手段都需要明确。

我国 1997 年《刑法》就规定了非法侵入计算机信息系统这个罪名，这个罪名开始处理的是恶意病毒，后来这个罪名用来处理盗窃网络财产、网络账户密码、网络资产的行为，现在用来处理不正当获取数据的行为。这可能也是对非法侵入计算机信息系统罪的一个扩大解释。以前最早的计算机系统就是电脑主机。后来这个计算机系统又可以扩展到手机、移动端设备，再到数据库，慢慢地这个罪名也成了一个"口袋化"的罪名，然后到现在也涵括了网络爬虫行为。无论数据是不是属于你，只要你入侵了网络平台的系统，就构成犯罪。在 2020 年、2021 年的时候，很多学者就写过关于网络爬虫行为的刑法规制研究等方面的文章，而最典型的就是黄牛用跳票软件去购买门票。后来关于入刑的问题，在最高人民检察院发布的第三批企业合规典型案例里面，第一个案子就是上海 Z 公司陈某某等人非法获取计算机信息系统数据案，这本来就是做数据转型服务的一个公司，公司为了获取更大的数据池，通过"网络扒"这种行为，把饿了么这个网站上的用户的用餐数据给扒取了，然后就增加自己公司的数据池，以提供更好的服务。饿了么就以非法侵入计算机信息系统罪起诉了，但是考虑到为了支持数据经济的发展和公司大量员工的就业问题，就只对他们进行了合规处理。合规处理之后的结果就是让他们合规整改，整改完了之后，双方之间达成了一个数据交互合作的协议，通过 API 数据接口连接合法合规地获取平台数据。在我看来这些数据还是以一种资产的方式给卖掉了，这还是一种数据保护。胡老师这篇文章里面谈到这个问题，其实也是通过把数据当作一种资产来保护它。

其次就是保护的问题。胡老师谈到我们不要对数据的平台本身或者对数据的授权性本身进行保护，而是要对数据的使用进行保护。因为胡老师反对营利性的这种授权，他认为应该开放，开放之后所有人都可以获得数据，获得数据之后，如果不合法、合规地使用，我就对你的使用行为进行处理。而这个使用行为就会出现像互联网金融行为，互联网金融的形式风险里面谈到基于获得的数据而开发了一个软件，并从中获得了盈利，但可能这个盈利模式本身是有点不正当的，盈利模式本身不正当，就可能增加金融风险、数据泄露风险、侵犯公民个人信息的风险。但它的确又是一种新的商业模式，这个时候对它进行规制也会遏制数据的开发。所以我认为还不如按照目前的这种模式，通过这种收费的排他性授权使得他人获取。但这里有个问题就是政府凭什么收费？如果政府可以收费，那私营企业的互联网公司的平台可不可以收费？

黄一川

既然无法撼动权威的话，光提理想模型没有什么用，更多的是要找一个合适的角度一起来解决这个问题。关于发展数字经济，党中央强调要不断做大、做强、做优我国数字经济，包括在二十大报告中也谈到"数字中国"，那中央理解的数字中国到底是个什么样的数字中国？我们作为研究者是不是要基于更多的现实来谈，而不是说我们最完美的模型是什么。这是我的想法。

饶威芳

刚才老师说的为什么公共数据是要属于政府，我在想如果不由政府来拥有数据进行公开的话，难道是由私人或者互联网公司吗？我们作为私人主体，我们肯定都是维护自己的利益，而政府起码会比我们正常人的眼界更高，想的东西可能会更全面。而数据如果是由个人或者企业来公开、主导的话，它们是肯定不愿意让别人从中来获利的，因为我觉得企业和个人是没有那么高的境界的。国家肯定是想要让有能力的人去促进数据更好的开发利用，促进社会的进步。在这一层面上，可能个别地方政府是没有这种动力的，但是我觉得从整个国家层面，在理想化的情况下，它的思想境界是比个人和企业高的。

周思彤

首先是对于数据该谁去使用，然后让其能够发挥最大的作用。其实我也赞成程老师的观点的，就是它必须形成一个数据集，有足够的量才能够把它进行市场化的一个利用。如果是个人的话，说实话我的个人信息对我来说除了关于隐私、一个宣誓效果之外，其他的作用其实经济作用几乎是可以忽略不计的，所以我认为数据是要放到一个平台，或者说是有一个专业的人去使用的，数据在个人手里是没有办法发挥作用的。

其次是这个数据究竟应该由谁去使用，公司、私主体还是政府这样的公主体？我的想法是，既然我们的国家法治状况是这样的话，我比较支持的是以政府为主导去使用数据。那么现在一个问题是数字究竟能够通过什么样的方式转化为一个经济利益驱动，然后驱动政府去使用它？只要政府有足够的利益驱动去使用这个数据，比如政府也许可以通过一种社会服务外包的形式把经营还是交回给公司，因为公司毕竟是市场的主体，它对市场的经济状况是比政府更加了解的，政府其实可以做这样一个社会服务的外包来解决相应的问题，这是我的想法。

陈兴明

第一个问题就是公共数据的确权是比较难，因为政府、公共数据的使用者、产生数据的个人，他们都代表自己的利益，如果把这个数据全归政府的话，那么会产生很多的问题，为什么不能归互联网这些使用者以及产生数据的个人？第二个问题就是为什么要开放公共数据？那么从它的目的来说，开放公共数据是有必要的，它的必要性就在于数据就应该利用、就应该流通。第三点就是收费的排他性授权，那会产生什么样的弊端？如果收费的话，政府就强调了自己的利益，政府追求利益的最大化，就会导致经济实力弱的企业得不到数据的利用。第四个问题就是私人开发了数据进行排他性的利用，如果给它一个财产的权利，那么其他人没有利用这个数据，这就涉及一个公平利用的问题。第五个问题就是如果在这个信息数据大爆炸的时代，是否会涉及侵犯他人数据的问题？针对这个问题，除了用反不正当竞争这样一种保护机制，那是否还会有其他的一些保护机制呢。我比较赞同这篇文章最后提到的责任规则，允许他人来利用数据，但是如果产生了责任，让他们去担责，这样能够更好地促进数据的利用。最后一点就是刚才老师提到了《数据安全法》以及《个人信息保护法》，它们可能会阻碍公共数据的流通。那么如果我们合理使用这些数据和个人信息，是否也会阻碍公共数据的发展？如果会阻碍公共数据的发展，而且它们又是权威立法，那么我们怎么样来解决这个问题呢？

附：

《论地方立法中公共数据开放的法律性质》

胡 凌

摘 要：理解公共数据开放的法律性质，至少可以从三个维度进行讨论：一是将公共数据开放视为现有政府信息公开制度的自然延伸，并在具体机制上对接扩展，由此它是一种政府法律义务而非单纯的公共服务；二是基于财产理论，将公共数据视为类似于自然资源的公共信息资源，纳入国有资产管理框架，它需要保值增值；三是在前者基础上衍生出公共信托法律关系，政府在符合公共利益的原则下以适当的方式对公共数据进行开发和开放，使全社会受惠于这一过程。本文将论证：上述理论在特定方面是有道理的，但都无法单独说明公共数据开放的正当性，在执行过程中也受到相关制度的约束。公共数据是一种信息资源，在权属上应当为全民共同所有，但在价值实现机制上由作为数据控制者的政府进行收集、归集、共享和开放，将公共数据按照不同类型区别使用，并在实践过程中不断优化使用方式，扩展可供使用的公共资源的范围和程度。

研读齐英程《作为公物的公共数据资源之使用规则构建》

2022 年 10 月 23 日学术沙龙纪实

2022 年 10 月 23 日，南昌大学法学院数字法治研究中心召开第十八次学术沙龙，学习研讨齐英程老师发表于《行政法学研究》2021 年第 5 期的论文——《作为公物的公共数据资源之使用规则构建》。

宋维志博士

这篇文章看了题目，就基本知道要讲什么内容：公物、公共数据资源、使用规则。第一是作为公物的公共数据资源，然后第二是它的使用规则。所谓的作为公物的公共数据资源，这也是我们读文献读到现在一直以来始终讨论的问题。数据、信息这些东西我们到底怎么认定？也就是权属问题。齐老师这篇文章，提出了公物这个概念，我就想起了我们之前讨论中说到的，我们是不是可以把公共数据收归国家所有，提出一种国家财产权。到了第二部分强调的是它的使用权，我们避开所有权人问题不谈，来关注它怎么使用的办法。但是我觉得文章在这里可能出现了一个逻辑上的悖论，因为这里一方面说到所有权制度，也就是所谓的公物；但是另一方面又认为数据在物权上不好界定。这个就是我们前面读的，比如程啸老师、梅夏英老师的文章，他们始终在讨论数据究竟是个什么东西。齐老师在这里也没有超出他们的讨论范围，还是提出用物不好去界定数据。提出了这么个判断，但是后面把数据归为了公物，还是归为了物。

研读齐英程《作为公物的公共数据资源之使用规则构建》

文章的前半部分主要是论证了作为公物的数据，到了后面的部分，其实就相对简单了，因为使用规则的构建是在前面的基础上做一些具体设定。我们按照文章的思路来看，如果前面这个问题论证清楚了，文章说的公共数据资源作为公物没有问题的话，也就是把公物纳入法律制度框架内，那么参照这个规则，我们直接就可以推出后面的数据作为公物的使用规则。比如说在这个部分讨论使用机制，就是我们使用公共资源要不要付钱。其实很简单，有的学者说需要付钱，通过设置一个门槛防止滥用。文章说公物可以不付费。这些都是没关系的，这个规则大家只要认可、只要同意就可以，所以说后面的规则构建并不是很难，难的是把它认定为公物，这个问题是要讨论清楚的。

文章把公共数据资源作为所谓的公物，把它作为国家所有或者集体所有。如气象数据资源、交通数据资源、医疗数据资源，等等。然后前面又提到水、电这些东西，把它理解为公物。它们是一样的吗？所谓的公共数据资源，这些东西是由人产生的，直接把它认定为国家所有的这种共享的资源，或者说因为讨论不清楚它的所有权，就把它归为国家所有，这样可行吗？

程迈教授

按照本文的分析框架我觉得可能有点问题，服务于公共利益的东西就会变成公益，那么相应的就推导出服务于公共利益的数据也会成为公共数据。这样讲的话，那就像滴滴、像支付宝，你说它的数据是绝对不服务于公众利益吗？这个也不一定。如果按这个理论说下来的话，所有的商业公司，它的数据只要变成大数据之后，我们都可以想象到它会涉及公共利益。在这种情况下，相当于国家可以征收所有的数据。但是二十大报告已经把大数据的"大"字都去掉了，变成了一个"数据"，它直接就放到了和河流、风能等这种平等地位上的一个自然资源。想要保证大家真正好的去利用数据，就要真正尊重数据掌握主体的利益。公物理论是不是能直接套用到公共数据上面，还是说干脆用原来的这个说法，只要是公共主体掌握的数据，我就认为它是公共数据？因为现在我们讲数据最大的问题还是逼着这些公共服务主体，像政府、事业单位把数据拿出来，这是一个真正的问题。我觉得公物理论用到公共数据上面，这种服务于公共目的就定义它是公物，相应的就是对公共数据的扩大解释，我觉得可能是有问题的。

我的第二个疑问就是文章里面的一些结论,我觉得可能有些武断。文章传达出的一个观点是,只要是公共数据、只要是公共的东西,大家都想用。例如文章提出"对公共数据资源的充分使用,成为人们必备的生存条件和内在的利益诉求"。我不大明白这句话,从我个人出发,我不是对公共数据很感兴趣,政府掌握的这么多数据,我可能只对某些公共数据感兴趣,但是对所有的公共数据我不一定感兴趣。所以立足于大家都对公共数据感兴趣,就有点像王锡锌老师的那篇论文,它提出要建立对公共数据的公平利用权。这个就有点强人所难,如果大家都不喜欢、不感兴趣,这样的东西一定要送给别人吗?我觉得其实真正对公共数据感兴趣的还是那些少部分的大公司或者说科研机构,它们才会真正地感兴趣。所以要创造一个制度、建立一个权利,还是要基于法制的现实,有时候可能不能想当然地去研究创造。

第三个是我觉得文章有些地方的结论还值得推敲,例如文章提到公共数据是公共机构在开展日常工作过程中自然形成的衍生品,并未对此数据资源的形成付出有针对性的劳动,说白了就是这个东西是"大风刮来"的,所以相对来说没有什么成本,下一句话可能就是免费拿出来用,真是这么回事吗?不承认公共机关、行政机关、公共事业单位在数据收集和整理中付出的劳动,你就没办法使得这些行政机关和公共机关对数据的权利建立起来。这可能又是回到了民法上对物权的区分,对于国有资产、社会主义公有财产和私有财产的区分,在民法上一直都存在一个争议。但是一个根本性的问题是,有没有必要从所有权主体的角度去区分财产?好像最后民法做了一个妥协。如果民法学者不认为可以从所有权主体的立场上去区分物权的客体,所以对数据也是,是不是一定要对公共数据和私有数据从主体的角度来区分?数据就是数据,掌握在公共机关手里是数据,在商业机构的手里它也是数据,有必要对它进行区分吗?公共机关在获得数据的时候,我觉得也是付出了成本、付出了大量的劳动的。如果不去承认它付出的这些努力,相应的制度设计的时候,就不会给这些机关激励,最终它们就没有动力去共享其掌握的数据。

第四个问题,还是回到我不认为现实中普通公众真的会对公共数据具有一个普遍的兴趣,因为对大部分人来说,他们既无兴趣,也无能力去分析这些数据。所以与其去承认每个公民对公共数据有一个平等的共享权,还不如干脆去承认政府对公共数据是拥有权利的,这有一点像我们上周提到的,承

研读齐英程《作为公物的公共数据资源之使用规则构建》

认政府对公共数据有一种信托的权利，干脆把权利就交到政府手里，不要去建立一个每个人都拥有的平等的共享权。政府可以将这些数据拿去运营，当然要符合法律的前提。但是要承认政府可以通过这部分数据获利。但获了利之后，可能就是宪法要解决的问题了，政府在用这些公共资源获得利益时，反过来要服务于整个社会，服务于民众，这不就实现了民众对数据的这种平等的权利吗？

丁安然博士

学者为什么要做这种理想性的构建？建立一个类似于乌托邦的东西确实很不切实际，但是我觉得如果没有一个理想的构建、美好的构建的话，实践当中怎么去达到美好的状态？因为它更多是一种指引，或者说一种理想的目标激励人们去奋斗、去达到那种美好的状态。我个人是这么认为的，所以我一直觉得理想是应当要存在的，或者说这种构想也是应当要存在的。但是可能确实基于这个时代的需求，因为我觉得现在时代是变了，其实我当辅导员，我也能感觉到就现在"00后"，包括"95后"，跟我们"90后"的思想都很不一样，我觉得自己已经是落后于这个时代了。但是我仍然觉得我们也有存在的价值，包括这种理想主义也好，都有它存在的价值和意义，它更多是一种指引。

刚才您提到公共数据，这篇论文虽然有一些可能没有那么完善的地方，但是它对公共数据的界定，以及使用规则的这种构建，我觉得算是比较完整的一个逻辑链条。虽然说也有不自洽的地方，但我觉得是难免的，因为即使去承认数据的所有权归个人也好，归政府也好，都无法去形成一个逻辑上的完美的这种自洽，始终会有一些漏洞在里面。我一直认为数据的所有权是很难定下来的，尤其是网络时代，我们很多东西都会没有边界。我们认为的个人信息未必真正属于我们自己，有可能一部分是用于公共利益。其边界我可能还是始终认为是属于个人信息隐私部分，还是属于我们要去服务公共利益，作为公共数据去使用，关键在于它使用的或者说它产生这个服务的目的。就像作者说的，它服务于什么目的？但确实有一个很大的漏洞，只要我说为了公共利益的目的，难道个人的信息都可以作为公共数据被国家，或者一些公共的机构去使用吗？这样的话就导致个人信息的边界又没有了。所以我始终认为数据到底要如何去使用，要定一个界限，如果把个人信息处理掉了，没有剩下那种个人信息的敏感行为，没有侵犯个人的隐私是可以的。

程迈教授

丁老师讲到了一个核心的问题，就是数据和个人信息，我认为个人没有数据权，个人只有个人信息权，因为个人的一条记录没有任何价值，你只知道我一个人，所以数据必须汇集起来，大量的个人信息，以数据的形式汇集起来。所以我一直认为个人没有数据权，只有信息权。而就学校而言，其实对我们个人信息并不一定感兴趣，它感兴趣是我们的数据。关于公共数据资源的使用，你会发现我们期待把公共数据资源作为一个可以营利的客体来使用。如果我们期待无论是公共数据资源还是私有数据资源，都被平等地在数据市场上进行交易，但是背后的一个前提，就是中国应当是一个比较重视市场经济的国家，比较承认通过市场的手段来促进扩大财富的最大化，实现最有效的资源配置。但是这个前提确定了吗？这是一个宪法问题，这又是一个政治问题。反过来说，如果在宪法里头规定了不是一切都是以市场作为资源配置，但是希望这部分公共数据资源能够进入到市场，怎么办？这只能靠政府去硬推，从上往下去硬推，强制行政机关把这些资源拿出来才更好。

黄一川同学

对这篇文章我和老师的主要观点差不多。第一个他在讨论数据时不谈所有谈使用，然后引入了公物。其实没有必要去绕开确权问题，因为我觉得在她的论证过程中，我就把使用权改成所有权，有一些段落也是相对成立的。所以我觉得其实这篇文章在一定程度上可以说是没有说清楚的。比如说谈到公物，但她又引用宪法中的国家所有。所以我有点奇怪，为什么这篇文章她要绕开所有去谈这个问题，实际上作者完全是可以进一步论证所有权。

第二个就是我觉得这篇文章给到的用一定的标准来确定公共数据的范围，我觉得这个范围确定可能有点过于宽泛，可能会包括一些平台的私人主体。这是研究这篇文章的两个问题。

然后刚刚宋老师提到说文章试图证明国家所有权，前面我们读的那篇文章，它是用自然资源和政府信息资源来类比，还有公平利用权那篇文章，是把政府信息公开和自然资源做类比之后，得出结论是不能国家所有。所以我觉得如果要证明国家所有首先要类比，也就是找相同的类似的概念，可能能找到的也就只有自然资源了。要证明国家所有，我觉得要证明三件事，第一个就是它可以国家所有；第二个就是从危害性角度来看，如果不是国家所有会有什么问题；第三个就是国家所有的结果会更好。所以我觉得这是一个要用结果导向去证明的问题。

从结果的角度上来讲，我刚才想到一个点，就是说这是不是已经构成了一种公共区域，是不是已经构成一种事实的掌握和实际的使用？比如说对大数据进一步分析，但这个数据实际上就是存在于政府的数据库、政府的各种存储器里面的。但事实上掌握在政府手中，能不能说它的权属就得到确定了呢。如果政府不给别人，只能由它来使用，然后它就是在实时掌握和实际使用，在这种情况下，我们再去谈怎么确权，是不是就会更加困难了？

饶威芳同学

通过这段时间的学习，我觉得文章的说法都挺有道理的。数据财产权我觉得很有道理，现在我觉得不要在上面设立所有权，然后在使用权上进行讨论，我觉得也挺有道理的，可能是随着学习的深入，对很多东西都开始有了自己的观点。现在我就觉得数据，是要在使用过程中发现它的价值；至于对它的所有权进行确定，我觉得也没多大的意义。以前可能觉得挺有意义的，因为我觉得要保护，作为个人肯定希望能够保护自己的利益，现在就觉得这个数据只有在使用过程中进行，全过程中才能够发挥价值。

第二部分主要提到的是商业。我在想为什么一定要把商业和公众给区分开来？在公众的方面可能在乎的是公众的保护，在商业的方面可能就是一个误区，我觉得相当于给它一个特别的例外。

第三部分单列出来的那种风险意识和国家利益个人隐私，如果进行相关的立法的话，它写了一个一般性的规定、一个例外、然后还有一个限制，我觉得反正读起来感觉很乱。比如说我出现了一个问题，我就来解决你这个问题，它没有开始的时候用一般性的规定把这个问题就直接给解决掉，它不适用于大多数，我认为是这样的，我觉得读起来感觉很不缜密。

陈兴明同学

第一,是公共数据。这篇文章讲的公共数据不只限于公共机构,还包括其他的市场主体产生的数据,即在公共范围内,通过对公共数据的利用产生的数据,那么这个确实像老师说的,有点扩大解释。但是我觉得也是公共数据。

第二,文章中提到要让市场主体,像科研机构,还有社会组织把数据分享出来,他们有义务分享出来。但是有一点不现实,如果政府不愿意提供公共数据,为什么要让这些市场主体把数据给拿出来?我觉得这个有点不现实。而且让他们拿出来,然后让大家去共享这个数据,最终的结果就是别人用几乎为0的成本来利用这个数据。他们利用了这些数据,真的对数据掌握主体的利益没有侵犯吗?我觉得是有侵犯的。

第三,就是对于数据的掌握能力是不一样的。有的主体它是掌握了数据,有的主体是不掌握数据的,掌握数据的主体,他们开发了数据产品或者怎么样,势必会导致一些竞争性的优势,他们这种竞争性优势会不会变成一种垄断。

第四,就是老师说的,不是每个人都对公共数据感兴趣作为个人我还是觉得对于个人信息有没有侵犯,有没有影响到个人隐私,有没有影响到自己生活。真正对数据感兴趣的是科研单位以及市场主体。所以说在公共数据开放的今天,我们是不是要更多地去想一下怎样去保护个人隐私,在最大化地利用个人信息的同时,不要去影响人的生活,即使是利用了个人信息,但是不要侵犯个人信息权,我觉得这是有边界的。

还有在利用公共数据的时候,现在讲要把公共数据给汇集起来,产生最大的作用,但是现实问题是数据很难去获得,每一家机构都不愿意把数据拿出来。如果我们去挖他们的数据会不会侵权?所以如何最大化地把数据拿出来,我觉得这是一个需要解决的问题。

最后一点是比较同意作者的观点:数据不需要建立所有权,因为所有权的客体是物,我们更在乎的是使用权。而且对于数据我们没办法去确定它的范围,所以说给它确权是比较困难的。所以我是比较赞同这篇文章,对公共数据建立使用权,规定如何去使用,以及如何发挥数据的作用。

研读齐英程《作为公物的公共数据资源之使用规则构建》

周思彤同学

其实我个人是比较相信市场的力量的,为什么老师们刚刚都觉得在中国让市场去主导数据的使用,是一个不太现实的问题?是不是可以尝试一下?

我对数据使用这一块的话只有一个看法,就是我觉得公共数据它其实是有一体两面的存在。一方面它有一种公共性,另一方面它其实确实涉及了一些个人数据的隐私问题。所以我对公共数据使用的态度基本上是持只要不侵犯到个人隐私生活安宁,不侵犯到我个人的隐私空间,大数据的利用,我觉得是可以无限制的,甚至是可以去事后规制的,我觉得事后规制也是没有问题的。我的想法是对于数据确权这个问题就不用太关注了,因为我觉得所有权好像并不会影响它的使用,我们甚至可以说把数据当作空气一样的存在。因为确实现在信息时代,无论哪种行为都会产生一定的数据,这个东西是取之不尽用之不竭的。你想要去用这种传统的物权,用传统民法上面的一个思维去规定它基本上是不可能的,它有一个天然的传播性概念。与其这样想尽办法去规制它,不如放任它,让它自由流动、自由使用。然后我们可以或者说在使用的过程中出现了问题,再针对这个问题去建构一个规范。

针对行政机关,我比较感兴趣这个问题,可能还有行政机关对数据的使用不积极,还有一个拒绝的态度。可能确实是因为我们现在一个责任制度有关,因为谁把这个数据交出去了,但凡出了什么问题,那么责任一定是追到交付数据的人头上的,其实这是不利于政府去做服务的。

附:

《作为公物的公共数据资源之使用规则构建》
齐英程

摘　要:公共数据资源在本质属性、价值特征、形成机制等方面的独特性决定了资本经济形态孕育的所有权制度难以有效支撑此种新型资源使用规则的构建,其根本原因在于公共数据资源具有的非竞争性和可重复利用性特征与所有权的排他性本质间存在根本性的抵触。相较之下,将公共数据资源界定为公物更符合其本质,以公物制度为依托构建公共数据资源之使用规则在价值层面有助于促进实现公共数据资源所承载的公用目的和公共利益，激励社会围绕公共数据资源之使用形成广泛的共享合作关系；在制度层面则有助于根除当前立法的碎片化、文件化弊端，使我国公共数据资源使用规则的构建依循法律的逻辑进路开展。

主题五

平台法律问题研究

研读吴伟光《平台组织内网络企业对个人信息保护的信义义务》

2022 年 10 月 30 日学术沙龙纪实

2022 年 10 月 30 日，南昌大学法学院数字法治研究中心召开第十九次学术沙龙，学习研讨吴伟光教授发表于《中国法学》2021 年第 6 期的论文——《平台组织内网络企业对个人信息保护的信义义务》。

宋维志博士

今天我们读的是吴伟光老师在《中国法学》上发表的一篇文章。这篇文章读起来很有意思，尤其是当时看到这个题目，我一直在思索吴老师提出的"信义义务"，这确实是我第一次看到这个概念。

我先简单介绍一下这篇文章，这篇文章题目叫作《平台组织内网络企业对个人信息保护的信义义务》。那从这个题目我们大致可以看出有这么几个内容，第一是网络企业对个人信息保护的义务，这个是主干；然后这个义务是信义义务，这是第二；第三，这个网络企业可能不是我们通俗意义上的网络企业，它加了一个前缀叫作平台组织内的网络企业。大概是这样三个方面，我觉得是需要重点关注的。

第一，文章最开始提到的平台组织内的网络企业。那么平台组织是什么？我开始看这篇文章的时候，我也在想作者为什么要强调平台组织内的网络企业，文章在第 46 页就先讨论了平台组织的特征，向我们解释了平台组织到底是什么，它与我们理解的普通企业的不同之处在哪里？我们说平台组织内的网络企业，或者我们用其他的概念，比如说网络平台、数字平台，等等，我们认为它是一个新兴的或者说新分类的一种市场主体，那么这样一种形态的市场主体基于平台是否就产生了不同于以往传统企业的一些权利义务？也就是说这里强调平台组织它的特殊性到底在哪里？平台问题是我想在领读过程中首先抛出来的第一个问题，我们如果能集中讨论一下，可能对我们研究数字法治来说是很有意义的。就是说这个平台在我们平常研究的数字法治当中究竟承担了什么样的角色。

第二，就是文章的核心部分，就是对个人信息保护的义务，或者说在个人信息方面产生的问题，这也是作者要写这篇文章的目的所在。事实上作者是想解决平台组织当中的数字企业对个人信息可能会产生哪些不同于以往的侵害。那么它的不同之处在哪里呢？文章分了五点来论述，第一点是个人信息的分享性，文章在第48页提到网络用户的很多个人信息都与其他人的个人信息关联在一起，具有很强的第三方效应。我们在之前的文章中讨论的数据、人工智能、信息的权利、人格权、财产权这些东西的时候，如果大家按照传统的思路，就会觉得这些要么是财产、要么是人格，或者是我个人的东西，这本来应该是一个很好划定界限的东西，但这篇文章提出的第三方效应，就很好地解释了我们之前为什么会在这个问题上产生这么大的困惑。因为在网络时代或者说数字时代，我们的信息不仅仅是个人的信息，它是与其他人的信息交织在一起的。这就是为什么我们在前面讨论数据到底是财产权还是人格权时很难把它界分清楚。我想到在之前讨论龙卫球老师的那篇文章时提出的一个问题，就是个人数据和公共数据的区分界限到底在哪里？而文章中提到的第三方效应就决定了很难把数据的边界划分清楚。第二点是个人信息的分享特征，也就是说我们处于当下数字时代这种语境下以及未来的这种社会环境下，数据信息孤零零地存在是没有意义的，它一定是要分享、不断地交叉，这种交互才是有意义的。这是不同于以往任何客观事物的一个东西，因为它的分享性极强。第三点是对个人信息的利用，这也是我们在前面讨论当中涉及的，但是却没有明确提出解决的问题。为什么我们要这么重视信息数据的保护、数据的限制以及数据的使用。程老师经常说数据一旦出去了，你就不知道它会在哪里。也就是说这个数据信息对于平台来说，它能造成的侵害更大，原因之一就在于一旦个人的数据和信息被平台掌握之后，平台就可

研读吴伟光《平台组织内网络企业对个人信息保护的信义义务》

以将其利用于各个方面。因为这是处于不断变化当中的,所以根本无法掌控,这也是所谓的个人信息保护,非常困难的一点。因为传统的权利保护是双方主体基于某一目的彼此分享一定权利,然后基于目的之外,若对其权利进行了使用,那么就构成了侵权责任,然后对其进行追责。当信息处于不断的变化或者利用当中的时候,你可能完全不知道你的信息受到了侵害,或者说是基于某一种非常含糊的使用路径收集了信息,然后再具体地挖掘使用。作为个人和消费者,我们是完全无法掌握这种变化的。第四点是网络企业滥用个人信息的动机,实际上和第三点是紧密相关的,可以说是一个事物的两个方面。为什么要基于多种目的来设计使用？事实上就可能存在这种滥用的动机,当然滥用的动机中还可以进一步深层挖掘,其中就可以发现数据具有极大的挖掘潜质和利用价值,所以网络企业会有动机去滥用。第五点是我们对于平台的思考,平台组织的封闭性使得政府对于它的监管变得更加困难。但就在我前面提到的平台处于当今的时代中到底意味着什么？为什么平台自身可以产生不同于以往的权利义务？甚至有的学者认为平台是有权力的,而这其中一个原因就是平台组织的封闭性,它的封闭性是由于其掌握了海量的数据和它的使用目的不明确。这是文章的理论铺垫,在介绍信义义务之前将平台和个人信息这些问题讨论清楚。平台不同于以往对个人信息的保护,个人信息权利受到侵害的这种可能性也不同于以往了。这两个问题明确了之后,那么文章就进入了第三部分,引出了信义义务这个概念。

第三,基于前面的两个部分的理论基础,我们现有对个人信息保护的法律法规已经不能够完全涵盖个人信息,如果它受到侵犯,那么怎么样才能约束这种类似于"独立王国"的平台组织内网络企业,它可能产生的救济途径有哪些。那么这篇文章就提出信义义务这么一个概念。我是首次了解到信义义务,反正我读下来的感觉有点像诚实信用原则这种帝王条款,这种基本原则就是不能逃离信义,消费者对于社会的这种信义,是会形成一定的义务。而后面实际上就是信义义务的展开了,个人信息,我们将其视为人格利益的时候会产生哪些困难？数据作为财产的话,依赖公法保护会有哪些困难？而作者的解决路径就是提出信用义务这么一个对策。我觉得当讨论到具体问题的时候,制度的设计就是仁者见仁智者见智了。只要制度是行之有效的,那么这个制度就是可行的。

这篇文章我最感兴趣的还是前面的问题。尤其是第一个问题，我觉得我们可以在后面读的时候来进一步思考一个问题，就是平台在数字法治当中究竟应该怎么来理解，怎么去定位？比如说文章提出的平台组织内的网络企业，这是我想抛出来的一个问题。

程迈教授

这篇文章发表在《中国法学》2021年第6期，其实距我们现在也就10个月的时间，但是令我比较意外的是，这篇文章里面讨论的个人信息难以保护和信息跟数据难以区分的一些问题，其实是和我们最开始讨论的文章中的内容没有本质区别的，数字法学的研究差不多有五六年的时间了，为什么在中国顶尖的法学刊物上讨论的还是五年前讨论的问题？这些问题本来应该是作为讨论的前提给接受下来的。但是这种现象的产生，也说明数字法学的研究发展还是有比较大的空间和前景的，因为即使过了五年这些问题还是存在比较大的争议，是不是反过来说还是有很多值得研究的地方？

就这篇文章本身而言，我读下来觉得还有许多可以深入讨论的空间，其中我觉得第一个比较值得进一步分析的问题是对平台组织的定义。刚才宋老师说文章一上来就定义了平台，但是我没看到作者是如何深入解释平台组织是一个什么样的新型社会组织的。文章对平台组织的用语也在发生改变，第53页的最后一行提到"平台组织是一种新型社会供给"，我不清楚这个定义的含义。到了第54页提到"网络企业对个人信息保护应当承担信义义务"，文章的大标题是《平台组织内各网络企业对个人信息保护的信义义务》，这里直接变成了网络企业。我感觉文章很多时候是把平台组织和网络企业这两个概念在混着使用。我本来理解的平台组织可能是一个更高层次的概念，在平台组织内部会包括网络企业和用户，有点像公司，公司里面有资本家，也有劳动者，但是公司本身是有法人资格的，现在讲平台是一个组织，那平台组织的法人资格在哪里？它独立的主体身份在哪里？包括什么叫平台组织，我觉得平台组织它最大的特点就是开放性，它有点像一个广场，大家作为一群人，因为某一个话题聚合在一起，但是广场本身有没有一定的主体性。那么基于这种特点有没有必要相对于网络企业再创造平台组织这么一个概念？其实我认为把文章标题的大前提去掉，就是网络企业对个人信息的信义义务，好像也没有什么问题。现在其他一些研究数字法的学者也在写平台组织，但是这个组织从社会学和法律上来讲是不是存在，这个可能是我在阅读这篇文章后觉得存在的最大的一个问题。

第二个问题就是后面讲到的信义义务，吴伟光老师很多时候是把法制史、道德以及哲学的问题混在一起讨论的。我本来是希望看到他对平台组织或者将网络企业对个人信息保护的义务可以从法学的视角上来讨论，但是在文章的后半部分一会儿提到舆论的监督，一会儿提到道德的监督，这样的用法的内容我不是很清楚。

蔡荣博士

其实这篇文章我读起来的感觉跟程老师是一样的，读下来感觉没有什么收获。我们读了小半年的文章了，我觉得这篇文章的观点有点浅显了。我自己最近在看合规方面的东西，我对文章最后一句话比较关注，"赋予网络企业以规范组织内部秩序的自由，将外部法律义务转为内部的合规责任。既有学者主张引导私人主体积极主动展开自我规制"，我觉得可能以后追究所谓的互联网平台网络公司的责任，它的一种方式可能就是通过合规义务来执行。虽然作者提出了一个概念叫信义义务，我不知道吴伟光老师是不是学德语的，但是我们从教义学来分析，信义是不是也是从德语衍生过来的？他说的信义义务到底是出自哪里？我这里谈到合规义务，就是我们现在确认了互联网企业平台对个人信息具有保护义务。即使已经获得了授权同意，也应当对个人信息的使用合法合规，我们应该已经达成一个共识。

第二点就是这篇文章里面谈到的个人、政府和企业自身都很难实现这种监管，包括网络爬虫行为，通过技术手段去其他网络平台上扒取用户信息，网络平台会说是别人来扒取我平台的信息，又不是我主动卖给别人的，为什么要追究我的责任呢？在这种情况下，我们的确应当追究爬虫者的责任，谁用了爬虫技术谁就应该承担责任，这是毋庸置疑的。但从另外一方面来讲，我们看到最新的合规案例，其最终不是制止这个爬虫者去爬取平台的信息，而是让爬虫者在获得平台授权的情况下共享平台信息。我们国家在形式合规的政策立场上，鼓励信息的流通、共享。在这种情况下，如果爬虫者爬取了信息，互联网企业就不承担责任了吗？网络企业应当对爬虫行为树立起技术壁垒，比如通过自身的合规建设和反爬虫技术手段，而且反爬虫技术手段与平台的规模和体量是相称的。我们知道淘宝公司每天要处理大量黑客攻击和爬虫技术，它都能够通过技术手段予以规避，即使被爬取了之后，也能立马实施追责，我觉得这是作为一个互联网企业应当设定的一个义务。总而言之，我认为网络企业平台应当承担合规责任，信息只要泄露，就先来审查平台，如果平台尽到了合规义务，比如已经建立起了反爬虫技术壁垒，就不需要承担责任。如果没有尽到合规义务，就要承担连带责任、补充责任等都是可以的。我认为这才是互联网企业对各类信息保护需要去承担的一种新的责任形式。我们在刑法上将其称之为不作为，但这个作为义务是新增加的。这是我从这个网络企业主体应当对个人信息承担什么样的义务得到的感想。

丁安然博士

读完这篇文章，我感觉和上一篇关于公共数据的公平利用权有一点异曲同工之处，公平利用权和信义义务在一定程度上都是如何更公平地使用数据和保护个人信息。文章对信义义务的定义是对那些因为接受信任邀请而处于特殊不利地位的人而产生的关照、保密和忠诚义务。信义义务的逻辑是力量越不平衡、信息越不对称，对客户的控制程度越高，客户的地位越不利，则对信义义务的要求程度越高。也就是说这根本就是基于公平性，更倾向从道德上设定的这么一个义务。如果违背了信义义务，也就是说平台没有尽到对个人信息足够审慎或保护的义务，它该承担怎样的责任呢？从这个定义上来看，它更多地基于一种道德上的义务。那它能承担实质性的责任吗？如果说能的话，我想也可能只是民法上的一些相关利益的补偿和赔偿等。如果没有责任的最终落实，提出这么一个义务能落到实处的这种程度又有多大呢？这是我的想法。

黄一川同学

对于这篇文章的整体立场和方向我是有一点点疑虑的。文章在谈到前面一些问题的时候，感觉作者很多时候是站在企业或者平台的角度上来讨论这些问题，比如综合性的 App 和各种各样的服务就不适用于个人信息的范围规定，包括谈到网络企业给网络用户带来高质量服务的同时，也获得了相应的经济回报。首先,文章谈到监管的无奈以及很多主体目前状况的时候,我感觉作者总是站在企业平台的角度上来讨论。那我作为一个很普通的用户,我觉得很多时候各种 App 本身就有一种过度的扩张,比如滴滴打车,我只是为了打车而下载这个 App,结果这里面又有各种服务,比如贷款服务,这种服务就是在过度收集我的信息。作为普通个体的我无法拒绝,因为我的确是要打车。我不知道从规则角度上怎么来解决这个问题。其次,作者谈到网络企业给网络用户带来高质量服务时,其实很多时候平台牟利和我们公民个人信息的保护是对冲的,并不一定是说平台在带来高质量服务的时候获取了个人信息,就能保护得很好。平台在牟利的时候也可能对我们的个人信息造成非常大的侵犯或者相当大的威胁。这是我的一些疑惑。

蔡荣博士

黄一川有个观点很有意思,他说的这篇文章是站在企业的角度来分析问题。文章第二部分在说企业分享个人信息的时候,一方面是基于个人同意,另一方面是以项目创新为目的的。企业是有内在动力的,文章好像认为企业取得个人信息是理所当然的。还有黄一川提到所有平台都有贷款这个问题,有个概念叫作平台同质化。比如说支付宝一直开发聊天软件,腾讯一直想开发购物平台,支付宝开发了阿里旺旺,腾讯就收购了京东。现在所谓的互联网平台,就像刚刚程老师说的,都想往寡头发展。就是要把所有网上能赚钱、能吸引用户的业务,全部给吸收过来。这应该是这些大的互联网公司的发展趋势。无论是哪个企业,它都想做成一个大平台,将聊天、购物这些业务都涵盖进去,应该是这样的一种趋势。

程迈教授

蔡荣上一次在讨论我的那篇文章的时候提出一个很有意思的概念叫"数据剥削",其实我现在就在想我们进入数字时代的时候,其实是不是个人依然还是处于一种被剥削的地位?政治教科书呈现了从农业时代进入工业时代,从工业时代进入资本主义时代,其实个人被这个体制进行剥削的程度是在加深的。原来在小农时代,农民有一块地,自己种地,国家是没有更多办法去剥削他的,至于历史是不是这样发展的我不清楚,但是我们教科书是这样告诉我们的。从英国开始采取"羊吃人"的运动，去剥夺这些自耕农、小农的土地，使得他们变成无产者，然后就驱使他们进入到工厂给大资本家打工，再然后从此就产生了对劳动者的剥削。我们现在实际上是从工业时代进入数字时代，我们进入数字时代，原来的这种工人被剥削的地位还是存在的。现在进入到数字时代的核心，可以讲生产要素就是数据、信息，但是这些数据和信息由谁来提供？又是由个人来提供，从这个层面上说，进入数字时代，又面临一次被剥削的境地。在资本主义社会是通过将劳动者组织起来建立社会主义政党，建立工人运动去抵抗资本的剥削，有些运动在一定程度上是成功的，至少是提高了普通劳动者的地位，虽然还是被剥削，但却是在比较高的地位上被剥削。那么进入数字时代之后，会不会产生一种新的剥削呢？我们现在是个人信息被剥削，有没有什么办法让我们作为这种普通的社会成员再联合起来去抵抗整个平台呢？

饶威芳同学

这篇文章我读下来有三个问题，第一个是刚才老师说平台组织内网络企业，我感觉平台组织内网络企业是不是一个信息的控制者，文章好像并没有说清楚这个主体和信息之间的具体环节。第二个是信义义务，然后我去查了一下信义义务是指高度的灵活性、以救济为导向、能够为在法律关系中的受害人提供救济。我在想在这种信义关系之下，网络企业的义务怎么样才能够建立，文章提到网络用户是因为对该平台信任而加入，如果不想要建立这种信义义务关系，用户和网络企业之间就合作不了，我感觉好像这个问题的前提也没有说明白。第三个是网络企业的规制能力使其能够履行信义义务，我读下来感觉好像只是在规制用户，比如如果用户丧失了信用，就不能够使用这个 App，这对用户来说是非常不利的。

程迈教授

文章中提到"网络企业的规制能力使其能够履行信义义务"，我不是很明白这里面的逻辑。意思可能是说网络企业很强，所以它能更好地履行义务，强者的地位越强，我们可能作为普通用户就越难促使他去履行义务。我没有看懂这个地方的论证。第 57 页最后一段论述平台组织的相对封闭性，使得政

研读吴伟光《平台组织内网络企业对个人信息保护的信义义务》

府作为第三人对其组织内的信息是失灵的。文章前面讲了平台是开放的,现在又提出这个平台组织的相对封闭性,我不大清楚里面的逻辑。政府派"线人"加入平台一点问题都没有,平台的特点就是开放的。

▎陈兴明同学

我理解的平台组织是介于网络企业和网络用户之间进行交互的一个平台。而且文章中举了两个例子,一个是网约车平台,另一个是抖音平台。通过这样的实例,我们可以认为它就是一个交互的社群组织。我认为文章的论证是有点不靠谱的,作者通过论证个人权利和公权力,不能很好地保护个人信息,最后得出一个信义义务。首先信义义务有没有法律上的效力?而且义务本身就是由企业来进行规制的,由企业通过自觉的力量来进行对个人隐私的保护。那么我们完全有理由相信在中国的法治社会,大部分企业都是会保护个人信息的,但是肯定有侵犯个人信息的现象。那么文章中说要通过政府和社会组织去监督,那么政府和社会组织怎么样去监督?但是如果它们消极地履行责任,那我们用什么去激励政府去监督?用什么去激励社会组织来监督企业是否合规,是否履行了信义义务?信义义务能否落实?最后还有一个比较现实的问题,就是我们在下载 App 的时候,确实要钩选个人隐私条款,但我相信绝大部分的人都不会去看这个条款,这是我们真实的意思表示吗?我们的同意是源于我们不得不同意,如果我们个人的隐私被侵犯了,而公权力又没有去管,那么我们怎么去维权?我觉得除了信义义务,我们能不能用更强有力的法律法规让政府更加积极主动一点去对个人信息进行一些保护,这一切都是需要在实践中去慢慢地落实,我们要先看一下信义义务是否真的能够落实下去,如果能够很好地落实,我觉得可以。如果不能去落实,我们政府就应该积极主动地用法律法规去发挥政府的主动性。

▎吴昊同学

首先平台自己需要去防范这些爬虫类的攻击,我们今天是基于便利之类的使用目的,被迫地把自己个人信息给了这些平台。我刚刚想到一个可能不是很恰当的例子,会不会有某些平台以合法的形式掩盖一些非法的目的,它主动打着"为你好"的旗帜来窃取你的个人信息。我想到的例子就是玩游戏的时候，很多平台它为了反外挂，就会主动来扫电脑的盘。其实在扫盘的过程中，一方面它是很合法的，因为是为了反外挂；但另一方面你的个人信息、数据库全都被扫光了，那么它的界限又在哪里？然后第二个问题就是这会不会是一个循环，另一个循环是在工业时代时期，工人为了工业的发展失去了自己的生命、健康，难道当时的政府看不到这个现象？我觉得当时英国的掌权者应该都是看得到的。回到现在这个时代，难道政府看不到我们的个人信息是被企业或者平台获取的吗？我觉得它们也是看得到的，但其并不想过多地去干涉平台。因为数据很大一部分价值就在于它必须流动起来，既然要流动就意味着可能并不适合在上面加一个很大的枷锁来限制它。

蓝寿荣教授

该文强调了平台的重要性："自20世纪末开始步入网络社会之后，平台组织逐步形成并向各个领域迅速发展，已经成为继家庭、政府和企业之后的第四种基本社会组织，今天几乎每个人都是若干平台组织的成员。"这个我不认同。我认为平台是一种现代数字经济时代出现的企业形态，仍然是企业的一种形态。

"平台组织是一种新型基本社会组织，平台组织内的个人信息保护问题本质上是网络企业与网络用户在平台组织内的关系问题。由于网络企业的强势地位以及平台组织的封闭性和变化性，直接依赖网络用户的私权利和政府公权力来保护个人信息都很难对抗网络企业。"原因有以下几点："（一）个人信息内涵和外延上的模糊性使得很难对其直接保护；（二）将个人信息权益视为人格利益遇到的困难；（三）依赖公法直接保护个人信息难以实施。"

"网络企业的强势地位决定了网络用户对其具有信义利益，网络企业应该承担保护网络用户个人信息的信义义务。"为什么呢？作者认为，因为"保护个人信息的法律规范必须能足够灵活来应对平台组织千变万化的需要，越是具体和强制性的法律规范越有可能背道而驰，而信义义务理论所带来的弹性空间和自治要求却恰能满足这一需求"。"信义义务理论使得政府、网络企业和网络用户三者之间协商和努力来形成动态的个人信息保护机制。"这一研究动机我很称赞，但是以信义义务为解决对策这一思路，我不认同。

我们今天说的信义义务，源于英国衡平法的信托制度，意为"忠诚守信"，是信托制度的核心要义。在信托制度中，各当事人之间存在着高度的信息不对称，受托人对信托财产占用和管理，受托人极易出现道德风险。那么，如何解决这一问题，就是受托人的信义义务。

在英国，信托关系始于以委托人和受托人之间的个人信任作为基础，并在信托当事人之间主要靠道德诚信度来维护这种信任关系。当然，早期的信托目的主要是为了财产的转移和保管，双方有默契，不会对受托人义务设置前置性的要求。到了19世纪中期至20世纪早期，随着金融投资业务的增加，开始组建信托公司。商业信托的发展，为了盈利，受托人的机会主义动机和商业投机行为，使受托人的投资决定变得愈加复杂，因受托人疏忽而违反信托义务的事日益增多。信义义务的道德性与商业经营的竞争性、逐利性是有冲突的。商业的利己主义逐渐破坏了早前先信托的信义义务托管模式。在这种情况下，商业化下的受托人义务需要法律规制成为社会共识，一系列限制受托人投资行为的法律纷纷出台。出现判例，由衡平法院通过一系列判例对受托人义务形成了法律规制的规则，如由于受托人违反注意义务而对受益人损失承担相应赔偿，即使受托人为善意但如果客观造成了受益人的损失也应该赔偿。在立法方面，英国将受托人义务从单纯的道德约束上升为法律规范。1896年《司法受托人法》，是现代第一部规范信托法律关系的成文法案。1896年《司法受托人法》、1906年《公共受托人法》、1925年《法人受托人法》、1961年《受托人投资法》、2000年《受托人法》。再如美国的商事信托，1935年美国颁布《信托法重述》。日本的信托，1900年就有法律条文规定"信托"概念，1922年日本颁布《信托法》和《信托业法》。

我们国家的信托业发展一直在左右摇摆。由于信托制度与大陆法系物权制度的不契合，加上我国特有的社会文化传统，注定了我国信托业发展及其制度建设的困难。从1979年中国国际信托投资公司的成立，后经1982年、1985年、1988年、1993年、1998年等多次较大的行业整顿。我国的信托公司自诞生起，就伴随着浓厚的银行色彩。长期以来，信托公司主要是融资类信托产品，与银行储蓄信贷产品类似。近年更是大兴"金融通道业务"。2001年《中华人民共和国信托法》施行，银监会2007年发布了《信托公司管理办法》，2009年发布了《信托公司集合资金信托计划管理办法》，2010年发布了《信托公司净资本管理办法》。2019年《全国法院民商事审判工作会议纪要》

中专门有一节题为"关于营业信托纠纷案件的审理",对如何更好地从司法层面对受托人义务进行规制提出了建议和要求。《民法典》有关于"自然人可以依法设立遗嘱信托"的规定。

我国在移植信托制度的过程中,与其他大陆法系国家类似,具有某种程度的一些合同法的意味。我国原《合同法》第 60 条规定:"当事人应当按照约定全面履行自己的义务。当事人应当遵循诚实信用原则,根据合同的性质、目的和交易习惯履行通知、协助、保密等义务。"我国《民法典》第 509 条第 2 款规定:"当事人应当遵循诚实信用原则,根据合同的性质、目的和交易习惯履行通知、协助、保密等义务。"第 558 条规定:"债权债务终止后,当事人应遵循诚实信用原则,根据交易习惯履行通知、协助、保密、旧物回收等义务。"附随义务基于交易习惯,依诚实信用原则产生,其内容不是当事人事先约定的,而是伦理道德在法律上的体现,具有抽象性、不确定性和模糊性,在一个合同关系中,何种程度才能称为附随义务的完全履行,何种程度为不适当履行,说不清楚。总之,信托与大陆法系国家的物权制度很难契合,信义义务制度也很难落实。

这篇文章借鉴一种业已证明很难落地的制度,来解决目前陷于困境的个人信息保障,不靠谱。至于平台与一般企业相比,基本是相同的,不需要专门规定平台就适用信义义务,当然也是有不同的,比如更多更容易收集个人信息,用户更加没有选择,针对这些特点来分析并提出对策才有价值。

附:

《平台组织内网络企业对个人信息保护的信义义务》

吴伟光

摘　要:平台组织是一种新型基本社会组织,平台组织内的个人信息保护问题本质上是网络企业与网络用户在平台组织内的关系问题。由于网络企业的强势地位以及平台组织的封闭性和变化性,直接依赖网络用户的私权利和政府公权力来保护个人信息都很难对抗网络企业。网络企业的强势地位决定了网络用户对其具有信义利益,网络企业应该承担保护网络用户个人信息的信义义务。政府主管部门承担从外部监督网络企业履行其信义义务的职责,与社会舆论监督共同形成对网络企业的综合治理。政府主管部门和网络企业共同合作排除非法的平台组织。将个人信息中的法益视为网络用户对网络企业的信义利益，避免了网络用户和政府部门由于信息失灵造成的个人信息保护的各种困境，符合网络经济动态变化特征对法律规范既要灵活又要有效的特殊要求。

研读武腾《最小必要原则在平台处理个人信息实践中的适用》

2022 年 11 月 13 日学术沙龙纪实

2022 年 11 月 13 日，南昌大学法学院数字法治研究中心召开第二十一次学术沙龙，学习研讨武腾副教授发表于《法学研究》2021 年第 6 期的论文——《最小必要原则在平台处理个人信息实践中的适用》。

宋维志博士

我们一般读到"最小必要原则"的时候，至少我看到的大部分文章的思路都是论证怎样用最小的方式来贡献出自己的信息，然后既享受到服务、也不过多在网上暴露自己的信息。但是这篇文章它的核心意思可能和我们平常读的这种最小必要原则不是太一样，这个是我觉得非常有意思的地方。

总体来说，这还是一篇关于问题-对策型的文章。它的问题核心是最小必要原则的要求与网络平台实现其处理目的之间的张力。首先文章提出了所谓的张力，这个张力其实就是两个方面。一方面，平台希望尽可能多地收集到数据、信息。但是另一方面作为个人用户是不希望暴露或者说贡献出自己过多的信息，但是又希望获得更多的服务、更精准的服务，尤其是更个性化的服务。所以这两者之间就是怎么样用最少的数据去获得最多的服务。作者在文中提出了一个可以说很有意思的区分，他把网络平台实现的目的分成两个，主要目的是提供精准的交易媒介服务，次要目的是网络平台的具体业务功能，这个区分我是第一次听到。

研读武腾《最小必要原则在平台处理个人信息实践中的适用》

　　网络平台和个人确实存在矛盾。网络平台希望收集个人信息，个人不愿意信息被泄露。现实的情况是网络平台过多收集了个人信息，可能是出于想更好地提供服务的目的，或者基于其他各种各样的原因。所以为了保护个人，就提出了最小必要原则。作者的论证方式是如果我们严格适用最小必要原则，就会发现我们实现不了网络平台的主要目的，也就是说我们如果在最低限度贡献出我们自己信息的话，那么就无法得到最优质、最全面的服务。所以作者的意思，至少在我读来，他是认为我们应该在合理的限度内尽可能多地提供出信息，以获取这个平台的服务，实际上网络平台的这种信息化服务是这个时代无法避免的。我们与其用最小必要原则来抵抗，倒不如去贡献出这些信息，然后获得更好的服务，我觉得这可能是它背后的一个逻辑。

　　在文章的后半部分，作者提到我们不能完全否定最小必要原则，因为它的适用也是有一定道理的，对于供给信息、供给数据我们不能毫无保留、毫无限制，那么应该怎么办？作者这里又提出了一个新的概念，这个概念叫作给付型忠实义务，跟我们之前读书会读到的信义义务好像有点类似。它说的是基于一种补充性的合同解释而产生了忠实义务，但是这个地方我觉得可能是这篇文章相对遗憾的地方，就是他在前面花了很大的篇幅来论证最小必要原则它的不适当性，但是到了后面忠实义务部分显得很弱，有一种头重脚轻的感觉，因为到了后面的忠实义务，从作者写的内容来看，忠实义务具体是什么？他罗列了一些，但是我们可以看到，他说所谓的忠实义务并非源自法律的强制性规定，通常也不是源自当事人的明确规定，而是源自当事人之间的合同性的补充性解释，也就是说这种忠实性义务它的约束力是很弱的。忠实义务我们一般说的是一种道义上的责任。我们看他说网络平台履行给付型忠实义务的标准是通过相关程序设计，为消费者提供符合其最佳利益的交易机会。然后他下面也用一个设问来提出了什么是最佳，怎么样来判断是否履行了忠实义务，所以设立一个相关方面的监督机关。给人的感觉好像是他这个问题还没有想明白，只是应该用这么个义务来约束一下，至于怎么约束，究竟有没有约束力，不知道。所以这是我觉得文章显得有些头重脚轻的地方，有一些遗憾的地方。当然这是我读过的类似文章当中观点比较新颖的一篇，就是说他认为我们不用或者说不必要用这种特别严苛的约束方式来对待网络信息化社会，而应当尽可能多地促进它的发展。也就是说我们不要一直强调最小必要原则。

程迈教授

我其实跟宋老师的感觉有点不大一样，就是这个文章我感觉它的重点不是在创新方面。因为其实对于平台收集个人信息方面的最小原则问题，我们在前面讨论关于算法问题时，读丁晓东老师的文章时已经提到了。这篇文章的创新之处在于后半部分的忠实义务，但忠实义务读起来又和我们上周谈论的公共数据时的信托义务有些类似。我们在过去的讨论中就已经提到过信托义务在中国很难实施，现在把类似的义务引入到平台组织上，这里面就存在着是否能够有效落地的问题。

我个人的感觉是忠实义务类似于信托义务，如果信托义务在中国很难落地的话，针对平台引入忠实义务去定义是不是一个可行的方案？这篇文章的态度对平台是非常友好的，承认了平台具有自身的利益。但是需要注意的是，对于平台收集个人信息的最小原则，我们阅读的很早以前的文章就在讨论，这篇论文发表在 2021 年第 6 期，应该也就是去年年底。在数字法学的研究已经进行了这么长时间后，目前还在讨论这个很基础性的问题，这其实是很有意思的一种现象。

这种现象的存在就说明，虽然目前关于数字法学的研究看起来非常热闹，但是在一些基础性的问题上还是没有取得突破。所以这是为什么我强烈恳请宋维志老师作为法理学的学者，一定要去解释清楚数字时代与工业时代和农业时代相比到底有什么本质的区别。相对来说它的法律制度是不是在某些方面存在着结构性的变化？我们读的最早的文献应该是五年前的，当时就在讨论平台收集个人信息的问题，怎么样把它保留在最小的范围内，但是这个问题一直没有得到解决，这可能是因为用旧的思维解决不了新的问题。第一个问题就是始终没有办法确定平台在处理用户的个人信息的过程中，有没有自己独立于用户的利益？信息平台收集了个人的信息，然后把这部分信息保留下来，甚至进行一定的扩张使用，在这个过程中，平台有没有一定的可能去对抗用户？平台不能对个人过度收集信息，如果我们把个人信息权还是理解为一种人格权、一种绝对权，只要个人提出反对意见，平台就要让步的话，这篇文章已经讲得很清楚了，平台就没有办法运营下去了。所以我感觉这篇

研读武腾《最小必要原则在平台处理个人信息实践中的适用》

文章其实就是想方设法去赋予平台对用户的信息具有一定独立的权利，但是我觉得用忠实义务去解释不是很好。因为忠实义务的当事双方之间一定要存在一定的个人纽带联系什么的，它里面提到了医生和律师，它是基于专业知识上的一种优势，所以可以形成忠实义务。平台与用户之间形成一个什么样的忠实义务？文章也说到了平台，说到底是一个法人，它首先要对法人的股东承担忠实义务。股东是要挣钱的，股东的利益和用户的利益会产生冲突，这个时候引入忠实义务，怎么去解决这个问题？所以论述听起来很美好，但是我觉得最终还是没有解决问题，而且文章在后面的论述中，也引发了我的担心。文章提到由第三方进行评估，第三方到最后很可能就是政府和国家。我觉得现在尽量不要去讲要政府去干涉市场，政府高度介入市场，就会影响到市场交易的效率，可能会影响到经济增长的问题。

在数字时代，这些新的问题用老的方法是解决不了的，原来看的十几篇文章都提出的问题，他在这里面用比较有脉络的方式进行了整理，都提出来了以后，然后怎么解决问题？但是这篇文章提出的忠实义务可能在解决问题方面的意义还是有限的，我觉得更关键的问题就是如何在法律上立住脚，平台到底可不可以形成一种独立于个人信息权的属于其自身的一种权利？如果最终发现做不到，我们就大方承认数字经济发展就是有不可逾越的门槛、瓶颈。如果能做到，那可能就是数字法学相对以前的法学有一个根本的跳跃。

蔡荣博士

我跟程老师的观点是一样的，我觉得作者并没有谈论一个很基础的问题，并没有提出一个足以让我们信服或者让我们接受的结论。他提出了忠实义务，虽然他否定了信托义务和信义义务，但是他并没有在信托义务和信义义务之外，关于忠实义务给出一个让我们能够接受的理由。那么我觉得最大的问题是理论阐述很多，但缺乏以案例或者以具体问题的形式来把这个问题解释清楚。虽然第一部分最后做了一个总结，总结出文章要解决哪些问题，总结得很好，我一看到总结的时候我特别有兴趣读，但是往下看了之后，我发现作者并没有结合案例或者结合具体事物的冲突来解释所谓的忠实义务。作者当然是站在平台的立场上，也是我们现在对数据处理的一贯趋势，就在于我们希望给平台或者给数据的处理者以更大的权利，理由是什么呢？这篇文章认为是给了合同补充解释，即用户和平台之间的一种合同的补充解释。文章认为用户给了平台更多的信息及信息处理权利，平台就应给用户提供更多的服务。同时文章认为只要平台提供了更优质的服务，就可以在更大程度上去使用信息。从合同角度来说，这种权利和义务交换是值得肯定的，但是文章举的例子就让我很奇怪，文章用了一个竞价排名来举例，认为尽管多边网络平台有助于降低交易成本，提升经济效率，但并不意味着只有网络平台竞价排名或者类似推荐模式开展经营活动才能提升效率。单纯的按自推荐，与单纯的竞价排名相比，前者更有可能增进大多数社会主体利益，从功利角度来说，前者更可取。文章举这个例子好像跟我们所谓的信息获取资料没有关系，竞价排名跟我们的信息有什么冲突吗？我没明白，这是我能在文章中找到最直接的一个现实例子，但是并没有解释文章提出的问题，我觉得很矛盾。而且文章也说了对股东的义务和对用户的义务之间的冲突应该怎么解决，对股东的义务我们到底应该是选择更具有商业利益的竞价排名，对用户为其提供更好的服务，应该提供质量更高的推荐内容。但是这本身就是问题所在，为什么会出现这个问题？就是现在竞价排名大大超过了所谓的按自推荐的这种搜索结果。那么我们应该走的路径是什么？走的路径应该是打压这种竞价排名，而鼓励提供更优质的质量服务，但这样是不是更应该站在用户的立场上，而不是站在平台的立场上。这个结论跟文章整体站在平台立场上是相背离的。所以我没有明白这个例子举的是什么，我也不太认同合同补充义务，能够作为平台获得更大处理权的理由，为什么？因为如果你把它仅仅定义为合同，那么这种维权或者法律责任追究，个人只有通过诉讼或者只有通过个人渠道去实现，但这是很困难的，而且文章提出了"减少利益"，只要没有减少或者没有显著减少个人利益，这些情况都是可以接受的，按理来说是这样的，比如我就不希望南昌大学保卫处收集我的人脸信息，这个事情可能对其他任何人来说都是很简单很小的一个事情，但我就是不愿意，这能够评价为巨大，或者能够评价为是什么显著的侵害吗？可能并不能，它并不是很大的侵害，我也觉得可能这个信息不会泄露，这个信息也并没有对我造成什么影响，但是我就觉得把我的人脸信息给他不舒服。如果根据最小必要性原则，南昌大学是可以收集我的信息的，但我们作为法律学者，我们认为这种获取人脸信息的方式是不应该的，但是他提出的标准是什么？巨大的而显著的利益减少型的这种标准，从这个标准来说，好像我的人脸信息可以被随意地获取。我觉得虽然他提出了一个忠实义务，但是忠实义务并没有解决我们的问题。

程迈教授

进入数字时代之后，有很多权利的作用和范围跟过去是不一样的，比如说个人信息权是进入数字时代之后，才作为一个新的权利凸显出来的，所以这种权利的内涵跟过去讲的隐私权是不一样的。但是从法理学的视角上说，如果一类主体拥有了一些新的权利，那么从法律制度上说，我们应该可以预期到会产生另一类主体，也会产生新的一类权利。因为在法治实践中不可能只有一类主体获得一个新的权利，另一类主体不会形成新的权利。现在主要的问题就是平台的权利没有得到承认。因为我们现在将个人信息权作为一个人格权对待，是一个绝对权。就如刚才蔡老师说的，我就是不希望人家来收集我的人脸信息，你不要说什么为了我的利益。从传统的法学视角上说，每个人才是对自己利益最佳的判断者，我就是在任何情况下都不想被收集我的人脸信息，没有为什么？你不要说收集我的人脸信息是为了我好，为不为我好，是我自己决定的，你说了不算。所以如果按照这个思路，这篇文章后面的逻辑读起来就有些别扭，平台它可能会为了我们好收集我们的信息，是基于用户的最大利益，按这个逻辑说下去，就是平台可能相对于用户更有权利去判断什么东西对用户是好的。

当然我能理解作者的意图，他想让平台超出最小必要原则、超出同意原则，给其更大空间，可以更多去收集信息。但他又想用旧的法律框架去解决新的问题。这样很可能是解决不了的，在这样做的过程中，已经摧毁了旧的法律框架的一些根本前提。比如说文中提到在平台上，用户虽然说没有直接对平台付费享受免费服务，但是依然提供了报酬。他是怎么解释的呢？他说钱交到了广告主的手里，其实属于间接把钱给了平台，这么解释我觉得就有点太牵强了。因为法学是形式化的，这个钱是商家店铺交的，就应该认为只有店铺付了费，不能因为成了顾客购买商品的成本的一部分，就认为顾客间接地也对平台付费了，这是很牵强的，这样解释法律站不住脚。我读到文章这个部分的时候，我就想这样说杀人者在刑法里也可以被认为是受害者。要是不解决一些基本前提的问题，在老的制度框架里面，就会得出一些很扭曲

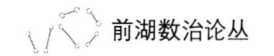

的结论，最后就变成平台会相对于用户会更有权利去判断对用户实现利益的手段是什么。所以当平台说我在实现你利益的时候，我就可以去扩大搜集你的信息，肯定是站不住脚的。

丁安然博士

听了各位老师的见解，其实我个人比较感兴趣的还是在于文章的前部分，就是在讲到忠实义务的前面关于最小必要原则的一些论述，我觉得前面的逻辑还是蛮紧凑的，也非常有条理。就是他从最小必要原则——内涵跟比例原则差不多——进行解读，然后提出他所认为的一些问题，从它的内涵当中引申出来就是说合目的性应当要如何认定这个目的？手段的有效性，如果说手段产生不利影响，那么当下的制度要如何去应对？以及合比例性，那么有没有这种豁免的方案？那么就提出来，从而引申出忠实义务。

我对作者前面论述的这种逻辑，还是蛮佩服的，因为它是环环相扣的。我在想，如果把后面的忠实义务跟前面的关于最小必要原则，从内涵进行分析，引申出逻辑上面作者认为应当要去完善的地方，再紧接着引出他认为解决的方案，忠实义务的提出。其实从逻辑上来看，还是比较完整且比较严密的，只不过确实存在忠实义务无法在实践当中很好落实这个问题。但是我个人觉得民法上是这样的，它的一些原则性的东西，其实是多多少少带有一些道义的这种道德色彩在里面的，比如说诚实信用、公序良俗等等，多多少少是带有一些道德的这种色彩在里面。那么基于这么一个因为原则性的东西，要站在更高的站位上去囊括各种情况，所以可能会偏向道德的色彩更浓一些，但我觉得也是无可厚非的。如果说后半部分忠实义务能够再细化一些规则的话，可能会更好，对于这篇论文的逻辑性也更周严，可操作性可能也更强。

程迈教授

刚才丁老师提到比例原则。比例原则在公法里是比较重要的一个原则，这篇文章也提到了，它主要约束公权力。其实文章有一个前提假设是面对公权力，公民只是一个被处置的对象，他其实是没有什么话语权的，尤其在行政法里面，我们讲行政行为的效力、公信力、确定力、约束力、执行力，面对行政行为的效力，基本上行政相对人就是一个被"宰割"的对象。所以为

研读武腾《最小必要原则在平台处理个人信息实践中的适用》

了阻止行政主体对行政相对人过度"宰割",出现了这个比例原则,行政主体对当事人的权利进行侵犯的时候,用最小的方式去进行侵犯。但是现在放在了平台和用户之间,要用比例原则,那就好比说觉得用户只处于一个被"宰割"的位置,但是如果你从民法的角度上说,那你可以不用,你可以卸载淘宝、腾讯、支付宝,你自己为什么不卸载?你为什么还要用呢?当然有人会说卸载了以后寸步难行了,这说明什么?如果个人信息,它真的是一个人格权,对人的人格尊严是如此重要,人怎么会为了一些经济上的便利去放弃这些东西呢?不知道我讲明白了没有,因为现在一读下来,发现这些基础问题是要去进行解决的。如果个人信息对一个人是这么重要,他怎么会为了买东西可以更方便一点就放弃这些信息,这说明个人信息很可能并没有我们想象得那么重要。如果一定要用公权力及统治者和被统治者之间的关系,去解释平台和用户之间的关系,你是不是认为其实平台也拥有了一种公权力呢?

进入数字时代之后,除了政府拥有政治公权力,平台是不是也会拥有商业公权力呢?但无论怎么样,它也是一个公权力,它对人们的影响是很强的,所以我们是否对于这种大的平台组织,承认它与公民之间可能会构成一个类似于政府和公民之间的关系。如果不承认其类似于政府与公民之间的关系,就用比例原则去解释这个问题,我觉得是很难解释清楚的。因为用户是自愿在使用淘宝,自愿在使用微信。

黄智宇博士

我在看这篇文章的时候,第一个感觉是像蔡荣说的文章是很规范的,它的逻辑上是层层相扣的。他从企业的角度来论证观点的合理性,通过企业目的的类型化,分为多层次,来展开论证,这是它的一个逻辑。但是他这里提了很多的利益——利益减损、利益增进、最佳利益等,它核心就是围绕着利益,但是文章并没有过多展开论证,这是我最想看到的却没有看到的。我觉得这里面如果要谈企业的目的的话,肯定是避免不了要谈你对服务对象的目的到底有多少类型化的层次,到底有什么样的利益。比如说蔡荣觉得有一些我不想让渡的信息,那肯定是我的核心利益;我有一些觉得我愿意的,我可以让渡的。所以利益的类型化没有看到,这是第一点。

第二,他整个的思维框架都是在私法框架里面,包括他后面提出来的企

177

业的忠实义务，定位忠实义务是合同义务的补充性解释，所以核心还是在私法框架里面，这让我联想到文章整个的思路有点像环境法最初的发展模式。环境法的问题，它是一个公共问题，但是一开始没有脱离私法框架，想通过环境侵权、环境私法救济来解决这个问题，但是私法救济之后发现企业跟私主体之间的利益冲突可能解决了，但是环境问题是作为一种副作用的社会公害仍然存在。我就想到平台也是一样的，平台它是作为一个私主体的角色，我们个体去接受它的服务，这看上去是一个私法问题，但是当公众变成一个普遍性的公众，平台其实是一种社会性权力的时候，其实实践层面它已经脱离了私法框架，所以我觉得这个问题肯定不能单单局限于私法上的权利、利益、义务范围内。那么如果是要涉及引申出来的公共利益问题，可能也不是这篇文章想要讨论的，也不是他这个框架里面所能存在的。

黄一川同学

这篇文章基于企业平台的角度出发，和之前我们读到的吴伟光老师的文章有点像。黄老师最后提到信义义务，这篇文章提到忠实义务，但是明显是企业平台的角度，谈到商业利益商业模式。我觉得他论证有一个小小的漏洞，他在第一部分谈现状的时候，用了很多他的这种感觉，再去类推其他的平台。其实我们不仅仅有电商平台，它讲中介型就是讲我们作为用户和商户之间要更多地接触，这样的话就能更好。这当然是作为我们网购的时候，不管是我们还是商户来说，可能更多地接触是一件好事，但是在其他很多平台的时候不一定就是这样，像我们也有问答类的平台，也有其他的一些平台，他用电商平台这套逻辑怎么来论证其他平台搜集个人信息的必要性和合理性呢？这是我的一个疑问。因此我觉得他的文章一开始第一部分的逻辑有一点小漏洞，就在这个地方，他没办法论证所有平台都是这样的。

第二，虽然我们有相关立法规定了最小必要原则，但是实际上我们的现状并不好。较早的时候中国用户愿意用隐私换利益换便利、安全或者效率。我是一个年轻人，我是一个成长在网络环境里面的人，从我一开始接触网络到现在，尤其是到后面，我们从信息时代进入数字时代之后，有了更多的大数据之后，很多时候我感觉被平台盯上了，有种个人信息被侵犯的感觉，感觉是没有隐私状态的。所以我觉得这个现状并不好。从数据安全法出台到最近几年，至少这两年应该规定得更严格了，所以我们可以看到很多 App 多了一些个人信息设置的这种功能选项，但我觉得很多时候是一种"安慰剂"，因为我清除之前所有的记录，但是好像并没有任何的改变，还是会收到特定化推送，我也不知道怎么去关掉这些权限。

基于这个问题，我们如果要谈忠实义务，我觉得可能还是不够有现实性。第一个是我觉得总的原则还是要有的，我不得不用淘宝、不得不用支付宝、不得不用微信，其实真的很多时候我们是没有什么选择的，这些大的平台就是盘踞在这里，我也用习惯了，然后我的生活就是这样的，我不能去断绝生活，我就是需要这些东西，但我也跟它没得谈，那些非常复杂的条款，我也是一点就直接通过了，我也没有什么选择。现在给了我各种各样的权限选项，我选了之后，我的结果并没有什么改变。在这种情况下，我觉得还是要有一个力量再去监督着它。

再比如我的个人信息，甚至是说我的这种个人隐私，我根本不想让别人知道我的通讯录，我的通讯录有哪些人。比如说我去淘宝上买了东西，我不希望程老师知道，我看了抖音的什么视频，还是最近听了什么歌，我也不希望程老师知道。我在互联网上的人和我在现实中的人，我是不希望有交集的，但他在这篇文章里面就讲好像你是要有交集的，你有这个需求。其实我没有这个需求，只是平台觉得我有这个需求，因为平台可以得到利益需求，平台觉得给我创造了便利性和好处，实际上我没有得到这个好处和便利性，反而它对我造成了困扰。

其实早年的时候经常是不经意间你就把通讯录权限给平台了，然后就给你推荐可能认识的人，然后就会有各种的信息被推过来。这种情况是不好的，所以我还是觉得还是要有一个基本的限度，不管是基于什么样的标准，还是要稍微限缩一点更好。

然后再进一步讲的话，我们的个人信息其实可以分为三个部分，第一个文章也谈到说实现具体业务功能，这个信息平台肯定是要收集的。第二个是什么精准的交易媒介服务，其实是我本身并不需要的，平台能挣利益，但是你说的便利我没有看到。所以如果你需要拿利润换数据，你要基于同意。比如说你要我的听歌数据的话，你就要给我看得到我年度听歌报告，就是这样的。所以我觉得这个时候你要给我一个可见的东西，我才愿意给你。第三个还有可能绝对禁止的，直接立法绝对禁止有一部分不能给，这是我的一个比较浅显的看法。在谈到个人信息的时候，还没有谈到应用。其实就是这些公司它能不能拿的问题。首先它能收集哪些数据，再谈它是形成数据池之后它能不能用的问题，我觉得这篇文章和我们今天要讨论的主题还是到底能收集多少？我能不能有选择地不给它、我有没有拒绝个性化服务的权利？在这个时代，可能以后会发展得不一样，或者我们的整体观念会变化，我觉得至少在现在还是需要有一个拒绝个性化服务的权利，因为平台还做得很不规范，我宁愿不要。

陈兴明同学

我就提几个问题吧，第一个是文章里讲的最小必要原则，是局限于利益减损型的处理行为。那为了增进信息主体的利益，就可以不满足最小必要原则。这里的利益确实是在平台的角度上看，没有站在个人的角度看。这个利益可能是很难个性化的，可能对有的人来说，这是利益减损，对有的人来说，这是利益增加，所以这一点可能是很难落实的问题。而且还有一个难以落实的是通过外部中立机构监督和评价是否可行？

第二个问题是现在平台有两个目的，次要目的是实现具体业务，主要目的是提供精准交易媒介服务。主要是如何做到精准、是不是能做到精准的问题。而且精准也是个性化的、是因人而异的。对于有的人来说确实这个是精准的，但是推送的商品、广告，对于有的人来说可能是一种打扰或者一种冒犯。所以这里的精准可能也就因为个性化，所以难以做到对每一个人来说都是精准的。

第三个是平台和个人之间的矛盾，平台需要个人信息，即使是匿名化的数据也遭到否认。而个人是保护个人信息的一方，在这样的矛盾的前提下，我还是觉得要遵循一个原则，就是最小必要原则。站在个人的角度，肯定希望个人信息损害最小。但是个人信息如果确实不可避免要被收集，能不能进行一个评估，如果收集之后损害是怎么样的，从而决定自己可以让渡多少个人信息、多少权利，这个是能不能评估的问题。我觉得如果能够评估就去收集好了，反正平台它要利用信息。

在最小必要原则的前提下，针对平台，要在合理的范围内处理非敏感和敏感度低的个人信息，对文章的观点我还是很同意的，要给平台权利，让平台去发展。那么在这种情况下，增加一个知情同意权，在取得个人同意的情况下去收集信息，从而为其提供精准的服务。知情同意我觉得它是个性化的同意，针对所有人是最小必要，但现实情况可能是很难去落实。最后还是比较同意老师所说的在后端进行损害之后的赔偿，但是在前端还是要尽忠实义务和注意义务。

吴昊同学

文章里体现出来的模式提到了两点，第一点是前提，前提在于平台对于个人它是具有优势的，然后就是因为有优势，所以需要承担优势带来的责任，来用最小必要性原则负责处理这些信息。

我作为一个个人用户，无论是在营利平台还是非营利平台，我个人倾向的模式理应是如果个人信息是属于我个人的权利，我是拿这个权利去交换某些服务或者交换什么东西的时候，那应该是我来选择，而不是你说我为你好，我觉得这样是最适合的。平台大，可以列几种不同的选项或者更精细的选项，要达到某一步的服务，然后要让渡什么样的信息。比如说我要收寄快递，我需要交出我的电话号码就足够了，如果需要其他的服务，我可能需要交更多的个人信息，然后让我作为用户来做一个选择。我刚刚联想到另一个可能不是很恰当的比喻，就是平台和用户的关系，很像是父母和孩子的一个关系，父母总是打着为孩子好的名义，然后要你就这样做，但实际上父母提出来的那几个选项好像也就是你好好读书、好好学习、好好工作。

平台今天看似也给你提供了很多选项，当你发现你在购物的时候或者玩游戏的时候，或者上网的时候，你就是把信息交过去。其实潜台词就是我给你挑好了，这是最适合你的，你去做就行了。我觉得这跟父母和孩子的关系好像是完全一模一样。我觉得如果换到今天问题上来说的话，我站在用户的角度，要在平台中获得个人最喜欢的服务，就是说我自己想怎么样。然后还有蔡荣老师和程迈老师说的一个问题，就是个人信息它到底是一个人格尊严性的权利，还是一个什么样的权利？把这个问题先讨论清楚了，我们再来看。

邓义伟同学

我个人是比较同意武腾老师所说的最小必要原则的张力问题的，但是最小必要原则在中国实践当中很难落地。武腾老师在文章最后中其实又提到，最小必要原则的执行标准是有点双标的，比如说在公司企业上面，国家出台 App 违法违规收集使用个人信息认定办法，包括国家于 2021 年 5 月 1 日生效的这个常见类型移动互联网应用程序必要个人信息范围规定，以及 9 月 1 日生效的关于未成年人防沉迷网络游戏的通知，都体现到了最小必要原则。但实际上最小必要原则又和国家所要求的实名认证是存在冲突的，落地比较难。我们拿高德地图 App 举例子，我们知道高德地图它可以导航、可以打车、可以代驾，甚至可以加油。那么它索取我的权限的时候，它不仅可以索取我的地理位置、通信服务，它还知道我加油的喜好，我的用车习惯，它知道我如何去生活。如何判断其归属的 App 类型所需要的必要的个人信息范围？比如说虎扑、微博，如果我只是在这些 App 上浏览新闻，看一下上面的评论，我个人并不想去发一条微博或者去发一条评论，你凭什么要对我进行实名认证，实名认证的意义不就在于监管我发出什么言论吗？难道实名认证的意义在于我看了什么吗？国家对这些要求是非常严格的，而且严格还体现在这些 App 稍有不慎就会面临被下架，甚至处营业额 5% 作为处罚的标准。

李铮同学

现在的情况是一个比较矛盾的现状，因为平台是运行在数据的基础之上的，但是用户又有对于数据权利的这样一个期待，现在为什么会产生这种情况？是因为随着时代的发展，其实是有点类似于家长和孩子的关系，一开始这个孩子是属于比较懵懂的状态，比如说刚发展的情况，我们对于数据的期待可能没有那么高，对于数据的利益可能没有那么重视。随着孩子成长或者随着数据时代的发展，大家对于数据其实是有期待的，大家希望可以通过我们让渡自己的数据去换取一个更好的服务。

回到这篇文章当中，其实是有一个立场预设的情况，他是指我们这个平台以促进交易目的，我们给你提供更优质的服务，这样的话我们用你的信息做处理是不是就是合理的？我觉得首先要定义什么是更好的服务，因为像刚才大家说的，不同的平台可能它的服务方式是不一样的，它提供优质的服务，我们用户是否真正地需要它提供更好的服务？而且在这个过程当中我们用户是否有议价权呢？我觉得是一个比较值得关注的事情。刚才程老师也说到，现在如果大家不去选择使用这个平台，我们大家不提供数据，这个平台就是没法运转的。但是如果大家不用之后，我们选择了放弃一定的便利或者放弃了一定服务，会不会产生一个新的形式或者新的现状？我觉得都是值得我们进一步思考的。

附：

《最小必要原则在平台处理个人信息实践中的适用》
武　腾

摘　要：最小必要原则包括相关性、最小化、合比例性三个子原则。在适用该原则时，我国实践中的主流做法是只承认网络平台的次要处理目的，即实现具体业务功能，而不承认其主要处理目的，即提供精准的交易媒介服务。最小化原则的要求与网络平台实现其主要处理目的之间存在巨大张力，个人信息自主控制制度、匿名化制度都难以缓解该张力。鉴于最小必要原则的适用范围局限于利益减损型处理行为，如果网络平台实际上为增进信息主体的利益而行动，便不满足最小必要原则的适用条件。按照补充性的合同解释方法，网络平台在提供媒介服务时应当承担给付型忠实义务，即有义务为消费者在所媒介交易中的可得利益最大化而行动。履行给付型忠实义务的网络平台，在其个人信息处理的综合影响为正面，且给信息主体造成的损害或者危险有限的情况下，可以在合理的必要范围内处理非敏感的和敏感度低的个人信息。

主题六

数据使用法律问题研究

研读申卫星《论数据用益权》

2022 年 11 月 20 日学术沙龙纪实

2022 年 11 月 20 日，南昌大学法学院数字法治研究中心召开第二十二次学术沙龙，学习研讨申卫星教授发表于《中国社会科学》2020 年第 11 期的论文——《论数据用益权》。

宋维志博士

这篇文章是发表在《中国社会科学》这样的顶级刊物上的文章。2020 年，当时几部法律正在制定，作者写了这么一篇文章，我觉得作者是试图对立法作出一些贡献的。但即使是名家，可能也还是没有把数据这个问题解释清楚。实际上也还是我们一直在讨论的问题，就是这个数据的权属到底如何划分。

那我现在来谈谈我读完这篇文章的三点感受。第一点是作者写这篇文章的动机是什么？在文章最开始引言的部分，作者已经说得很清楚了，为什么我们需要这么迫切地讨论数据的权属问题？在这里作者引用的是科斯定律，他表明的是市场均衡效率必须依靠明晰的产权制度，也就是说为什么我们一定要赶快把这个权属问题——数据到底是什么讨论清楚。因为当下数据的应用面已经非常广泛了，如果不将这个问题讨论清楚，对于数据整体的发展，包括数字经济的发展都会带来极大的不确定性。所以基于这个方面的考虑，一定要尽快地把数据讨论清楚。这篇文章的标题叫作《论数据用益权》，申卫星老师他的重点或者落脚点就是想确立用益权。所谓的用益权事实上是申老师对于当下数据究竟应该怎么认定而提出的一种想法，他应当是结合了现有的民法体系以及物权体系。所谓的数据权到底是什么权，它不是单纯的物权，也不是一种虚无缥缈的东西，所以作者借用了民法当中的用益权而提出的这么一个概念，把所有权和用益权分开。这样一种二分的思路就是说数据的所有和数据的权属是怎么确定的：到底是产生数据的人拥有所有权？还是加工数据的人拥有所有权？还是我们直接就像前面几篇文章读的，如果我们实在是搞不清楚，那就直接把它规定成国家所有权？申卫星老师提出了一个我觉得相对比较客观的处理方法，就是将数据拆分成数据所有权和数据用益权，那么产生数据的人他当然就享有数据所有权，也就是他说的数据研发者当然能拥有所有权，这对于当下的这种体系冲击不会很大，不然就像我们前几天读到的文章，我们讨论不清楚，就把它归为国家所有，至少对目前的民法体系冲击有点大。所以这里还是延续着现有的思路，谁产生了这个数据，那么谁就当然享有所有权，这是第一点。

  第二点就是数据基于它的特殊性，可能你产生了这个数据你不会去用它，你也不想去用它，或者你没有意识到你能用它，或者说当数据积累成大数据之后，积累者我们前面说的汇集者、整理者，记录数据库的创造者，他应当也享有一定的权利。但如果他没有制造出这个数据，那么他应该拥有什么样的权利？申老师这里提到数据处理者拥有用益权，作了这样一个概念的拆分。事实上他把"数据权"拆分成这两部分的理由其实很简单，就是我前面说的第一点，申老师他想表达的意思就是我们要尽快地把这个数据用起来，让它在可规制的法律框架内使用起来，让数据进入可规范的范围。当然现在数据是不是就完全脱离了法律规范的制约呢？其实也不是。在最开始的地方，从第114页申老师就列举了我们当下处理数据的两种主要方式。首先我们抛开刑事领域不谈，因为刑事领域可以将其归为计算机类的犯罪。那么在民事领域或者市场交易领域，第一种是通过反不正当竞争法。我这两天还看了一些裁判文书，他们大部分的思路都是产生了什么样的侵权行为，现在法院一般的处理方式是根据不正当竞争或者侵犯商业秘密。商业秘密是比较早的了，申老师在当中也说到后面是用不正当竞争这种处理方式，比如大数据杀熟。另一种处理方式就是基于著作权进行处理，就是根据数据蕴含的这种独创性的——我们说它的智慧成果，它是从这个角度来理解，所以当下大概是用这两种方式来处理。申老师就认为这两种方式不足以处理，尤其是如果在大数据的层面上，你可以说通过反不正当竞争法可以在一定程度上较好地处理，那么个人数据尤其是个人信息的这种交易在没有构成大数据这样一种情况的时候，就无法通过《反不正当竞争法》来处理了。所以申老师就提出了数据所有权和数据用益权的这种二分结构，然后在后面进一步地展开。数据用益权应该怎样构建？用益权有哪些？作者提到用益权包括控制、开发、许可转让这些制度的建构，还是像我以前说的，当我们把前面这个问题讨论清楚之后，后面的制度建构其实不是很难，也不是特别重要。

第三点是在文章的结尾部分，我们可以看到申老师他还是比较着急的，尤其在最后一个自然段，在2020年，我们注意这个时间点，当时有几部重要的法律正在起草，包括《民法典》，可能当时申老师是想通过学术界这样的一种讨论，引起在编纂《民法典》过程当中的立法者的注意，包括《数据安全法》，利用他们的起草机遇把数据这个东西的权属给确立下来。但是两年之后我们再来看的话，就会发现不论是《民法典》还是《数据安全法》，事实上都还没有很好地解决这个问题，尤其在《民法典》当中还是做了相对模糊的处理，当然可能是立法者觉得这样比较谨慎或者有其他原因。这可能是我的个人猜想，申老师作为名家又在顶刊上发这样的文章，又是恰逢重大立法起草的机遇，可能是想做出一些尝试和突破，但是很可惜法律还是没有走出这一步。当然这个问题还是要迫切地解决，不然我们读了这么多的文章，不断讨论发现不同学者之间的看法和说法都是不同的。但落在实处，在司法实践当中总是找不到一个明确的或者说具有可指引性的方向，到底怎么样用法律来规制这个问题，讨论得一团热闹，但是法律实务界、司法实务界没有办法进一步迈出步伐，确实像文章说的，对于数据，对于整个市场、对于数字经济的发展，它是起到阻碍作用的。

程迈教授

刚才宋老师反复强调了，如何确定数据权其实是整个数字法学里面最基础的一个问题。怎么从法律上来定义数字时代？到目前为止没有一个人可以把数字时代定义清楚。其实相对于数据用益权的问题，我觉得更关键的就是数字时代与过去的工业时代、农业时代之间到底有什么本质区别？现在的整个法律体系我感觉还是建立在工业时代的基础上。

第二个问题回到这篇文章，关于数据用益权这个问题，我对民法的理解不多，但是我感觉不光是民法，在任何一个法律部门中，直接将权利的客体放到名称上面的情况好像不是很多。例如关于不动产，但实际上不存在不动产权，它也只是一个物权，而物就很抽象了。而数据是一个很具体的物，我个人觉得直接定义数据权是比较罕见的。民法里面的抵押权、质押权、形成权、债权如此等，它都是一种很抽象的权利定义，我从未听说过什么铅笔权、笔记本权。申老师是民法的学者，他想在民法的框架内去构造出一个权利，但是他其实就是在扬弃原来的整个民法的这种高度抽象，不以客体作为权利名称的这种做法，现在直接把一个客体给安上去，这不就是同意反复吗？什么叫数据权？数据权就是关于数据的权利，这有意义吗？吴昊，你是正在准备法考的人，这是怎么回事？

吴昊同学

其实老师你刚刚说的这个看法我是比较认同的，因为申老师的分类是从行为规制模式到赋权模式，这样感觉就好像他是在创设一种全新的权利，但是他这种创设权利的过程不是很清楚。我对他在这里的分类是很满意的，起码把所有权和用益权做了一个民法上的定义区分。然后老师你刚刚认为作者的这种区分是把现阶段我们民法上这种传统的工业时代上民法的判断模式给完全摧毁了，但以我浅薄的理解，我们前面读的好几篇文章都有的一个问题是用现有的民法体系去解释数据，什么数据权利也好、个人信息也好，其实他们是根本解释不了的。申老师他这种情况就相当于他个人创设一种新的方式，肯定是存在一定的缺陷，但我觉得这是一种进步。

所以这是第二个问题，他将数据所有权和数据用益权区分开来，在第124页，我还以为是打错了字，结果还真的存在空虚所有权这么个说法。以我对民法学浅薄的认识，所有权应当是在物权里最高的一个权利，但是你发现他这样构造数据用益权之后，数据所有权人居然不能对抗数据用益权人，那这样的所有权还有什么意义呢？在民法的框架里面，有的时候使用权可以对所有权形成一个限制。比如说承租人是可以对所有人的权利形成一个限制的，但是前提是双方已经订立了合同。而文章则提到因为装传感器后、收集个人信息后就可以使用个人数据。我个人觉得数字时代是不同于以往的时代，套用过去时代的法律制度是不太妥当的。我认为民法的整个体系还是建立在个人这种法律主体的基础之上，个人跟个人之间是有可能完全分开，成为原子化的个人。宪法里对公民的认识都是个人与个人区分开的。但是在数字时代人与人是不是能完全分离？如果个人想跟整个社会分离开来，个人都没办法生存。民法这种传统框架是不是还要守住这些传统事物？当然有一些重要的东西要守住，比如个人尊严，这我是同意的，从最抽象的原则上来讲，保护个人尊严和保护个人价值是没有问题，不管进入到任何时代都是要这样做的，但是如果还用旧的法律制度的手段是不是合适的？

这样就到了第三个问题，既然别人都提不出来，那我就脸皮厚一点，我觉得我要对这个信息和数据的分离来下一个定义。首先，信息和数据是不一样的，如果不把信息跟数据区分开来，接下来所有的问题都是解决不了的。那么什么叫数据？数据就是对现象的记录。什么叫信息？信息是人类对现象理解的一个记录。这就表明数据里面可能不包括信息，比如说程老师在这里涂鸦，12345678这么写了一夜之后，它就是一个数据，没有问题，它也是个现象，但是这里面会有什么信息是不清楚的。比如说蔡荣今天没来，但是他突然拿到了今天我们讨论的这篇文章之后，程老师在一张纸上出版了这些东西，他就觉得这里面是不是可能有信息。所以有时候数据里面可能包含信息，也可能不包含信息，但作为信息是什么呢？信息是人类对某种现象的理解，然后对它的一种记录，比如说我们今天讨论完了之后用文字整理出来的就是信息，在文字整理的过程中，肯定是反映了大家对各种讨论过程的理解，就已经有内容了。这有一点像纪海龙老师那篇文章将数据区分成符号层和内容层，但是我觉得纪老师在他的文章里还是没有将数据和信息区分开。如果我们要正儿八经地去讨论数据权的话，必须将数据和信息区分开。申老师的这篇文章给人的感觉数据只来源于个人，这就有可能就将数据与信息等同起来。谁说数据只会来自个人，工业车间制造这些东西所消耗的电力等难道不是数据吗？工业数据里面可能不包括任何个人信息，所以将数据跟个人信息等同起来，这可能不符合现实需要。所以在这个基础上，申老师这篇文章的题目就有些奇怪，他不是只论述了数据用益权，还论述了数据所有权。如果我们认为数据用益权和数据所有权具有一定的联系，从法律的逻辑上来讲，它肯定有一个上位概念，上位概念是什么？那就是数据权，所以数据权是什么东西？我觉得谁获得了这个数据，谁加工得到了这个数据，他就拥有数据权，像阿里巴巴、腾讯记录了我们的购买记录等，它就拿到了一个数据权。但我们个人没有数据权，个人只有一个信息权。不知道这样的一种思路是不是就可以把这个问题给解决掉。

第四个问题就是会根据主体的不同而对权利进行区分吗？在《民法典》的制定过程中，民法学者自己都很反对，不要从主体的角度去区分。在市场上，难道国有资产就一定要比个人资产多卖几块钱吗？所以没有什么个人数据权、国家数据权、企业数据权，数据权它就是数据权，谁获得了这个数据，谁就拥有了数据权。

最后一个问题就是文章花了那么大的篇幅对民法上经典的所有权与用益权进行区分，但是这样做还是没有解决这个问题。而且更麻烦的一件事就是一个企业，比如说像阿里这样的企业可能掌握的是来自上亿个顾客的数据，如果这上亿的顾客对这些数据是有所有权的，那这上亿顾客的这种所有权又是什么意思？我不是很懂这个集体所有权，这个集体怎么去主张他的所有权。我的理解是民法上的所有权都是个人所有权。所以我觉得还不如干脆打开天窗说亮话，称这个数据的所有权就掌握在阿里的手里，但顾客有个人信息权，这就涉及权利相互碰撞的问题。阿里在使用数据权的时候不能侵犯顾客的个人信息权，但如果没有侵犯个人的信息权，我觉得还是要承认阿里的数据权的。

丁安然博士

首先，所有权和用益权似乎存在一定的割裂，我理解的用益权也是由所有权派生出来的一个权利。这种割裂是不是因为数据的特殊性？也就是说产生原始数据的主体是享有所有权，但是他很大程度并没有使用或者开发这个权利，那么在这里将两者割裂是不是恰当？其次是关于数据的所有权或者数据的使用权，因为我之前一直觉得所有权是很难确定下来的，比如说平台或企业对数据进行了加工，那么它其实在某种程度上也拥有加工之后的数据所有权，而不是完全归属于这个数据的来源者。那数据提供者、数据来源者的权益如何去维护，这一点确实是存在很大的弊端。如果把所有权定下来了，那就会与用益物权存在一定的割裂。从这个角度上来看的话，对数据提供者的维权会起到一定的作用。对于企业和加工者来说他们因为对数据进行了加工从而获得了用益权。那这个数据最终又归属于哪个人呢？很多人通过加工都能派生出用益权，这肯定会产生很多争执。甚至当所有权人要去维权的时候，就会发现主张的对象过多，复杂程度也比较高。所以我一直觉得我们可以先不谈所有权的问题，就讨论关于数据怎么使用的问题。这个逻辑也是存在一定的问题，但是我暂时也没有想到特别好的办法。

黄悦副教授

我想到程老师刚刚提到的问题，如果是从个人角度来看的话，比如像阿里、淘宝这些购物网站拥有许多用户的数据，不如承认数据的采集者才是数据的研发者，或者就直接获得了一个数据的所有权，个人用户只是对信息有个人的隐私权。隐私权还可以去对抗采集数据的所有权人。但作者在这里讨论认为数据先不与信息分开，先把它作为一个财产权去看待。我认为这个客体是享有一定的这种财产上的利益，那很多时候经济利益在这里是不是涉及一个利益分配的问题？如果按照程老师那种思路去讲，我就不承认个人可以拥有财产权，个人对数据就只有信息权，就谁收集谁才有财产权，其实好像也符合事实。如果没有互联网，没有大数据的数字时代到来，以前我们每个人也有很多活动轨迹，但是从来不会出现这个问题。如果形成了数据，它是会有一种经济利益在里面的，还会涉及利益分配。从事实上来看，利益分配的起点应该还是在谁收集到了这些数据，然后才有可能形成关于数据的一些财产上的利益。就是说从收集那个点开始，后面才可能涉及利益分配的问题，这是一方面。但另一方面，这些数据确实是来源于每个人的贡献，如果没有组成整体的个人，根本就收集不到这些数据。所以这两方面好像存在矛盾。没有人去收集根本形不成这种财产，权利这种利益可能就体现不出来。但事实上表明这种数据又来源于个人，从这种利益的分配上来讲，到底应不应该顾及个人，就是个人应不应该从中分一杯羹？而且如果承认个人有权益也会有很大的麻烦，就是个人怎么去得到这份利益。现在作者用所有权和用益权的这种二元分离的模式，就好像是一个口号，数据的研发者就个人是有一定的利益分配，但是怎么去分配？我们不从冲突、对抗的角度去分配，那从共享的角度怎么去实际地分配？

程迈教授

黄老师已经点出了问题的关键。如果阿里和腾讯不是如此巨富的公司，大家会紧盯着他手里掌握的这么多数据吗？如果阿里和腾讯始终是处于亏损状态，大家还会一直去揪住他说这些数据是来自我们个人吗？恰恰是因为这些大的科技公司掌握了大量数据，从中获得了巨大的利益，大家才会去关注，这是最关键的问题。因为数字时代到来以后，这些大数据科技公司发大财了，而我们普通人没有发大财，从整个社会潜意识上来说，就会对这些发大财的数据公司形成一种经济压力，就要开始"均贫富"了。在"均贫富"的时候，我们主要是去讲一些正当性理由。我们现在要"均贫富"的理由是劳动创造价值，资本本身不创造价值。蔡荣以前提到的数字剥削，我觉得这实际上就是在数字时代的资本剥削变成了数字剥削，一种新的理论的翻版。在资本主义时代它是怎么解决这些问题的呢？要么就是将这些大资本国有化，要么就是对大资本征收资本税，对数字科技公司多征收一些税或者索性罚款，例如阿里、滴滴被罚款几百个亿。但是问题就在于它是不是在法治的框架内做这些事情？是不是可以看到在数字时代的这种数字公司也就是过去大资本家的一个翻版，那现在有没有办法在不损害数字经济发展的前提下，让这些大的数字公司把它通过积累的大量财富拿出来，二次分配有没有新的理论？

黄一川同学

首先这篇文章还是谈数据确权的问题。我从参加读书会以来，我们谈到公共数据，谈到个人信息，现在又回到了数据确权的问题。这篇文章一开始还是去谈数据到底是什么这一概念问题？申老师基于隐私和个人信息的区分而得到了一个数据的概念。我最近也看了几篇关于数据这个概念的文章，从2020年到现在，学界对数据的认识应该是形成了一个相对统一的共识，可能他们在表述上不是很一致，但是我觉得在具体的外延层面应该形成了共识。大家在讨论的时候基本上也是基于这样的一个概念在讨论。如果说其他的文章还没有基于这个共识讨论，可能他是想提出他自己的一个相对个性化一点的观点，这是我的第一个感受。就是说从概念的层面上来讲，数据这个概念是什么样的共识？数据它要区别于信息、大数据、隐私，也要和数字区分开，基本上就是这样的一个状态。数据是基于与其他相对比较明确的概念的区分来得到这样的概念。我认为数据就是简单地记录 0 和 1 计算机系统上的一个东西，这应该来说是我读了众多文章的一个基本共识，这是第一个问题。

第二个问题就是这是一篇比较成系统和相对规范的文章，刚刚老师也谈到文章在理论基础方面琢磨得很多，这确实也是我不太理解的一个点，为什么作者需要在理论基础上面讲这么多内容？可能我物权法学得也不是很深入，但是申老师对所有权和用益权的这样的一个权利分割的理论，应该说也不是一个很深或者说很新的理论，我不知道他为什么要用这么大的篇幅来谈这个问题，而实际上我感觉这个问题应该也不是一个很复杂的问题。

第三个问题就是这篇文章仍然忽略了一些根本性的问题，我们知道数据如果要放在民法上适用的时候，我们就会遇到一个很大的问题，民法上的物包不包括数据？数据能不能成为民法上的物？这是我们一直遇到的一个问题。因为数据具有非竞争性，有些数据在没有反映出信息的时候，它的财产价值是很不明确的，或者甚至说没有。就是说数据要通过民法理论来适用的时候，我们要先解决它能不能是"民法上的物"这个问题？如果可以用民法来适用，这只是一个操作上的问题。所以我觉得这篇文章在讲具体制度构建的时候，它其实回避掉了一个比较根本的问题，这也是我们之前读其他几位老师的文章，尤其是民法老师的文章，他们谈到民法适用问题的时候，还是忽略了根本性的问题。

第四个问题就是申老师也谈到了刑法、反不正当竞争法、合同法、著作权法等其他的法律。我们都有一个共识就是数据在现有的法律制度架构内还是很难直接得到适用，就是说其实每一套制度要适用的时候，都可能会有一些需要完善的地方，就是说没有办法直接被适用。那么其实要用一套什么样的制度和这套制度怎么样更好地适用？我认为这个起点应该是说我们到底想要一个什么结果？这个结果就是什么样的利益分配才是公平的？我们的分配正义是怎么来实现的？这套制度怎样来构建是好的？因为现在我们发现原来的制度是不能进行评价的，如果原来的制度本身能评价，我们就不需要讨论这个问题。就是我们想把这个数据放在哪里，这是一个结果的指引，我们才去构建制度。但是这篇文章我觉得它整体逻辑是很严密的，所以它还是比较能够说服我的就是基于物权法本身的制度是能够一定程度上可以让这个规制更好。但是同样的，就像程老师刚才讲的，他是从个人的角度出发，如果他的这套理论要延伸到公共数据、政务数据的时候，这其中的一些问题是不是考虑得不够周全？还有刚刚程老师谈到的数据权，我觉得这篇文章倒没有很明确地提出一个数据权，我觉得作者是绕开了数据是民法上的物这个问题，而是说数据可以适用所有权和用益权这套制度。它其实不是说创设了一种选择，是在试用这套制度时，它需要有一个相应的名字，就是数据的用益物权，这是我的理解。

程迈教授

黄一川刚才说得很好，用马克思主义经典的法学观来说的话，法律制度作为上层建筑，它是要回应经济基础的。不用马克思主义的这种经典法律观来说的话，法律政治制度其实是个世俗化的东西，既然是一个世俗化的东西，就必须要服务于大家世俗化的生活。所以现在构造这个数据权，其实就刚才黄一川讲的，到底要服务于什么？比如刚才提到的阿里和腾讯，它们在推动中国经济发展的过程中的贡献不大吗？虽然现在大家存在不满，但你还是要承认它是有一定的利益。所以我们现在要构造一个新的法律制度、一个新的权利，这个可能才是我们真正的思路，我们是要回应数字时代的需求，然后去构造一个新的权利。而不是反过来说旧的制度跟新的时代发生了冲突，为了消除新时代里面对这种旧制度不满的东西，所以我们要把新时代的东西全部给切割掉，那就本末倒置了。

饶威芳同学

我的第一个看法就是这篇文章的重心是数据的确权问题，文章引用了大量的国外的条例和法律是怎么来规定数据和信息的，然后最后得出自己的结论。比如说先列出欧盟的那些规定，再举出《民法典》关于这一方面是空白的，最后作者突然就很突兀地得出一个自己的结论，国外的那些条例和中国的实际情况是不是存在一种相关的联系？是不是可以相互贯通？

第二个看法就是刚才老师说的利益分配，文章从个人的角度来阐述数据的所有权和用益权，那在数据的使用过程中的企业和平台又是如何确定？文章好像并没有阐述清楚。

陈兴明同学

首先是文章的例子太少了。关于个人信息和数据之间的区别，数据是个人信息的载体，信息是数据的内容，老师说过个人只有信息权，个人没有数据权，如果数据它只是0和1，它有什么意义呢？手机号码是个人信息还是数据？个人的订单记录是数据还是信息？这是最基本的概念问题。从理论上我们是很难去理解的，我觉得如果举一些例子会好理解一点。个人要数据所有权好像没有什么用，因为所有权它是为了便利，还有更好的服务。企业有用益权，好像有偏向企业的意思，企业有用益权之后就可以促进数据的利用，而且一般是大规模的利用，我们才去考虑数据用益权的问题。但是数据的范围都很难确定，怎么样去区分个人数据，国家数据和公共数据，个人数据是跟个人有关的数据吗？如果个人记录的跟气象和卫星这些与国家有关的数据，是个人数据还是国家数据？而且这篇文章它不是没有讲到国家数据，但是讲得比较少，所以有时候很难去区分是国家的数据还是个人的数据。

还有一点是数据的保护问题。比如说个人研发的数据被他人发到网上之后，侵犯了个人的数据权，那么他怎么样去证明这个数据是自己的？他只是研发的数据，但是跟个人没有关系，没有办法举证。而且就算说是数据侵权，个人信息侵权，那寻求公权力保护的成本会不会太高了？而且现在讲的刑法和反不正当竞争法，好像主要是针对企业的保护，对个人应该是没有保护力度的。现在《民法典》也没有规定数据权，我还是持谨慎的态度。

吴昊同学

我看完这篇文章产生了三个问题。

第一个，前面黄老师和程老师都反复提到的企业和工人的关系。文章中谈到数据需要依托具有公信力的公共数据平台，我第一时间联想的是现在社会上的一个观念，个人只是在公司上班来提供劳动，创造的价值是靠公司。换到这个模式里面来解读这个问题，个人只是数据的提供者，最后产生的价值还是靠平台，个人是要依托这个平台，不然个人拥有这个数据有什么用呢？

第二个，关于这个问题延伸下去就在于，数据它本身到底价值何在？我目前想到的是两个价值。第一个是数据被记录的本身是有价值的。第二个是数据在流动的过程中，在解读过程中它产生了一个新的价值。

第三个是基于第二个问题产生的，我觉得这篇论文提出的用益权还是比较好的。无论是用益物权也好，还是作者说的数据用益权也好，用益权的目的是在于为特定的人设置一个权利。这是我的想法。

附：

《论数据用益权》
申卫星

摘　要：数据权属及其分配规则不清，已成为数字经济发展的最大制度障碍。未来应根据数据要素市场对数据积极利用的巨大需求，借助自物权—他物权和著作权—邻接权的权利分割思想，容纳作为现代新兴权利客体的数据。根据不同主体对数据形成的贡献来源和程度的不同，应当设定数据原发者拥有数据所有权与数据处理者拥有数据用益权的二元权利结构，以实现数据财产权益分配的均衡。数据用益权既可以基于数据所有权人授权和数据采集、加工等事实行为取得，也可以通过共享、交易等方式继受取得。数据需要依托具有公信力的公共数据平台、数据中间商进行交易与共享。数据用益权包括控制、开发、许可、转让四项积极权能和相应的消极防御权能，在公平、合理、非歧视原则下行使各项权能可以平衡数据财产权保护与数据充分利用两种价值，推动数据要素市场快速健康发展。

研读林洹民《个人数据交易的双重法律构造》

2022 年 12 月 4 日学术沙龙纪实

2022 年 12 月 4 日,南昌大学法学院数字法治研究中心召开第二十四次学术沙龙,学习研讨林洹民老师发表于《法学研究》2022 年第 5 期的论文——《个人数据交易的双重法律构造》。

程迈教授

我先简要地介绍一下这篇论文。首先,我刚看到这篇论文的标题的时候,我以为是讲个人"数据交易"的,没想到他讲的是个人数据"交易"。大家知道,我一向不认为个人有什么数据权,个人只有信息权,作者在这篇文章里是将个人数据和个人信息等同起来的,这背后其实有一个问题——我们只有《个人信息保护法》,没有个人数据保护法。但是作者通篇将个人信息和个人数据混用,从文章本身来说倒没有问题,但是在逻辑上是否说得通还需要推敲,因为我觉得有些个人数据中可能不包括任何信息,比如今天我在这里说话,手下意识地挥来挥去,被记录下来了成了数据,这里面就很难称得上有什么信息。

其次,文章的第二部分是从个人数据交易的特性出发,分析其对目前个人数据交易结构的影响。我个人感觉其实这还是从数据本身的特性出发。第一个是数据交易的动态性,因为对数据交易来说,一次数据交易是没有意义的,长期持续地获得数据,形成一个大数据才有意义。第二个就是数据交易的非排他性,说白了也是数据的非排他性。其实这个问题在将数据权属确定之后也就能够解决。第三个就是个人数据交易特性决定的双重法律结构。其实这篇文章的一个核心观点就是个人数据交易到底是一个合同行为，还是一个事实行为或者准法律行为，这是这篇论文比较难懂的一个地方，因为民法里面的法律行为理论，我第一次学习民法的时候就觉得它很难懂，但是也很有魅力。作者从意思表示的核心观点出发，将民事法律关系上面的各种具有民法意义的行为区分成法律行为、准法律行为和事实行为。林老师这篇文章是想将个人数据交易行为的双重结构区分成承诺和同意。作者认为承诺适用合同规则，同意是一种事实行为，而且更多地表现为这种类似于侵权法律关系中的受害人同意可以阻却违法这种事实行为，相应地作者就对数据交易的合同进行了一个区分，一个是基础性的合同以及在基础性合同之外的同意。从这方面看，这篇文章对于重新分析民法上的这种法律行为、事实行为理论其实还是不错的，但是他的结论到底是不是适用？在进行个人数据交易的时候，一个方面要有一个合同行为，另一方面要有一个同意，同意无效的时候并不代表合同的无效，那么合同有效的话也并不代表着当事人就同意对他个人信息的处理，相应的就在文章第四部分双重结构下，合同规则和个人信息保护规则的双重适用。那么这种合同行为和个人信息处理行为到底应该怎样区分？文章在处理这些问题的有些地方讲得蛮精细的，但是有一些结论可能需要进一步推敲。例如文章在第 48 页提到"个人信息处理者遭受损失的，可以依据《民法典》第 577 条及以下条款请求对方承担损害赔偿责任。"《个人信息保护法》赋予了个人可以随时撤回对信息使用的同意的权利，但按照林老师的观点，如果随时撤回同意，造成了个人信息处理者的损失还要向个人信息损失者提供赔偿。我个人觉得《个人信息保护法》赋予个人以信息权，个人可以无条件地撤回同意权，是因为立法者觉得个人信息非常重要，是在保护个人的尊严。如果按照林老师的这种观点，谁还敢随意地撤销个人信息使用的同意，因为只要个人信息处理者提出它所遭受的损失，就得承担损失，这会不会完全违背了《个人信息保护法》的本意。还有在第 49 页提出了 14 周岁到 18 周岁之间的未成年人拥有可以自己表示同意的能力，甚至作者还进一步提出对于低于 14 周岁的未成年人也要让其对个人信息表示同意。关于这里，我觉得这篇文章既然是从民法的既有框架出发，但是有些观点它实际上又突破了民法的框架，其实反过来也表明无论是数据还是现在我们在讲的数字法学，一定程度上都对原有的法律框架造成了比较大的冲击。所以整篇文章读下来，我觉得作者其实是在既有的法律框架内提出一些新的法律规则，但这篇文章余论的标题是借助解释学构建个人数据交易规范体系。我不认为这篇文章在解释，而是在创造，创造了一个新的个人信息保护的一种规则体系，这绝对不是一个简单的解释过程，这是我读下来的整体感受。

综上所述，我的主要问题包括以下几个方面。第一，从交易行为中去除个人信息同意行为之后还剩下什么？林老师应该是想进行一种人为的创造、人为的拟造，但这在实践中到底有什么规范性指导的意义？第二个问题其实是我们现在最大的问题，对于数字企业，关于个人数据、个人信息的利用并没有明显的法律框架。现在最迫切的是允许这些企业可以去使用个人信息，然后创造一定的经济价值。但是这篇文章会不会把问题搞复杂化了，专门构造出个人信息使用过程中的同意，这使得个人看起来拥有了更多的权利。但是个人在撤回同意的时候，还需注意这会不会造成个人信息处理者的损失，还可能要承担相应的赔偿责任，我觉得这反而把问题变得更加复杂了，这就加大了现实中去解决这些问题的难度。第三个问题是无论从数据还是从个人信息本身来说，这种新兴事物在传统的法律框架内是解决不了的，是不是必须进行创新？不过需要肯定的是，这篇文章令人启发和值得推敲的地方有很多，我们可以去细细地讨论。

蔡荣博士

第一个问题，个人数据交易首先要解决的问题是，个人是不是数据交易市场上的主体？我认为不是。第二个问题就是数据交易的主体，即使是涉及个人信息和个人数据交易主体的，双方依然还是企业和公司，公司才需要利用数据去开发研究，这不仅仅是个人投资问题，个人不应当是当前数据交易市场的一个重要主体。

黄悦副教授

首先，刚刚程老师的导读指出作者赋予个人数据交易一种双重的法律属性，也就是说有双重的法律规制。我的理解是，数据交易行为是将《民法典》和《个人信息保护法》这两个规范同时适用到一个事实上进行评价。文章主要谈的是两种类型：一种是企业跟个人之间的数据交易；另一种是企业和企业之间的数据交易。但是企业和企业之间进行交易的这个数据也是源于个人信息。那么第一个问题就是文章的逻辑起点是分析数据交易的两个特性：动态性和非排他性。我认为的数据非排他性是不是数据共享的意思。作者想借助数据事实上的这种特性去推导出个人数据交易的这种双重法律属性，这是怎么过渡来的？怎么从这个事实上升到这种规范上的？我感觉作者在双重法律构造的规范上进行展开的时候，又没有完全结合前面关于数据的特性进行论证。同时，作者将个人信息处理行为与基础性合同类比于区分肖像使用许可与肖像许可使用合同，这里面的联系我个人认为是不太紧密的。

其次，个人对数据到底有没有什么权利，还是说个人只有信息权利？林老师将数据和信息混同，所以进行数据交易的时候就会产生一个合同关系和个人信息处理关系。权利的行使就涉及一个行为本身的违法和合法，所以从这个逻辑起点来看的话，数据和信息是应该是合一的。比如网站浏览记录、购物记录等的个人信息，企业就是将这种信息转化为数据。个人通过自己的行动轨迹形成这些信息，是通过平台形成数据，这个数据本来就是平台用他的技术手段形成的。那这样的数据和信息是不是还是不可区分的。

程迈教授

我觉得这篇文章的标题改为涉及个人信息的数据交易的双重法律构造会不会好一点。讨论到现在，我们其实应该是有一些共识的，信息和数据是不一样的，数据就是对事实的记录，它不一定会有信息。《个人信息保护法》对个人信息定义为可以识别或足以识别个人的那些信息。我是一直反对把个人数据和个人信息混用的。信息权会对数据利用形成一个限制，在使用数据的过程中，不能侵犯个人信息。如果企业专门针对某一个具体的个人收集了他的信息，这个情况下就会构成侵权。数据企业如果已经充分尽到了勤勉的注意义务，但这还是对个人信息产生了一定的不利影响，那在这种时候可不可以构成一种免责，包括同意一次是不是就够了？而这篇文章读下来就是当事人可以不停地同意，因为个人数据交易的持续性，个人要不停地同意。这种规定是否合适，可能还是需要进一步推敲的。

研读林洹民《个人数据交易的双重法律构造》

黄一川同学

第一，程老师和黄老师刚刚讨论的信息和数据的问题：个人是拥有信息的，企业要保护个人信息，企业的商业行为不能影响个人信息权，这个是肯定的。在数据这个层面，程老师应该是已经形成了自己比较明确的想法，这可能在学界还有一定的争议。其实这还是关于一个数据确权的问题。

第二，这是一篇民法文章，文章写得很深入，也比较复杂。作者关于企业和个人之间的这些数据的定性还是相对比较准确的，但到了后面制度建构的时候，我的知识储备有限，所以也没有理解得很明白。学界的共识是数据是符号，个人信息是内容。作者在行文的过程中，他是要基于《民法典》和《个人信息保护法》来谈具体的制度架构，因为在这些法律中数据和信息是混同使用的，所以作者就没有再做区分。那相应的前面概念不清可能会无法有效地解决后面一系列问题。

第三，就是这套制度怎么才能真正地落地？我觉得这是一个比较大的问题。作者要去区分同意和承诺倒也没什么问题，但在后面的整个制度架构起来之后，我们就会想关于这套制度的现实性可能会存在问题。我们几乎有一个共识就是现有的制度解决不了的，就要调整原有的规则或者构建一套新规则。那么这篇文章应该是在原规则之上又构建了一个新的体系，但是这个体系整体看下来就比较复杂。

第四，就是这篇文章想讲的内容太多了，林老师想用个人数据交易的概念来囊括整个过程，即将企业和企业之间，企业和个人之间的问题都囊括在内。如果企业和企业之间要交易，那把数据的确权问题先解决之后，再来谈交易是不是会比较好，而不是说把个人也掺在企业和企业的交易之间，个人一不同意那这个交易是不是就进行不下去，这是不是就使得具体实践更加复杂了。民法中的合同关系本身就强调相对性，而这个时候又把个人给加进来是不是就使得整个法律关系比较混乱？这是我的看法。

宋维志博士

文章对个人数据交易的双重法律构造，我的第一反应这是借鉴了物权法的相关概念。但这里就有个问题，我们一直在纠结的数据到底是什么？因为数据和物是不一样的，数据的占有是一瞬间的，它不需要这种事实上的交互过程，所以我们在法律上构造这种很精妙的双重结构之后怎么在司法审判当中去区分这个数据交易过程当中的侵权，它到底属于双重构造当中的哪一种，这是没有办法把它割裂开的。这是我的想法。

饶威芳同学

首先，文章是借助解释学构建个人数据交易规范体系，承诺在民法里明确规定的，它是有法律效力的，同意在《个人信息保护法》里也专门规定了个人的同意权，承诺是根据《民法典》，同意是根据《个人信息保护法》，在既有的两个法律框架内来解释基于数据的动态性与非排他性论证这两种构造，在数据交易活动的过程中进行规范。

其次，文中最后提到"法制史上众多债务关系与物权规则的出现，并非都是立法者有意为之"，作者说我们不要一味地去呼吁立法机关来对新兴事物进行一个确权，从源头上来对新兴事物进行规范，希望他们能给出一个相对满意的答案。要在这个活动过程中运用已有的法律规范来进行相关的解释，解释可能是一种扩大解释。我觉得这篇文章挺有说服力的。

吴昊同学

首先，我们保护数据的目的是想要一个稳定的数据交易环境。我个人认为如果想要让交易市场或者交易完之后的使用变得更加的安全、合法，那就要在保护上做到最好。然后大家在一个既有的框架里面想怎么做就怎么做。比如一个网站开始并没有收集我的任何信息，我就可以使用它的全部功能，然后这个网站突然有一天告知登记邮箱就可以赠送积分，那在这种环境下，我在想个人信息是不是已经呈现出两种情况了，一种是程老师刚刚说的消极防御的状态，即企业使用这些数据时不要来侵犯我的个人信息就好了。另外一种就是我作为个体，我可以很主动地把个人信息分享给某些企业，我不写也不会有任何损失，但我写了之后平台就会天天给我发垃圾短信，那我写的目的就在于他赠送了一些积分或者券。

其次，还有一个是我看完这篇文章后最大的一个问题，就是前面老师也讲了很多次同意和承诺。而区分同意和承诺的来源是基于两部法律的，分别是《个人信息保护法》和《民法典》。《民法典》里面提到是18岁以上,《个人信息保护法》里面提到是14周岁以上,作者基于这两点,然后提出在某种情况下是不是可以把同意看成一种准民事法律行为,其后果是由法律明文规定的。但事实上从一个更加稳定或者说法律保护更加健全的体制来看的话,民事法律行为还可以得到更完全的保护。但后面的论证我没有看太懂。老师刚提到的物权行为和债权行为就是处分行为和负担行为的两个不同的阶段,但事实上这个同意和承诺是发生在债权合同之前的,如果不同意或者不承诺,后面的一系列问题根本就不会发生,作者是怎么区分同意和承诺,真正的问题到底在哪里? 我没有很明白。

陈兴明同学

首先,这篇文章讲的数据交易不同于数据买卖,它的特殊性就在于这是一个动态的交易模式,而且还有非排他性,然后把数据交易拆分为合同和个人信息处理两个方面。合同涉及的是财产关系,个人信息处理涉及的是对于个人信息保护的关系。那进行这样一种二分法的目的是什么?我个人认为它主要是为了促进个人信息的保护,但是有一些问题就像刚才老师提到的,如果个人信息处理者他不同意让渡个人信息,那这个合同是有效的吗?

其次,如果合同和个人信息是统一的,那这会不会重合? 比如说个人信息,如果进行了勾选或者怎么样,是不是代表合同就成立了?

程东来同学

第一个问题就是作者主要是想把数据交易行为进行一个二分,然后我个人觉得这个二分是一个比较自然的状态。

第二个问题就是作者在写个人数据和个人信息的交易过程中的定性,作者认为要把这个东西给分清楚,合同和个人数据的处理应当分开,所以作者也没有去讨论数据或者说个人信息的性质问题。

最后一个问题就是老师刚刚强调的关于同意的问题,我个人觉得同意就是《个人信息保护法》所规定的一个内容,就是这么一个要件。然后老师说为什么不把它规定成一个消极的权利,就是说等到侵犯之后我们再去保护它。那这个消极的权利同样也需要对它进行一个定义,它的要件是什么?

程迈教授

比如说企业在使用数据的过程中,将这些数据重新拼接出了一个人的信息,这是不是就侵犯了个人信息。可不可以这样理解?如果这样理解的话,企业在使用数据的过程中的确有可能承担很重的责任。

附:

《个人数据交易的双重法律构造》

林洹民

摘　要:个人数据交易具有动态性与非排他性,数据交易当事人处于持续性数据收集或传输关系之中,任何一方均不能排他地控制个人数据。上述特性使得数据交易不能被界定为数据买卖,数据处理也不能被简单地理解为数据合同的履行行为。合同关系与数据处理关系的不同,使得数据交易具备双重法律结构。一次完整的个人数据交易同时包含表意人的承诺与个人的同意,前者属于意思表示,后者则属于准法律行为。与之相应,个人数据交易由基础性合同与个人信息处理活动组成,前者主要受合同规则调整,后者则是个人信息保护法的规范对象,二者效力应分别判断。在规范适用上,个人信息主体的同意并非原则上得准用法律行为规则。合同规则与个人信息处理规则各守其分,分别规范数据交易中的不同行为,二者之间不存在冲突。考虑到数据处理也是合同项下的行为,合同规则与个人信息保护规则可以在例外情况下穿透双重结构,协力实现数据流动与个人信息保护之间的动态平衡。

主题七

数字法学理论问题研究

研读马长山《数字法学的理论表达》

2022 年 12 月 11 日学术沙龙纪实

2022 年 12 月 11 日,南昌大学法学院数字法治研究中心召开第二十五次学术沙龙,学习研讨马长山教授发表于《中国法学》2022 年第 3 期的论文——《数字法学的理论表达》。

宋维志博士

这篇文章的核心要义:数字法学是什么?文章当中提出了数字法学和现代法学这样一对概念或者说一对范畴的概念,用马老师的话说是工商社会向数字社会进步、转型的时代所需要的法学。也就是说数字法学是超脱于工商时代,对应现代法学的一个理论范式。可以说这篇文章的第二部分"数字法学的研究范围和内容"以及第三部分"数字法学的底层逻辑和体系框架"是这篇文章的核心和主干。其中第二部分我觉得尤为重要,因为在这个部分马老师详细地论述了数字法学到底是什么?数字法学研究什么?数字法学的研究对象和内容是什么?

对于这篇文章我有两个问题。第一个是在第 124 页的"研究内容和范围"这部分,马老师上来就给出了定义:"数字法学中的'数字',并不是问题或领域上的内涵,而是时代意义上的指称。"我们理解马老师说的数字法学首先要理解的是工商社会向数字社会转型的概念,这也是上一次我自己的文章试图论证的——什么是数字社会?也即为什么数字法学不同于现代法学?第二个,第 124 到 125 页讲到的数字法学和现代法学的三种相互关系。第一种是迁移继承,即数字法学从现代法学中迁移的一部分技术理论,比如说权利义务理论；第二种是更新重建，也就是数字法学不同于现代法学的一些理论框架，尤其突出的是"毋庸讳言……"这一自然段。马老师列举的几个例子，比如从国家/社会（公权力/私权利）二元框架到国家/平台/社会（公权力/私权力/私权利）三元框架的转变可以说是数字法学相较于现代法学的一个非常重要的变化。上次我的文章也提到了，对权力机制做出理论上的调整，对整个社会、或者说对整个法学的理论框架都会有根本性的冲击，这是一个釜底抽薪的过程；第三种是新兴理论部分，马老师基于数字经济、数字社会、数字政府等提出了一些新兴的理论，但在我看来可能与上面重建更新的部分差不多。如果大家关注马长山老师近期的文章，你会发现他现在已经开始转向数字政府相关的研究了。

我认为这篇文章的核心还是数字法学的概念。这篇文章的问题还是我之前说到的，我们不否认有数字社会这样一种理解的维度，但是我们是否能认为现在已经存在所谓的从工商社会向数字社会的转型呢？比如已经由国家、社会二分走向了国家、平台、社会三分，由权力、权利走向了权力、公权力、私权利三分？在我看来，这种三分一定程度上是可以被分解到之前的二元框架中的。如果我们还是把它分解到原来的权力与权利或者国家与社会的二元范式中的话，你就会发现他提出的这种"超脱于现代法学的数字法学"是无法成立的，我认为这是马老师这篇文章的一个根本问题。理论基础到底能不能立得住？到底有没有数字社会？是不是出现了平台权力？这是我对这篇文章的最大疑问。文章的后半部分，比如数字法学教育这些其实没有很多新意。

程老师说我们读这篇文章是为了下一篇读刘老师的文章，讨论数字人权。我个人认为至少在这篇文章里面，关于数字人权的论证并不充分，从第137页才开始讨论数字人权，且只简单罗列了几个部分。如果我们要深入了解讨论数字人权的话，我建议读完刘老师的文章或者在读刘老师的文章之前，我们读一下马老师另一篇文章《智慧社会背景下的"第四代人权"及其保障》。当然对于数字人权是否存在，我个人还是和刘老师保持相对一致的观点，我不太认可数字人权的存在，它实际上是可以划分到现在已有的理论框架当中的，它的理论基础并不扎实。

这篇文章论证从工商社会迈向数字社会不够全面和扎实。数字社会只是我们观察当下社会的一个视角，我们并不能说当下的社会就完完全全只能用数字社会一个概念来涵盖，所以我们并不能说马老师的前提就是摘要里的第一句话，"近年兴起的数字法学，无疑是工商社会迈向数字社会这一重大时代变革的理论反映"。我们可以说目前是工商社会或者主要是工商社会，但是工商社会也只是观察社会的一个维度，不能用一个维度来涵盖社会的各个方面，否则是以偏概全的。数字社会是成立的，数字时代也是成立的，数字经济也是成立的，但是我们不能说数字经济就是经济发展的一切形式了，我们同样有实体经济，有其他各种各样的经济形式，数字经济只是其中的一部分，数字社会也只是一部分而已。我们不能用当下国内的情况来推断整个法学领域或者说中国法学领域的变化，我觉得这是不恰当的。

程迈教授

马老师这篇文章很有启发性，虽然有些地方我同意宋老师所说的——问题没有讲透，但是一篇文章不一定要讲透，很有启发性就已经很不错了。但我们主要讲这篇文章存在的问题。

第一，我们看文章的关键词，首先是"新文科、新法科"。马长山老师这篇文章还是用经典的马克思主义的思想来分析社会关系：经济关系的变动引发上层建筑的变动。但是新文科和新法科是政治领导人/决策者提出来的，是政策导向，用马克思的话说是从上层建筑来推动的。把新文科、新法科作为推动数字法学产生发展的一个因素，这里面的逻辑可能要进一步说清楚。

第二，也是刚才宋老师提到的，我觉得尤其是法理学学者，对数字时代带来的技术变革和有可能带来的社会变动有夸大的成分。我记得桑本谦老师的一本书里说"中国所有的裁判文书还不够人工智能的一顿早餐"，这个东西就夸张了。负责任地说，南昌市一年判下来的案子，人工智能就没办法解析。包括这篇文章在第122页说"作为数字法学的前沿开拓者，计算法学、认知法学将在法律认知、法律适用、法律运行上实现机器对人的替代（至少是相当一部分）"，我觉得至少在我们可以预想的未来还做不到，因为人对人都没有办法做到完全理解，机器怎么可能对人做到完全理解。我认为我们作为社会科学研究者，对技术不了解有时候会产生恐惧，有时候也会产生排斥，但是最好不要产生迷信。

第三，这篇文章的立意就是摘要的第一句话"工商社会迈向数字社会"，那么到底什么叫数字社会？我觉得文章应该首先描述一下什么叫工商社会、工商社会的基本前提和基本假设是什么。因为我们现在正从工商社会向数字社会迈进，那肯定是修改了工商社会的一些基本制度结构。其实我是很渴望看到马老师对工商社会的一些本质属性、本质要求作出描述的，但是他没有写，而且他的引用文献里也没有，我觉得这是非常遗憾的。

读完这篇文章，我对数字法学有了一定理解。第 123 页对数字法学作出了定义："它是以数字社会的法律现象以及其规律性为研究内容的科学，是对数字社会的生产生活关系、行为规律和社会秩序的学理阐释和理论表达。"我的理解是，数字法学就是数字时代的法学。而与第 139 页的表格对照，数字法学是不可能成为一个独立学科的，这恰恰是宋维志老师提到的，如果只是用一个数字视角去分析法学，它怎么可能成为一个独立学科呢？法学从封建社会、农业时代就存在了。中国封建社会也有一定的民法和刑法，这些不同时代的法学之间有什么本质区别呢？这个本质区别并不是来自数字时代的法学，而是来自数字时代跟以前的时代的本质区别。包括文章第 137 页对数字人权的定义，我的理解是这个定义也是数字时代的人权。如果换个视角观察就能成为一个独立的学科，我觉得这种论证可能是比较有问题的。但是从这几个问题出发，我觉得数字法学恰恰是可以站住脚的。因为数字时代的确是改变了工商时代的一些基本前提。刚才宋老师提到了用当下国内的情况来推断整个人类社会不恰当，但我们综观整个社会，你会发现有些国家还处于封建时代，因为人类社会的发展并非同步、平行地发展。中国、美国可能已经进入到后工业化时代，那么可不可以因为非洲有些国家还处于封建社会，甚至原始社会，你就说社会还处于原始社会？我觉得数字时代和工商时代是有区别的，农业时代人类的生活需求是满足温饱，生产资料不流动，人被捆绑在社会关系里。而工商时代人变得原子化了，而且无论是人还是生产资料都是高度流动的，整个社会的主题也变为了创造财富。农业社会的主题不是为了创造财富，农业社会的主题是为了种族的延续。如果一个国家或者一个地区进入到数字时代，对它来说温饱已经不再是问题，甚至追求财富也已不再是一个最主要的主题。像我们这种开始讨论数字时代的人，对我们来说真的主要是为了追求温饱和财富吗？其实是为了人的尊严、自我价值和自我实现，而这已经超脱了物质需求，说白了就是一个后现代化的社会。在这样的社会里面，因为各种数字技术的运用，工商时代所追求的原子化的个人状态已经不可能存在了。工商时代的前提是人是原子，而数字时代的前提导致人没办法成为原子，原子人在数字时代成了一个比特，每个人就是一比特的信息，我们又被迫跟其他人结合在一起。我们在对个人信息和数据的讨论里面可以发现数字社会是一种完全不同的社会样态。

数字时代跟工商时代是具有时代的本质区别的。我本来期待马老师讲清楚法律制度的一些基本问题。这些基本问题说白了就是处理两个问题：一是人与人之间的关系；二是人与其他组织的关系，这个组织可能是社会组织，也可能是一个国家。在数字时代和工商时代，人与人的关系还一样吗？在工商时代我完全可以不搭理任何人，但是在数字时代我们想不搭理一些人，他们会主动来搭理我。在工商时代的组织，相对来说可以有一定的排他性和封闭性。但是在数字时代，尤其是以平台为代表的组织就是一个要被迫加入其中的组织。当然这只是我初步的一些想法。

我觉得读下来之后，恰恰是马老师这个立意——是因为有了完全不同于工商时代的数字时代，所以我们有了一个数字法学。数字法学不一定是一个什么一级学科，二级学科。但是对我们来说，数字时代是一个完全不同的时代，它对法律提出了完全不同的要求，而且不同的要求之间有一定的融会贯通性，相应地会产生一个独立的法学部门，我觉得这还是能站得住脚的。

蔡荣博士

这篇文章我读了好几遍。我第一遍读的时候觉得这篇文章说得很大而化之，可读性不强。但是我觉得站在马老师或《中国法学》的立场上来说需要这种文章。第二遍秉持着申报国家社科基金去找课题或者找方向的态度再去读这篇文章的时候，就会发现在这篇文章中，任何一个人、任何一个法学学者、任何一个学生和老师都可以在里面找到自己需要的东西。这篇文章的意义所在就是把所有关于目前数字法学可能引发的问题全部摆出来了。第三遍读的时候，我就开始关注具体内容了。

文章一开始谈了数字法学的三种演进路径，包括方法论路径、认识论路径和本体论路径。我在读的过程中，发现方法论路径只把数字作为一种研究方式来理解，可以轻易区分。但没有把认识论路径和本体论路径很好地区分。

直白来说，文章没有对什么是本体论进行展开。同时文章提到现代法学，也没有论述什么是现代法学，只论述了现代法律和数字法律的关系。而文章中所举的例子，无论是数据的平台化、信息数据的可复制性、可交流性或者信息成本，把数字法学改成网络法学一样可以解释得通。我认为这篇文章虽然围绕数字法学描写冗多，但没有建立起数字法学独有的东西。从刑法来说，相对于网络犯罪而言，我们现在主要谈论关于数字犯罪，一个是针对计算机信息本身的犯罪，还有一个就是针对个人信息的犯罪。这是区别数据犯罪和网络犯罪最明显的两个特征，但在这篇文章里面我并没有看到。文章唯一谈到刑法的地方在"在刑法上，大而化之的'非法获取计算机信息系统数据罪'等'数据犯罪'面临着越来越深的司法窘境，其深层原因在于它仍是一种立足'物理世界'而非'信息世界'的规制逻辑，但这并不能简单地通过增设新条款、新罪名来补漏性地策略应对，而是通过思维和理论上的变革重建来加以根本解决。"我认为这句话有点为了批判而批判，我们不仅仅有非法获取计算机信息系统罪，也有侵犯公民个人信息罪，还有其他的一些，如拒不履行安全管理义务罪等一系列的罪名。刑法修正案通过多次修改已经围绕数据范畴领域增加了很多罪名。文章说"深层次的原因仍然是立足于物理世界而非信息世界"，仍在阐述与物理世界的区别，而没有阐述与网络世界或者信息社会的区别，也就是说这里依然是把所谓的数字法学跟网络法学混同使用的。"这不能简单通过增设罪名条款来补漏性地策略应对，而应当通过思维的变革来进行根本解决"，这说明，一方面，立法上的确是存在漏洞需要予以填补，另一方面，更重要的是通过思维和理论的变革，利用新的解释方法和刑法理念对罪名进行解释，而使现有罪名能够适应数据犯罪的新情况。虽然文章的格局很高，但作为本体论的数字法学，我们应该怎么解决问题呢？我觉得现在的发力点应该还是在方法论或者认识论，只有在方法论和认识论上完成了构建之后，才能逐渐形成对本体论的思考。关于数字法学交叉学科的构建依然应该是从每个部门法或者各个领域的案例开始，因为只有通过案例才能发现问题，然后从案例一步步往上走，而不是说站在一个很高的角度，开始往下走，格局应该是从下往上的。站在马老师人权的立场上，的确应该是从上往下。但作为部门法学者，我们应该是从下往上思考，而不是先谈理念和格局。我觉得这是部门法和法理学研究路径的不同之处。

最后，文章后面的确像刚才宋维志所谈到的，关于教育方法这方面谈得不是很多，但是现在来说进行交叉式的教育，尤其在文理分科的情况下，我觉得很难。

关于数字时代和工商时代的本质区别，我觉得在现有的法学框架下会出现一些新问题，但是还没有到数字时代一定取代工商时代或者网络社会的程度，现在我们是针对新问题进行解决。从刑法角度，尤其是网络犯罪，我之前一直强调过它是一个代际发展的过程。在我看来，网络社会本身就是数字社会，也应该是一个代际发展的过程，但是还没有到人文社科学者所设想的数字社会程度。

程迈教授

从宪法的视角来看，我认为数字时代跟工商时代是不一样的。马老师这篇文章更多是从一个静态的、技术的角度去分析数字时代，而这其实遗漏了数字时代非常重要的一个特点——高速通讯性。站在宪法的角度上说，在数字时代政府和人民之间的距离被大大拉近了，政府能迅速掌握人民的想法，而人民也可以迅速联合起来，不需要再借助政党或者其他中介组织。这在工商时代是不可想象的，工商时代必须要有政党和专业化的政治精英作为政治活动的中介，而数字时代则不需要。这其实改变了宪法的一些基本结构。新技术会改变人们的生活方式，相应地就会改变整个社会的背景。对宪法来说，代议民主和国家权力分工是两个根本性的东西，但是数字时代已经改变了这种结构，这就是为什么我一直认为数字时代还是与工商时代有本质区别的。因为宪法的本质任务是为了保护公民的权利，它的本质手段是通过选举、言论自由这些方式使得国家权力为人民服务，保护公民的基本权利，其背后的假设是"人是理性的"。只要国家不干涉并且给公民提供充分条件和可能性，人民就会在个人意义上作出对自己有利的决定。放到国家、集体的层面上说，大家一起讨论，就会得出一个对社会有利的、理性的结论，但是在数字时代还是站不住脚的。因为在工商时代，底层的人群没有办法接触政治和宪法生活的核心，而有话语权的中产阶级还是相对理性的。这使得中产阶级理性的讨论最终能带来一个好的结果。但是进入到数字时代，技术使社会上的所有人都能便利地参加政治讨论，一方面就导致讨论变得肤浅化，另一方面也使得政府承受了很大压力。对刑法而言，基本前提和基本任务是什么？数字时代的这种高速通讯性又是否对其有冲击呢？数字时代的这些核心特征又会不会将这些前提假设和基本制度掏空呢？

蔡荣博士

比如，刑法里的共同犯罪，包括网络犯罪的有组织化也存在这个问题，以前必须大家坐到一起商量计划再去实施。但现在我可以将犯罪分成很多部分，每个部分在网上找人帮忙做，最后凭借每个人的成果去实施一个犯罪活动，这就是网络犯罪的碎片化，也是数字时代的通讯高度发达所带来的改变，但是目前学界还是在用现有的共同犯罪理论讨论怎么去解决这个问题？

程迈教授

不好意思，我打断一下。其实你这么一讲我就想起来了，我对刑法粗浅的理解是一个国家主动防御机制，用最严厉的惩罚手段去阻止一些反社会的行为。我觉得现在刑法有些事做得很不好，比如网络暴力，刑法对此基本无能为力。关于网络暴力的问题，刑法就没有登过场，国家没有作为一个主动、积极、有所作为的机关去保护公民的权利和维护社会秩序。我可不可以这样讲？

蔡荣博士

程老师，我自己写过一篇文章就是关于网络语言暴力入刑的刑法规制问题，其实我们在某些情况下用侮辱罪是可以解决这个问题的。比如最典型的杭州诽谤案，虽然发生在网上，但是我们最终还是取得了一个比较好的案件处理结果。你刚才举的例子已经在积极讨论中，并非数字社会的新问题。如果要有一个全新的问题，侵犯公民个人信息罪和数据犯罪已经成为新的研究热点，这肯定是一个转变过程，但是这就没有达到马老师这篇文章中这么大的格局。

宋维志博士

针对蔡荣师兄讲的我总结一下,有一个问题是值得我们注意的。现在讨论的所谓数字时代区别于工商时代的发展,要区别到底是技术造成的现有法律体制问题,还是现有法律体制所没有涵盖的。因为法律是有一定边界的,法律没有办法预知未来的所有问题。那么现在究竟只是出现了一些技术带来的新问题,而这些问题我们通过扩大解释或者在一定程度上完善现有法律体制就完全可以解决,还是马老师说的这种根本性的变化。如果没有办法找到从工商时代向数字时代迈进的论证,我们所要做的只是把现有的法律体系完善扩大一下就可以了。

黄悦副教授

我首先接着程老师、蔡老师和宋老师刚刚谈的数字法学对部门法的一些基本原则和基本原理的冲击问题来讲。马老师认为要从本体论上去建构数字法学来代替传统现代法学,如果数字法学对传统法学的价值体系真的造成了冲击,需要重构的话,它一定是从法哲学层面、法理学层面,或者说从宪法学层面开始,就像是先投射到中心,然后再慢慢扩散。部门法的思维永远是认为现有的规则体系不够完善。在刑法里面则是我们没有类推,可能要增补一些犯罪条文。比如说网络犯罪或者是与数字社会相关联的新事实、新的行为方式导致的新犯罪现象,永远是从维护现有的规则框架,在原有的理论基础上或在具体制度上去建构和解决。当然所有的问题真正发生的时候,法律适用永远是部门法冲在前头,宪法的适用性是没有那么强的。程老师最后提到的问题非常具有启发性,也就是说数字法学会不会对刑法的一些基本原则,比如罪刑法定、侵害原则或责任原则这些现代刑法的基石产生冲击。部门法学者能不能敏锐地发现这一点是很重要的,真正推动现代法学向数字法学的过渡或者代际交替可能很大程度上也需要部门法学者有这种敏锐性。但是另一方面,如果核心地带的法理、宪法层面没有关于法律原有的价值体系的反思并对价值体系进行顶层设计,很可能又会阻碍部门法去真正地解决问题,我觉得这应该是一种双向的关系。

第二点,简单谈一下我对这篇文章的感觉,读下来它的立意是非常高的,但是我读到最后发现确实像两位老师说的那样，步子迈得很大。换一种说法，作者过度兴奋了。从一开始就先提出了他的论断，他所要建构的数字法学绝对不是一个数字工具法学，也不是一个数字认知法学，也不可能是一个新的现有法学框架下的部门法学，而是一种对现代法学的重构，是在继承和扬弃的基础上有新兴理论的数字本体论法学。在作者看来，这就是法学在数字时代的新的发展。文章首先提出了这个论断，那么我们肯定就会追问。如果现代法学对应的是工商社会，数字法学对应数字社会的话，就先得把工商社会和数字社会的区别讲清楚，那么工商社会向数字社会的进化体现出了其与工商社会的什么本质上的不同？这个问题又留到了第三部分讲（数字法学的底层逻辑与体系构架）。但是我认为文章并不是在讲数字社会的底层逻辑，而是在描述数字技术应用之后社会的变化、人类交往形式变化和技术带来的经济活动的变化。这其实还是在描述一个社会形态，或者说是偏向一种事实描述。如果这些都不是文章真正能够支撑数字法学这一命题的论证的话，就导致了数字法学的体系构架这一部分中的第二点中的价值体系的问题出现。其实从封建社会、工商社会到数字社会，包括更直接的原始社会形态，大概都是这样变化过来的。刚刚程老师说到了我们在数字时代思考的是人的自我实现问题，不是温饱问题，也不是如何发展经济的问题。难道说只有进入数字时代才会去思考这个问题吗？我们不是从人类诞生之初就在思考这个问题吗？

发展是两个维度，一个是人对自然界的面向，另一个是人对自己的面向，我们要发现其中不变的东西。如果说现代法学真的完全转换升级的话，我当然非常想看到它在价值体系上跟传统的现代法学到底有哪些不同。但是文章最后讲到的数字人权、数字正义还是人类社会发展到现在都没变的东西。

即使这篇文章最后得出的结论，包括体系和制度设计真的打破了我们原来的理念，将价值体系都重构了吗？我发现没有。这还是回到了一个问题，就是从工商时代到数字时代真的有那么厉害吗？我觉得真正厉害的是从封建时代到工商时代，也就是说从身份社会到契约社会，在神的禁锢下把人解放出来，人获得主体性，这可能是我刚才提到不变的东西里面真正发生的变化，这才在人类历史上具有划时代的意义。而数字时代我觉得它没有那么厉害，这还是一个人主体、人中心的时代，元宇宙也就是人的镜像投射，还是人类的实践形式和实践内容发生了变化，人的理性在实践领域的运用是不会发生变化的，只不过是时间范围扩大了，超出了物理性的时空限制，而进入一个虚拟的、没有物理障碍的场所。所以在这一点上，我觉得数字法学可能还并不像作者说的是一个全新的、根本性的转换。可能并不准确，但是我想到了有人提出过工商时代的历史终结后，最后一种社会形态，不是说技术不向前发展，而是人的向内探索。我是觉得目前数字时代产生不了冲击，这就是我对这篇文章的整体感受。

程迈教授

接着黄老师的话讲，我们可能观点不一样。我觉得农业时代、工商时代和数字时代还是能够区分的。农业时代更多投射于一个种族的延续，它都是以家庭为中心的，在农业时代里个人并没有重要的地位，只有家庭的主体地位。进入到工商时代之后，从身份到契约，个人变得更重要了。个人主要的目的就是为了实现一个富足的生活，但是怎么样能够使人获得超越性，突破他自己的生命呢？宗教就应运而生。所以为什么在工商时代宗教自由如此重要？因为一个原子化的个人如果没有一些宗教的寄托，他就没有办法超脱于个人的生命，所以工商时代有宗教自由。而农业时代根本没有宗教自由，因为农业时代只有群体没有个人。在工商时代人的主体地位很高，那么为什么人一定要有主体地位？

黄悦副教授

我认为这是人的理性的自我觉醒，人向自由发展的一个过程，人必然会意识到这一点。因为人是有理性的，有认识能力的，同时还有超越现实的能力。我们说逻各斯和努斯精神，人要去实现自我超越，他不把自己看成是和其他的物一样附属于自然界的一部分，人主体觉醒之后才有主客区分，我觉得这是必然，不是理智。数字时代更强调人的主体性，元宇宙就正好实现了这一点。

程迈教授

我认为数字时代可能是人的主体地位重新被消弭的一个时代，可以去强调人的主体性，但实际上做不到。因为进入到数字时代，人的一切都被数据记录了，你可以去挣扎，但你挡不住这个时代了。我们可以去想象我们有主体地位，在想象中认为自己是自己世界的主宰，但是在现实中没有主体地位。当然这也是一种猜想。

蔡荣博士

黄老师前面的观点我都很认可，但是后面黄老师把这个事情放大到社会的代际发展来看，我觉得从认知上犯了一个错误。因为现在马老师之所以敢这么大胆地去论述数字社会的格局，就是站在了社会代际发展的角度上。就像我们无法在封建社会想象资本社会，我们可能也无法在所谓的工商社会去想象数字社会。可能从代际发展来说真的是更有利于数字社会主体性的成立。

还有黄老师说到的人的主体性，虽然我不承认数字社会就快来了，但是我赞同程老师说的人的主体性在数字社会会逐渐消灭是目前的一个趋势。从透明化、节点化、人际关系的发展来看，我觉得人的主体性很大程度上是源于我们的主观使我们成为一个主体，但是一旦我们的主观都被人给看透了的话，我们可能就真的没有主体了。

程迈教授

我目前还只是初步的想法，并不完全确定。因为如果人的主体性都消灭了，整个宪法基础就被掏空了，宪法是最讲人格尊严的，人格尊严的一个前提就是人得有主体性，但是人的主体性本身是想象出来的。在农业社会是没有人谈这个问题的，进入工商社会才谈，那么这个主体性问题在数字时代还能不能延续下去？至少我们现在保持一定的怀疑，可不可以？

丁安然博士

之前各位老师提到的那些观点，我都觉得很有启发，但是因为我可能还没有太深的想法，所以提一些小的观点。在论文的第 128 页讲到数字生活的基本逻辑时，我发现里面好像漏了一个信息平台。在数字生活或者说数字社会当中，信息平台的地位我认为是比较重要的，但我看到马老师好像没有关注到这一点。对信息平台的角色分析、规制或者未来的发展我觉得也是数字社会应当关注的一大重点。

在数字时代，自由裁量权，行政机关的裁量权还有意义。算法只是一个参考，不是说我必须要按照它的来，我觉得它的存在价值更多是一种组织性的参考，不要偏离这个标准太远了，但是我觉得不是把算法作为绝对化，我们就要按照它得出的结果去裁量。比如说可能通过这个算法得出一个行政的决策应当是要怎样的，但是我觉得它只是一个辅助性和统一性的手段，并不是主宰性的。自由裁量权才是它存在的价值跟意义，而且两个案子不可能完全一样，肯定有它的特殊性，这就需要人发挥主观能动性，机器没办法去判断那么复杂的东西。

黄一川同学

刚刚老师讲到对宪法的冲击，其实我感觉从现在来看，可能对国家的整个治理会有冲击，但是还没有带来本质的变化。比如说给校长发邮件，但这其实是一个网络社会就能达到的行为。古代也有击登闻鼓告御状，但是真正实际的治理还是看真正掌握权力或者能控制社会的人是怎么做的，那么实际上还是各级行政机关在做。要能够说真正带来冲击的话，可能是 AI 能够成为意见领袖，比如说强人工智能的到来，能够替代人去做一些行为，只有出现了这种情况的时候才能够比较好地再来讨论这个问题，至少从目前来看，我觉得还没有什么本质性的变化，只能说有一些治理方式、治理模式上的改观，还是方法和认知上的一个问题。

具体再看这篇文章的话，我觉得第一就是这篇文章视角很宏大，但更多谈的是未来的问题。作者的思考很深入，但是他对未来的描绘也就仅仅止于作者个人。那么未来数字技术的进一步发展肯定会带来很多的改变，有一些可能是作者能提到的，但是未来的构想其实因人而异，真正的变化是什么？未来是什么样的情况，我们现在也很难作出准确判断，也没有人能作出准确判断。作者对数字社会的构想比较超前，但是有些概念是混同的。第一个概念混同就是在谈数字社会的时候有点和元宇宙混同。我觉得从目前来看，数字社会主要还是一个数字技术逐渐取代传统技术，或者说强人工智能取代人的地位的一个过程。但是作者讲的虚实结合这些其实很多是元宇宙的概念。

第二点，其实很多问题都是要以强人工智能为基础的，但是强人工智能会不会到来，什么时候能到来，这是我们不知道的，也是很难作出精准预测的。在结语部分作者比较务实地总结了他的观点，最后几个结论我还是比较支持的，而且作者最后说了根本在于数字时代如何重塑法学，我觉得也正因如此，不是法学要去主动改变，主动去适应数字时代，套用马克思经济基础和上层建筑的理论，是在这种双向互动的过程中，我们最终迈入数字时代。如果数字时代终会到来的话，应该是在这样的过程中迈入数字时代，而不是法学要很积极地去回应。因为法律本身具有滞后性，只能说在这个过程中一步步地走向未来，可能我讲得比较务虚一点，但是我觉得应该是这样的一个过程。

饶威芳同学

我想到几个问题。

第一，老师刚才说从农业时代到工商时代，再进入数字时代的定义不是应该以他们的生产方式吗？比如农业时代是最基础的锄头，工商时代是机器，数字时代通过数字信息，我们并没有脱离物体本身。在这个过程中，我们也一直有对人的追求，不能说农业时代我们就没有。

第二，我们都知道民商法是研究平等主体人身关系和财产关系的，刑法是研究犯罪的，其他的法也都有一个很清晰的限定范围，但是数字法好像并没有说要研究什么，在什么范围内研究，好像什么方面都涉及了。

第三，数据滥用的问题，我觉得这应该是很新的一个概念，是数字社会专属的，因为可以通过数字算计来实现各种活动。我想知道如果有这种算计的话，我们应该怎么去限制或者去防止这些算法，因为我们不可能任凭其损害到一定程度之后才来考虑解决办法，这是我的想法。

附：

《数字法学的理论表达》
马长山

摘　要：近年兴起的数字法学，无疑是工商社会迈向数字社会这一重大时代变革的理论反映。数字法学不是现代法学的理论增补，也不是现代法学的新兴分支，而是现代法学适应数字时代变革发展的转型升级。它通过现代法学基础上的迁移、改造、更新和创生，实现了对现代法学的理论重建，展现着信息中枢、数字行为、算法秩序、节点治理等数字生活逻辑，具有理论体系、价值体系、学科体系的数字知识构架，从而为数字时代的法律发展和秩序构建提供理论解说和规范指引。

研读刘志强《论"数字人权"不构成第四代人权》

2022 年 12 月 18 日学术沙龙纪实

2022 年 12 月 18 日,南昌大学法学院数字法治研究中心召开第二十六次学术沙龙,学习研讨刘志强教授发表于《法学研究》2021 年第 1 期的论文——《论"数字人权"不构成第四代人权》。

宋维志博士

众所周知,"数字"这个概念这两年非常热门。之前就已经有学者提出了"数字人权"和"第四代人权"这样的概念。首先是张文显老师的"无数字、不人权",张老师提出数字人权属于第四代人权。紧接着马长山老师较为详细地论证了数字人权作为第四代人权的概念。然后到 2021 年,刘志强老师写了一篇文章旗帜鲜明地论证数字人权不构成第四代人权。这个题目就非常有针对性了。

我先简单介绍一下这篇文章。这篇文章主要分为三个部分,第一个部分是从人权代际革新的角度来论证数字人权不构成第四代人权。在这个部分主要是说人权代际更新,一代人权、二代人权、三代人权和四代人权是怎样产生的以及产生的原理。第二个部分讨论数字人权不具备人权本质,就开始从实质性的角度来讨论这个问题了。也就是说在第一部分和第二部分,刘老师论证的核心是数字人权这样一个概念。数字人权和人权在本质上是不相匹配的,数字人权不但不是第四代人权,甚至还不构成人权的基本要件。第三个部分是数字人权不构成基本权利,这个部分事实上也是马老师的文章里面论证数字人权构成第四代人权的一个主要切入点。这个部分的分析框架第一是宪法规范，第二是人的尊严标准，第三是最低限度的权利，这个框架基本是遵循法理的传统角度。

我现在简单地谈一谈我读完这篇文章的感受。

第一点，事实上我对人权的研究也不是很懂，我在读博的时候，西南政法大学已经有了人权研究院，人权研究院原来是在法理学科下面的，后来就从法理拨了出去，现在人权是一个相对独立的或者说完全独立的，你可以说它是一个学科或者一个部门的研究领域。应该是三年前，人权研究院就已经开始独立招生了，虽然它的学位还是法学的学位，但它的培养内容已经完全独立出来了，所以人权与法理或者说和法学的关系还有多大，这是值得思考的事情。

第二点，数字人权或者说数字能不能构成一种权利？这是我读这篇文章最想提的一个问题。根据我们之前读的文献以及我们的生活经验，我们都知道数字在我们的生活当中是不可或缺的，更有人声称这是一个数字时代或数字社会。但数字是否已经构成一种权利了？在我们之前读的文章中，比如在数据上设定一定的权利，基于产生数据、制造数据的行为，从而获得一定的权利，这个权利既可以体现为人格权益，也可以体现为经济利益。数据可以设定一些权利，毕竟数据是人创造的结果。那么所谓的数字存不存在这种权利？或者说怎么成为一种权利？不能因为我们生活中离不开数字化的东西，就说这是一种权利。权利是要有一个明确的边界的，模糊地说数字人权是一种基本权利，那它究竟是什么权利？这是我们读到现在我非常想提出来的一个问题。在理论上，当前的研究者必须认真思考一个问题，就是我们不能大而化之地说新兴的任何一种东西都是权利。这个问题在这篇文章的第33页提到"这些要素在根本上不是通过数字化的形式实现的，很难谈得上被解构、被重组、被挑战"。事实上在读上一篇马老师的数字法学的那篇文章时，我们都提出了同一个问题，就是数字化的东西它只是一种技术手段，一个媒介而已，比如信息权利等这些权利都可以划归到现有的民法框架当中，它最终都可以在财产权、人格权这种权利当中找到落脚点，这些东西只是借助了一个电子化的形式表现了出来而已，它并没有构成任何新的权利，也就是他这里说到的"很难谈得上被解构、被重组、被挑战"。我们现在的生活当中并没有那么多被解构、被重组、被挑战的东西，当然我们不可否认程老师之前反复强调的数字化的社会对宪法制度以及人与人之间的联系的冲击是非常大的，我们没有否认这种冲击。但也只能说这是一种更高效的信息沟通和传递的手段，它的本质还是人要表达自己的意图来构建整个国家的宪制，那这基本的原理就是大家表达自己的意见，无非是以前写选票，现在是电子化投票，现在的效率要高，但其中的本质还是人表达自己的意见。

第三点，在结语当中作者的第一句话就是"权利泛化曾在我国学界引起争论"，不仅是曾经引起争论，现在同样还是引起争论。我记得我们在读王锡锌老师那篇文章的时候，当时我就说过，不能因为我们在理论上不能很好地解构它，我们就随便创设出来一个东西，来试图解释这些问题。但事实上你会发现这是无源之水，你创造出来的这个东西最后在逻辑上找不到一个自洽的形式，那创造出来之后只能带来更多的麻烦。数字这样一种新兴事物确实会对现有的体系有一些冲击，但是这个冲击究竟是在根本上还是技术层面我们一定要搞清楚，我们不能把技术层面的一些冲击，把它夸大为对社会的根本和权力结构都造成了根本性的冲击。如果是过分夸大，我们可能就会出现文章中所反驳的这些论断。我们现在好像出现了第四代人权，那可能过一段时间信息技术更发达一点，又出现了第五代人权，我们就会发现这是在不断地套概念，我们的法学研究就搞不下去了，我觉得法学研究还是要走得更扎实一点，在权利和义务这些问题上，一定要有扎实的根基才行。

程迈教授

关于人权的代际变化问题，其实在宪法里讨论得是比较多的。人权也是一个宪法概念，每一代宪法权利的变化都根植于它的历史背景。比如说第一代人权，经典的公民权利和政治权利，它的历史背景就是资产阶级革命。第二代权利是经济、社会、文化权利，它的历史背景是社会主义运动。第三代权利是集体权、发展权，它的历史背景就是帝国主义国家或者前殖民主义国家和殖民地之间的政治对抗。如果真的要产生一个新的数字人权，我觉得还是要落脚于数字时代跟以前的时代有什么本质的区别？因为资本主义革命的时代和社会主义工人运动的时代与这种后殖民化的时代的确是有本质的区别的。比如2022年12月8日的时候我在一家企业做宪法宣讲，我当时就提到了，正好我们是2019年12月8日，官方认定了0号病人，整整三年之后，国务院下了新十条，到今天才10天，整个国家已经出现了天翻地覆的变化。这种事情在10年前会发生吗？在10天的时间里整个中国的防疫政策全部大变动。如果不是进入到数字时代，用这么高效的通讯的方式，包括执行的方式，这一点能做得到吗？

我们获取的信息来自哪里？它不是来自政府，它是来自于社交平台，比如微信、抖音等。那么这些机构是不是真的形成了该文里也提到的社会上的一种权力？按照这样的逻辑，这种权力的确是跟过去的权力是不一样的，而且这种权力比如说微博、抖音等，它跟国家传统的政府权力之间是不是形成了一种博弈？

如果至少从法律上说，这个数字时代的确是跟过去不一样，那么相应就产生了数字人权，但是我不认为二代人权吸收了一代人权，三代人权吸收二代人权，而是三个不同的人权类型。刘老师所说的代际并不是什么爷爷孙子这种关系，而是说到了数字时代之后形成了一些新的权利，这些权利跟过去的那些权利不大一样的。他反过来说在我们这个数字时代，先假设这个数字时代已经存在了，在我们这个数字时代有没有可能产生一些跟过去不一样的权利。比如说在数字时代，公民要求这些大的技术公司予以平等对待的权利。那么在数字时代大家有接受这种数字通讯服务的权利，这个可不可以算是一种新的权利。如果一个大的技术公司拒绝提供这种服务，我们还能用过去的一二三代权利去对公民给予保护吗？更不用讲数据权了，数据权可能是过去的一二三代权利根本就没办法解释的问题。如果有，这些权利是不是就可以构成数字人权？

马老师把数字法学定义成了数字时代的法学，这可能覆盖面太广了。即使进入到数字时代，比如刑法的一些根本性的原理结构还是没有发生改变。进入到数字时代以后，新兴的法学会发展起来，比如数据法学、人工智能法学这些是数字法学，但它并不是凌驾于其他的法学部门之上的，类似于宪法作为母法跟部门法之间的关系。数字人权可以成为一个新的体系，一个新的类别，但是它不一定涵盖了所有其他法学的东西。

第三个问题也是目前中国宪法实施中的一个问题。在中国还没有成熟发达的宪法审查制度的时候，刘老师讨论了很多扩展丰富人权内涵的东西。这些有可能停留在学理上的宪法权利有没有实际意义？宋维志讲这篇文章比较抽象。我觉得最抽象的部分还是关于人性。刘老师觉得人权来自于人性，那这是个抽象的人性还是一个具体的人性？比如说进入到数字时代之后，关于人性的一些根本的东西有没有发生变化？康德是把理念和直观进行区分，直观是直观，理念是理念，他认为人性是一个先验的、理性的东西。但是用黑格尔的话说，所有理念的东西必须要在经验中展开，比如他所讲的民族精神，必须要在实践中不断展开，反过来才能够更好地去理解像人性这种理性的概念。

黄悦老师上周提到的主体性的问题，我们作为学者或者说我们作为法学学者，主体性是非常重要的，但其实我想问一个问题，是不是每个人都很珍视自由？自由是一种馈赠，还是一种痛苦？有的时候没有自由或者说不需要做决定的时候，有些人其实会过得很开心。主体性的问题进入数字时代之后，有没有可能我们发现人性中其实并不需要主体性的东西，所以在这一点上我觉得刘老师可能讲得有点武断了。即使消解了人的主体性又如何？所谓的主体性问题，是在进入资产阶级革命之后，大家才开始讨论主体性，在前资产阶级革命、在前启蒙时期，欧洲人都是服从于宗教，服从于上帝，但那个时候人活得就没有尊严吗？欧洲人相信上帝，根据上帝的旨意去做，其实人是放弃了自己的思考的。但是在那个情况下，你说人没有尊严吗？进入到数字时代以后，大家会发现我们根本没有办法维持自己的主体性，因为这种大数据技术会让你无处遁形。如果进入到数字时代之后，还高度强调人的主体性会与现实产生严重的冲突，但是反过来我们通过非常便利的方式把个人意见、想法表达出来，汇集成一个像浪潮一样的社会表达渠道，这是不是另一种实现人权的方式？

最后，读了刘老师这篇论文我感觉有一个问题，就是他自己做了一个前提假设，然后说符合这个前提假设的结论就是对的，不符合这个前提假设的就是错的。但是这篇文章讨论的是一些非常深邃和有争议性的问题，这样的论证方式是否会带来更大的争议？因为每个人的想法都具有自己的内在倾向性，有些人可能就是不会去接受我们的前提。

黄悦副教授

我就简单说一下我读完这篇文章的体会。第一部分其实程老师刚才已经讲得很清楚了，我也很赞同程老师的这种观点。从这篇文章的主题来看的话，我们可能要重点关注的就是作者所提出的数字人权，这样一种人权是不是能够作为一种新的权利出现，能够跟之前的这种基本人权、政治权利、经济社会权利以及发展权、集体权等有着相同地位的，能够纳入到人权体系里面。我对第一部分的数字人权是否构成代际革新也是这样理解的，作者也应该是在这种框架下去思考这个问题的。

然后进入到第二部分，我首先想问一下这篇文章里的数字人权到底是什么？到底是数字人的人权，还是人的数字权？我不知道这种问题本身成不成立。我看了文章的第二部分和第三部分，作者又好像关注到了这两方面。文章的第二部分就是在否定数字人的人权，是从人性的角度去否定这个数字人权不具备人权本质，其实它的前提就是否定没有所谓的数字人，这一部分的小标题包括："数字人性"的悖论、"数字人权"无法证立人性、"数字人权"无法捍卫抽象化的人性等。这好像在谈数字人存不存在，是不是符合我们对人性的一种理解？因为权利是基于人性而产生的，这是它的一个逻辑上的展开。我理解的是作者要否定数字人权的话，就是在否定有数字人。因为没有数字人，也就不会出现因数字人而产生的人权。第三部分是数字人权不构成基本权利。这个时候又讲到人的数字权并不能成为人身权、人格权、财产权之外的宪法上的一个基本权利。这三个部分在我看来我也没弄懂作者讲的人性到底是什么？虽然提到了这些人，稍微提到了捍卫"人性"的三类方案，但是他要否定数字人权不具备人权本质，就要把人性的东西讲清楚。这里的论证是不够的，是很表面的。我认为他的一些基本结论都还没有给出来，一些论断也没有提出来。

第三部分就是数字人权不构成基本权利，作者论证数字人权不是宪法的基础权利列出了两个标准：一个是人的尊严标准；另一个是最低限度基础性的权利。作者认为数字人权不是一项最低限度基础性权利，不是对人的生存发展必不可少的一种权利。关于数字人权不符合人的尊严标准的论证在文章第 31 页中间提到"对此，数字人权说列举了数据信息自主权、数据信息表达权、数据信息公平利用权，数据信息隐私权等基本权利主张。这些权利中有些对应着人的尊严、人格权具有精神权利的性质，有些带财产权的性质，有些同影子相关，但是这些基本权利主张中，只有数据信息自主权或者数据信息自决权，能够体现人的真尊严，关涉个人自由意志的阶段，可以成立基本权利……"我确实是看不懂，我摘取他中间这一句话出来说这种数据表达、数据利用、数据财产、数据隐私的这些假设，这肯定是一种具体权利，对吧？那基本权利和具体权利有什么区别呢？凡是讲到权利，它背后的法理肯定都是关涉个人自由意志决断的，难道就只有基本权利？比如盗窃罪侵害的是他人的占有权。占有权肯定是财产权这种所谓的基本权利之下的一项具体权利。盗窃的赃物也要被保护，也是一项权利。如果把盗窃犯偷的赃物偷来了，同样是侵犯了他的占有权。那为什么要这样去保护？其实还是保护了占有者的自由意志，是他的自由意志投射到物上去，形成了一种支配关系，这就是他的一个自由。这些具体的权利怎么会不关涉个人自由意志呢？马克思认为财产是自由的固化，那具体的财产权利就不关乎自由吗？所以刘老师通过这种否定方式去论证数字人权不符合人的尊严的这一点我是有比较大的疑问。如果作者把数字人权这样贸然地升级为第四代人权，用所谓的这种权力泛化或者是人权滥用来回应这个问题，这是不是过于严重了？

程迈教授

首先，黄老师的这个到底是数字人的权利还是人的数字权讲得蛮好的。这其实是两个概念，一个是数字人，就好比第二代权利的主体是社会人，因为人是在社会中生活的，既然是社会人，就会产生第二代权利里面的教育权、文化权，等等。另一个就是人的数字权，比如说我们有接受网络服务并被算法公平对待的权利，这其实真的是两个概念，能把这两个概念讲清楚就不错了。

其次，也就是黄老师刚才提到的，我刚才也讲了，作者先定一个前提，假设人性就是这样的，人的尊严就是这样的，不满足这个标准就是错的，然后就不构成人权，但是这里面的逻辑还是需要进一步讲清楚的。

最后，就是人权跟普通权利的差别，其实也就是宪法权利跟普通权利的差别。宪法权利是作用在人跟国家之间的一个权利，而这个普通权利是市民社会的一个权利，是人与人之间的一个权利，是普通公民之间的权利，它的一个前提假设就是在这个市民社会中市民有办法通过社会内部的博弈和竞争去实现人的这些权利，比如说数据交易，等等。但是在人在面对国家的时候，国家有特殊性，国家有垄断暴力，国家具有权力，它不是一个权利，他可以直接把自己的意志落实为有实效的东西，所以就相应地有宪法的基本权利，国家对这些权利也不可以侵犯。但在市民社会里，如果你有这个权利，我也有这个权利，我凭什么要对你的权利让步呢？

蔡荣博士

第一，文章分为了三个部分：第一部分是代际革新；第二部分是人性本质；第三部分是权利路径。从这三种方式来对第四代人权进行否定，我们就要提出一个问题，这个问题不是我读文章的时候想到的，是我刚刚听各位老师谈论的时候想到的，就是我们为什么要创立所谓的第四代人权？我们创立前三代人权，那是我们在总结历史经验教训基础之上，我们要在理论上或者在概念上要进行一个划分，我们现在要把数字人权提升到所谓的第四代人权的目的是什么？我们是为了突出数字人权的重要性吗？还是说我们一定要在这个数字时代对人权概念进行一个区分呢？这篇文章采取的是历史性的考察路径，文章通过前三个代际发展来划分，以及划分标准是什么？从而依据这样的代际标准能不能来肯定第四代人权的存在？作者提出了三个标准，权利主体、权利关系、权利内容。如果按他这种标准来进行划分，我觉得以后除了地球人跟外星人之间是否存在一个人权问题，这可能成为第四代人权之外，其他根本就没办法产生第四代人权。第一个在主体方面，我认为他说国家、企业和个人的关系是第二代人权内容就是在否定现在的数字平台作为一个新的权利主体这一事实。但是我们也可以继续思考，就是第二代人权中的企业和现在的平台，在权利维度上是不是一个概念？或者说是不是在同一个意义上去思考这两个东西。第二个就是权利关系，第一代人权和第二代人权是国家逐渐放权，个人逐渐宣扬自己权利的一个过程。现在到了第四代人权，它是否还是这样一个过程，或者说到了数字时代，它是否还是这样一个过程？这是我们要去思考的问题，国家和个人的关系到底有没有改变。第三个就是权利内容，我一开始跟作者的观点是类似的，我们讨论的所谓的数字权利也没有超出我们已有的权利范围，比如说刑法还是能够在人身权、财产权、社会秩序、国家安全这些方面把东西装进去。但这里有个问题，个人信息权是不是一个新的权利？还有一种我们前两年讨论比较多的叫数据删除权，或者说是被遗忘权。如果我们能够把个人信息权和被遗忘权作为一种新的权利内容的话，那么企业到平台这个权利关系要更新了，国家和个人之间的这种平衡要重新建立。那在权利内容和权利类型更新了的情况下，为什么我们不能建立第四代人权呢？这是从代际路径我们来考虑的问题。

第二，从权利性质路径，作者也提出三个方案：超验、先验和经验。我只是看到了三个方案摆在那里，我看不懂他到底在说什么，然后我去找了一下这里面谈到的所谓的权利本质，人权的本质强调的是一个强烈的自主性，他觉得人可以自由选择的权利就是因为前一代人权中人是自由选择生存的。第二代人权是人可以自由追求幸福，能自由追求发展。国家要提供发展的环境，提供发展空间，来保障这种人的自由，第三代人权就所谓的集体性人权，就是作为一个民族或者作为一个宗教团体，可以拥有自由从而存在于这个世界上。这强调的是自主性或者自由性。那么如果我们以自主或者自由来作为权利本质的话，在数字时代，就像程老师说的，人的这种自主性跟自由性是逐渐在丧失的，我们已经被数字技术侵犯了，已经开始丧失自我了。我们看到的信息都不是我们自主选择的，是别人推送给我们的。如果我已经在自主性上对你进行侵害了，权利本质已经在动摇了，难道我们不应该再建立一个新的人权关系吗？

第三，所谓的权利路径，刘老师认为所谓的数字权利没有超出现有基本权利的范畴。比如在奴隶社会里的"法不可知，则威不可测"，这个情况下就是没有所谓的法的明确性，这些法律的原则根本就不存在。到了封建时代，开始颁布成文法典，有一定罪刑法定原则的雏形了，存在"天子犯法与庶民同罪"的平等思想了，但也存在"君要臣死，臣不得不死"的思想，这个时候还没有完全树立所谓的罪刑法定。到了资本主义阶段，开始强调所谓的罪刑法定，贝卡里亚开始明确提出罪刑法定、人权、平等、法律明确性这些概念，而这些概念构成了现代刑法理念的基础。那么在数字时代有没有对这些东西进行颠覆，现在看出来是没有的。这也是这篇文章作者所提出来的一个问题，既然没有对所谓的基本权利进行颠覆，为什么我们要去确立第四代人权？从这个问题来看，这是文章里面保守性的一面，也是我保守性的一面。

丁安然博士

刚刚黄老师说数字人权在文中到底指的是什么？我看了一下文中提到的几句话，文章第 23 页说到"数字人权体系当中，它不仅包括传统人权在新语境下的权利变动，也包括创设于数字时代的新兴权利及个人"。也就是说他所谓的数字人权指的就是个人数据，然后第 26 页作者又对数据权进一步解释，"数据权是一种新兴权利"，它所回应的其实就是个人在数字化时代下的一种偏好，考量的是这种偏好能够给个人带来的权利与收益。也就是说本文当中所认为的数字人权就是数字化时代给个人带来的收益的一种权利。

在数字化时代，虽然我们的主体性淡化了，但是当信息与个人的这种特殊性相关联的时候，主体性还是存在的，它只是被弱化了、被淡化了，但并不意味着它不存在。当个人的特征显现的时候，我觉得数字化时代的这种主体性还是存在的。那也就是说文中说的数字人权不具有主体性，我觉得还是存疑的。我也认为不能轻易地就把它定义为第四代人权。然后这个数字人权我觉得更多的是一种数字化时代的权利，是不是可以称之为人权？

黄一川同学

这篇文章中关于"数字人性"的悖论的部分，认为关于人性的数字化会带来的三点后果我觉得是有问题的。第一，信息人在复制实体人信息数据的基础上进一步自我学习和自我迭代，当完全具备脱离实体人而独立存在的现实科技条件。我觉得其实可以完全禁止这类技术发展。第二点他说承认人工智能的人权主体地位就是一个难以避免的选择，它也完全可以因为人工智能是人造的物，所以可以直接就不承认它的人权主体地位。第三点他说人可以创造人性的命题，其实人性可以从现实走向虚拟和所谓的人可以创造人性，这应该是两个命题。所以我觉得作者在这一部分论证这个理论不成立的时候，其实他在用归谬法，这是一种错误的归谬。像刚刚黄悦老师讲到的数字人权到底是数字人的人权还是人的数字权？所以我感觉他是在混淆这两个概念，我觉得数字人权更多的是一个人的数字权，人的数字化的人权。就是说这种人权它是自然的、物理的、实体的人，我们在进行虚拟的网络活动的时候，由于这个活动随着数字技术的发展已经和现实生活相差无几，我们已经能够将自己的意识投射在里面，我觉得人性的基础就得到了延伸。所以作者基于这些给到的论证是有点不合适、有点危言耸听，是对技术充满排斥和怀疑的。

尤其是在最后一部分，作者讲到人权的功能有限，它只能被严格限定在那些关涉人的生存、自由的核心内容上，方能使其有限的功能得到真正的发挥。我们现在所讲到的数字人权，第几代人权，我们是基于现实讨论，还是基于未来的考量？我们现在讨论和它未来可不可能是，我觉得这是两件事情。技术在发展，我们可以预见到技术的一些发展方向，所以在未来他是不是有这种可能，我觉得完全是可以讨论的。但如果只是基于现在是不是来讨论的话就很狭隘，只要谈现在是不是的话，我感觉基本上可以谈到就是还不构成革新。我觉得有一些构想其实是能够看见的。所以我觉得这是在讨论的时候要考虑的一个问题，到底是基于目前现实的情况，还是我们往前进一步，还是前进两步来看这个问题，我觉得这是学者在论证不管是一个旧概念，还是一个新概念，还是一个完全不同的提法，他们可能基于不同的现实在考虑问题和对技术本身的一个积极或者不积极的一个态度，这是我的理解。

程迈教授

因为我们是搞社会科学的，如果对技术不了解，有时候会把科幻作品当成现实，这就像刚才黄一川说的是不是有点危言耸听了？我们接下来有可能要进一步谈的，也可能是数字法学最后一个问题——元宇宙，就是说人的虚拟人格在这个虚拟世界里实际上也开始形成一个人格。我记得有一个学者已经开始研究在元宇宙里是否存在性骚扰？比如这种在线游戏性骚扰，到底是哪个人格？这可能是一个男人去扮女人，然后被另一个男玩家骚扰了，那这样构不构成性骚扰呢？这些都是很值得研究的问题。

附：

《论"数字人权"不构成第四代人权》
刘志强

摘　要：从人权的代际划分原理来看，"数字人权"的概念即使成立，也只属于三代人权范畴的内容，可以在既有人权体系的框架内得到合理解释，没有突破既有的三代人权格局；个人数据信息类权利的出现，未构成人权的代际革新。从人权的道德属性来看，"数字人权"不具备人权的道德基础，难以通过"数字人性"来实现道德人权层面的证成，也就无法成为一项基本人权。从基本权利理论来看，"数字人权"既缺乏宪法的规范基础，也不符合"人的尊严"标准和"最低限度基础性"标准，无法被证立为宪法未列举基本权利。总之，"数字人权"不仅不是新一代人权，甚至不宜作为人权的下位概念。

主题八

元宇宙法律问题研究

研读王奇才《元宇宙治理法治化的理论定位与基本框架》

2023 年 2 月 5 日学术沙龙纪实

2023 年 2 月 5 日，南昌大学法学院数字法治研究中心召开第三十二次学术沙龙，学习研讨王奇才老师发表于《中国法学》2022 年第 6 期的论文——《元宇宙治理法治化的理论定位与基本框架》。

宋维志博士

程老师、各位同学，大家元宵快乐。这篇文章我个人觉得没有导读的必要，因为我实在是不知道在说些什么。程老师一笑，我就大概知道他的观点跟我差不多了。我一直不知道"元宇宙法律问题"是不是一个真问题，就像数字法学一样。但是和元宇宙法学相比，我反而觉得数字法学可能是个真问题了。我去年年底的时候专门从学院的图书馆把《东方法学》去年一年的期刊全部找了过来。因为《东方法学》在元宇宙、数字法学这些方面发表的文章非常多，其中有一期就是专门讨论元宇宙的，程金华老师他们每个人都写了一篇，陆陆续续每一期有一到两篇，我看完之后，我实在不知道元宇宙到底是在讨论什么问题。

我的第一个观点就是：元宇宙中间不存在任何法律问题，这是一个彻头彻尾的伪命题。我不知道元宇宙需要研究什么法律问题，所谓元宇宙就是 Facebook 转型做了 Metaverse 这个东西，然后搞了一堆假人在一个虚拟的网络空间里面开始扮演虚拟人生、开虚拟会议，这跟我们线上开会好像没什么差别，不晓得怎么就突然出现了法律问题，我也不知道这个法律问题在哪里。如果一定要说有法律问题，那还是互联网这种虚拟空间中的法律问题。比如说元宇宙里面列举的可能发生的侵权或者刑事问题——我也不知道怎么会有刑事问题产生——这些问题都是可以归结为互联网当中产生的问题和因为技术而产生的问题，在现有的法律框架内完全可以得到解决。

第二点我想就这篇文章谈一下，正好我昨天去看了一部电影《流浪地球Ⅱ》，也推荐大家去看一看，我觉得这个电影蛮好看的。这部电影里面倒是真的出现了一些可能跟元宇宙相关的问题，刘德华饰演的图恒宇实现了数字生命，他的女儿在车祸中去世了，于是他导入女儿的意识使之成为一个芯片，可以在电脑中不断迭代，产生自主意识，最终他自己也把意识导入了这样一个空间。我觉得这个蛮像元宇宙的，自己的肉身已经死掉了，生物意义上的人已经不在了，但是在虚拟空间中通过数字生命这种形式得到了延续，这样我觉得可能跟目前我们说的元宇宙有点像，那么在这种环境当中会存在什么法律问题呢？人已经死掉了，我们的法律是规范实实在在的人的问题，在这个空间里面那是他们的事情了，也是他们世界的规则，这跟我们现实世界的规则没有任何关系。

我想讲的第三点是近期在网上兴起的一个软件叫作ChatGPT，大家可能有了解或者听说过。笼统地来说就是一种人工智能，你可以和它聊天，互动性非常强。我浏览了一下相关资料，这个东西现在甚至已经可以开始写小说了。而且前两天以色列现任总统用这个软件写了一篇演讲稿并公开使用。我看了一下国外的新闻，当然我不知道数据统计得正不正确，说国外有85%的大学学生用这个软件来写作业。你把题目输到里面，这个软件自己就会进行网络检索，根据智慧运算并产生相应的答案，甚至还通过了几门法律课程的考试，这个就是很不可思议的东西了。但是这个问题和元宇宙其实没有太大的直接联系，它更像是我们读书会最开始的话题——人工智能。如果我们要在这个问题上来讨论法律规制的话，还是像最开始讨论这些问题的时候，提出一个根本性问题，到底是人对自己的法律规制，还是人与机器之间的或者说人与AI之间的法律规制，还是说这是AI世界里的法律规制，这是不同的东西。我们现在所谓的法制化，法律规制、法律建构、法律规范，这都是对实实在在的人而言的，我们法律规范的最终落脚点一定是人，所以元宇宙我不晓得是在讲什么，也就是回到最初的问题，我不认为这篇文章讲了一个真问题。我就说这么多。

程迈教授

我刚才在群里发了一本书叫《元宇宙改变一切》，这个作者的来头比较大，被称为"元宇宙之父"。这本书我是去年看完的，篇幅有点长。这本书非常适合喜欢打游戏的人看，如果没有玩过游戏看起来可能会缺一点知识背景。所以今天非常幸运的是参与的学生人数比老师多，所以待会要多听一下学生的或者叫年轻人的看法。因为关于这个问题年轻人的看法跟我们老年人的是不一样的。

我先讲讲我的想法，这篇文章首先最值得斟酌的一个问题是对元宇宙的定义，也就是宋老师提到的，它没有与传统的虚拟世界区分开来，包括文章在第 157 页提到"元宇宙是人类通过数字技术构建的各类虚拟空间的统称"，如果采用的是这种定义的话，那有可能研究元宇宙的意义就非常有限了，研究虚拟空间就好了。我推荐给大家看的这本书对元宇宙的描述与对传统的虚拟世界的描述是有一些本质区别的。第一个，不存在多个元宇宙。这篇文章中反复提到子元宇宙的问题，但是在这本书看来，不存在子元宇宙，我们所处的就只有一个宇宙，元宇宙是统合了所有的虚拟世界，将所有的虚拟世界打通变成一个统一的在线世界。至少这本书里是这样定义的，也是现在的 Facebook 打造元宇宙的目的，也就是利用它的 20 亿用户做一个涵盖所有虚拟空间的唯一虚拟空间。但在现实中这个元宇宙还没有到来。目前无论是政府还是法律研究者在研究元宇宙的时候，其实还是在研究一个理念。

包括刚才提到的元宇宙中的刑事违法行为，元宇宙中的虚拟形象之间的强奸、性骚扰等行为，还的确是一个假想的问题。但是在分析虚拟世界时，我觉得有必要讲得深一点，我们人类所处的任何世界其实在一定程度上都是人为创造的世界，并不是自然世界。如果真的是一个自然世界，那就是原始世界，奉行弱肉强食的法则。但是现在人类社会所处的早就不是自然世界了，它就是一个人为世界。从这一点上我不觉得元宇宙的观念和我们讲的所谓的线下世界有什么本质上的区别，虽然它会有量的区别，人类所有的法律制度、社会制度，都是人为创造的，所有东西都是 artificial（AI）。比如说今天是元宵节，但是为什么大家要过元宵，有什么意义？这不是人类自己创造出来的吗？月亮在一年中第一个满月的时候，我们就要去庆祝它，可能在外星人看来，这个地球上的人类是多么的愚蠢，行星围绕太阳转了一圈，这帮人就要去庆祝一下，然后过了 15 天他又要去庆祝一下，如果你是外星人，你会不会觉得地球上的这些生物简直是不可理喻、无比愚蠢。但立法难道不是 artificial 吗？从这个意义上，线下世界也是个 artificial，不要因为觉得它好像更接近物理法则，而元宇宙中没有物理法则的限制。即使在元宇宙大家打游戏的话，再怎么玩也是不会摆脱物理规则的限制。

所以我们可能还是需要去分析元宇宙与线下世界的本质区别，这种打通了所有虚拟世界，一个大一统的虚拟世界跟过去的虚拟世界和线下世界到底有什么本质的区别？现在基本上大的科技公司，包括各个政府其实都在往这个方面去操作，包括腾讯会议也在出元宇宙版，以后我们就不是什么 6 个方框里的人，就是一个虚拟的会议室，里面是每个人的 3D 形象，实际上是在线上进行一个 3D 的交互，那么这种东西和我们线下交往到底有什么差别？

我个人感觉这个差别就是突破了时空的界限，可以是在美国，也可以是在中国，不管在哪个国家，最终都是可以在一个元宇宙的空间内以 3D 的形象进行交互。其次就是它会有个人的设计性，玩游戏同学的都知道，我们可以自己去设计形象，这个是跟线下世界不大一样的，因为在线下世界我们不仅很难摆脱国家的物理边界，而且也很难摆脱我们天生的形象，我长得没有吴昊帅，我再怎么打扮，大家都知道吴昊比我帅，但是进入到元宇宙之后，那就不一定了，我只要有能力或者说有钱，我就会买个好的皮肤。所以如果要正儿八经研究元宇宙，还是要找到元宇宙和传统虚拟世界，包括线下世界的本质区别在哪里？

下一个问题是，作者觉得元宇宙中人跟人之间可以更平等。其实我想起来，每一种社会形态刚刚产生的时候，在旧的社会形态中的那些个体，在新的社会形态中最开始时的确是平等的，这就好比资本主义社会刚刚兴起的时候，贵族的影响力和社会的地位其实是下降的，最开始这种新社会形态引入的时候，是给了一个社会平等的可能，那么元宇宙也是。

但是从历史发展的经验来看，随着这种新社会形态的发展，人与人之间的不平等又浮现出来，资本主义社会就是用一种新的不平等——资本的不平等取代了身份的不平等。那么元宇宙或者虚拟世界中人跟人之间是否真的平等？最开始因为它是新的社会形态，会有一定的平等性的作用，但是往后走，我觉得大资本或者拥有更强的发言权，更强调议价能力的那些个人，在元宇宙中地位会更高，比如说我与吴昊相比，我愿意掏 1 万元钱来买个皮肤，搞得跟吴昊一样帅，吴昊你愿不愿意？你愿意拿 1 万元，我可以拿出 10 万元来，在收入水平上我们就不一样，所以在元宇宙中人是不是真的很平等，包括对元宇宙的这些判断的一些浪漫主义的想法，是不是也是这样？

第四个问题，我认为也是研究元宇宙的时候需要和传统的虚拟世界做一个区分。这篇文章有比较强的国家中心主义的思想，作为一个法理学学者，我有一点奇怪，这种非常强的国家中心主义的思想在很多地方都提到了，国家应当做什么，有为政府要积极利用法治，所以我觉得他可能对元宇宙的体会还是不够深。各位同学或者喜欢玩游戏的可以来发言。在元宇宙中政府只是一个玩家，这一点是区分开了线下世界。线下世界一个政府官员穿得衣冠楚楚往那一站，我们就能感觉到不怒自威。你让任何一个国家的政治领导人到线上世界或者元宇宙中一站，你看有人会理他吗？这就是虚拟世界跟线下世界的一个比较大的区别。政府进入到元宇宙之后怎么去复制在线下世界的这种不怒自威的形象呢？然后现在又说要有为政府在元宇宙中积极发挥法治的力量，那怎样才能做到？只有一种办法——关停元宇宙，或者说在中国搞一个巨大的区域网，从整个元宇宙中切割出来，这是一个真问题，在元宇宙中政府到底能发挥什么作用，前提是在你不损害元宇宙的运作的情况下能发挥什么作用。

在元宇宙中政府也只是一个玩家，而且更麻烦的是在元宇宙中会有多个政府会变成玩家。比如说 Facebook 为什么能提出 Metaverse 这个概念，因为它在全世界范围内有 20 亿用户，所以它真的是一个超国家的网络社区，所以它有底气去说元宇宙，在 Facebook 这个平台上有一些小国是没有办法抗衡的，你发现它在里面真的就只成了一个玩家，但是对一些大国，比如说美国、欧盟，它可以跟 Facebook 抗衡，所以在这种情况下真的将元宇宙的权力结构扁平化了，所以政府只是一个玩家，这是一个真问题。所以在元宇宙的概念里面，采用国家中心主义的思想是不是合适？

当然，虽然对这篇文章我提出了一些不成熟的观点，但是它有些地方还是非常有意思的，比如说它提出一个强干涉和弱干涉的概念，我以前还真没有仔细去考虑这个问题，但这个文章其实写得非常好，第 167 页对现实世界的弱干涉和强干涉主要是元宇宙反向干涉现象世界，不知道是作者写的还是他从别人那里引用的，一般应该是经常玩网游的人才会有这种切身的体会，我以前也喜欢玩游戏，一个弱干涉就只是干涉你的一些认知能力和行为模式，强干涉就直接创造了一些比如说虚拟物品或虚拟财产制的方式，这是一个很有意思的现象，它真正实现了一个元宇宙的观念，因为按照我的理解，元宇宙的产生就是尽量复制线下世界，然后尽量把线下和线上的世界的界限进行抹杀，最后大家都可以活在 Metaverse，其实也就是《雪崩》这个小说里所写到的。后来科幻世界里面还有一本叫《真实身份》也写得很好，大家后来都变成头号玩家。总的来说，虽然我同意宋老师讲的很多东西，它在一定程度上还是个假想研究，但是这篇文章还是提了一些有启发性的观点，但是反过来说明对元宇宙至少从概念定义上说，可能一开始就要做一个比较认真的定义。

邓义伟律师

我个人是元宇宙的坚决反对者。我自己看过不少元宇宙的文章，我觉得像是在写科幻小说，有点"赛博朋克"的味道，我感觉不应该发表在法学的期刊上，应该发表在科幻小说那边感觉更贴合一点。怎么说？刚刚老师也举到头号玩家那个例子，其实头号玩家就是一个元宇宙，玩家带上 VR 设备在里面有自己的生活，还可以结婚，打游戏玩什么都可以，我觉得其实就是元宇宙。为什么说，我觉得元宇宙不存在法律问题，其实就跟宋老师说的一样，因为这些都是到现实可以解决的。举个最简单的例子，我在头号玩家里面我犯罪了，我在游戏里面抢劫一个人，你现在跟我讨论元宇宙的法律秩序可以，你要落地，你落地的结果是什么呢？你在元宇宙里处罚我吗？你怎么处罚我？你把我的号封掉吗？我再创一个号，这算什么法律秩序，在头号玩家里面可以很清楚地看到，他们直接把玩家的网线拔了，把电源拔了，把他的设备撤了，这不就是相当于处罚那个人吗？所以在元宇宙里比如说犯罪或者民事问题，到最后还不是得落实到具体的个人头上来吗？就像之前我看到有一个人写在元宇宙里盗窃货币的问题，那不就和我们现在盗窃比特币一样吗？你处罚具体的人就行了，你去处罚账号玩家我觉得没有必要。现在学界对于元宇宙的法律框架都可以在现实当中来解决。可以经商，也可以谈恋爱结婚，因为在元宇宙里都是可以实现的，我在里面犯罪的话，最后的法律主体只要追诉到个人头上就可以了。现在的学者他们讨论的好像就是要归结到元宇宙里的账号主体，我觉得是没有意义的。所以我一直觉得这是个伪命题，就是在写科幻小说，甚至我的观点更激进，我觉得他们是没什么写的。因为我读过一些教授的文章，他们就是把一个现实当中的法律问题置于元宇宙的框架当中去讨论，然后再像写八股文一样，一篇文章就出来了，然后就发了一篇C刊，我觉得真的没什么意义。我感觉现在大家发文章有一点奇怪了，因为元宇宙这个问题不存在，你在元宇宙里犯的任何的罪名，跑到现实中规制就可以了。你去处罚元宇宙里虚拟的人没有意义，你把我的号封了，我再创个号，你把我IP封了，我换个IP，你永远都解决不了最根本的问题。所以元宇宙的问题一定是落实到现实这个人的头上。既然能落到现实当中这个人的头上，你去规范元宇宙的框架就已经失去意义了，我一直是这样理解的。

如果这个用户是匿名的，我们在中国可能太习惯于我们的所有网络用户会随时被追踪到，但是像推特，马斯克掌握推特以后，他做的第一件事是什么？是推出一个付费服务，给你打一个蓝色标志，就证明你这个人所主张的身份是真实身份。在此前来讲，推特上他有不知道多少个身份，都是叫埃隆·马斯克，但是大家都知道很多是假马斯克。但反过来说，很多人用匿名的账号，你不知道他在现实中是谁。因为我不知道国外是什么样，在中国其实也有很多匿名的账号，但是中国不管怎样，目前我们国家的法律政策是你总要绑定一个手机的，所以查到手机的实名主人，处罚手机主人就可以了。至于你说这个账号跟我无关，就像信用卡诈骗一样，你把你的手机号借给了别人，就类似于你把你的信用卡借给别人去用，那么对于他的犯罪行为你也要接受处罚，这样就解决了老师您说的匿名的问题。

程迈教授

在中国如果不进入到刑事违法行为，基本上只有公安才有权利拿到你真实的身份，进行调研，如果只涉及民事侵权行为，如果他采取匿名账号的方法，你怎么去对他进行处罚？比如盗取网络账号和装备。

邓义伟律师

匿名是我们在元宇宙空间当中，比如说发表言论或者做的一些什么样的事情是可以不显示我的真实身份，在这个意义上是匿名。当我们盗取了一些东西，盗取了你的账号达到一定金额之后，就不存在所谓的匿不匿名了，这个事情不是通过匿名的，就好像我们的小偷他每天都是匿名地偷东西，你不能说他实名偷东西。

程迈教授

但是如果现在的技术有可能在网上创造一个跟现实完全是分离的身份呢？

邓义伟律师

我觉得在元宇宙里面民事侵权比较难，我不知道老师你有没有玩过"模拟人生4"这款游戏。它类似于一个多人在线的社区类游戏，甚至侠盗列车手，也就是所谓的 Gta5，也是一个多人在线游戏，其实我们都可以把它理解为元宇宙的一个平台，你在里面是很难进行到民事侵权的，比如说我在里面打了你一拳，打了就打了，角色互殴这算啥？元宇宙里这种行为都不能定义为侵权，难道说你在游戏里打了我，侵害我的人格权吗？我觉得这种结论有些过于武断了，你连痛感都没有，你怎么侵权？

宋维志博士

我想到一个案例，不知道大家有没有注意到，在 2022 年 11 月份、12 月初的时候，我们还处于某些特殊时期，到了一定的承压阶段，在国外的一些游戏当中就出现了类似于元宇宙这种场景，比如说我在这里设立了这么一个假人，上面写上一个人的名字，然后大家都跑过去喷墨、都跑过去打。最后的结果无非就是，一寻衅滋事，二扰乱公共秩序，还不就是这些？因为当时在国外还比较火，很多人通过某些非法的手段进行了这种非法的、不当的活动，但是最后还是不了了之。如果抓到这个人了，我想无非就是这两种情况，大概率就是寻衅滋事，行政拘留 15 天到顶了，还能怎样？

研读王奇才《元宇宙治理法治化的理论定位与基本框架》

▰ 吴昊同学

我首先赞同前面宋老师还有邓学长的话,元宇宙这个东西确实挺玄的,因为我在看这个文章,然后不知道是不是大数据抓取到了,b 站上下午给我推了一个吉林大学法学博士发的一个视频,说为什么法学喜欢研究元宇宙,在视频里痛批元宇宙、区块链、人工智能——新时代法学论文的三驾马车,怎么瞄准前沿领域,好水论文发刊。我觉得前面两位表达的意思跟这个也差不多,由于这个东西现在摸不着也看不见,很多教授也好,学生也好,反正写出来了,到处投到了一篇就是一篇。刚刚签名提到的侠盗列车手这个游戏的核心就是抢劫,因为我经常玩侠盗猎车的时候就是"抢银行""抢金条",游戏鼓励你去做,还有很多类似的游戏比如说收货日,这个游戏就是"抢银行",除了"抢银行"没别的事情可以干。有些人玩了这个游戏之后投射到现实之中,比如说以前有新闻报道过美国的学生玩游戏之后真的实施了犯罪行为,这就是所谓弱干扰和强干扰。这篇论文里写到的其实也是一个游戏《宝可梦》。这个游戏就是你拿手机在世界上任何一个角落都可以去扫,有可能在别人家里或者什么地方扫到一个精灵然后捕获他,所以这就是论文里面想表达的强干扰的意思。

关于元宇宙这个概念,其实我在以前科幻世界那样的刊物上看到了很多,确实像邓学长前面说的,很多最早提出来的就是科幻里面的概念,因为大家会想象出一个这样的世界,跟现实世界没有关系,里面的人都变成了缸中之脑,就是和现实完全脱离,用机器来维持每个人的机体,意识全部上传到这些里面,写得都很玄之又玄,最后基本上是在讨论一些哲学和人性:这样的人还算人吗?要不要真的苏醒过来?

现实中最能贴近元宇宙的是什么?反而是游戏平台,至于说有没有出现新的法律问题,我刚才真的想到一个叫逃离塔科夫的游戏。它的游戏的内核是你杀死了其他玩家之后,玩家会掉落装备,然后你可以捡。比如说我带 100 块钱的装备进去,你把我杀了,这 100 块钱的装备你完全可以捡起来然后直接卖掉。放在现实生活中,有一点类似盗窃或者抢劫。因为你确实是在游戏中杀死了那个人的角色,然后把他的所有财产全部拿走,但是我目前没有听说过谁因为自己几千块钱的装备被打掉了去起诉他,因为游戏机制就是这样子的。那么元宇宙中会不会产生出一个跟现实社会中的法律完全可以不接轨的，就像前面说的游戏，它就是鼓励你去"杀人"，鼓励你去"抢劫"，即使在此之中产生了什么金钱上的纠葛或者损失，跟现实也没有任何关系。如果往这个层面上发展，所谓的元宇宙才是真正跟现实可以脱离开来的，也就是文章中一直在说的去中心化，不受现实的影响。现在元宇宙发展到什么程度，去年的时候，百度开发了一个元宇宙，我说句老实话，还不如10年前的QQ飞车，玩家平台搞得真的是非常差，我不知道接下来它要发展到哪一步，才能达到所谓这些论文中论证的地步。

程迈教授

我正好想到 ChatGPT 这个软件，我最近也在关注他的报道，它现在有个比较大的问题，因为 ChatGPT 是什么都能回答，如果我们叫玩家问一些违法的问题，比如说我怎么样能把宋维志的家庭地址弄出来，获得他的银行账号，我可不可以问它这些东西？很有可能就是 ChatGPT 可以做到的。如果你在现实世界里是不可以去教人家做违法行为，在元宇宙里教人家做这种事，是合法还是违法？

吴昊同学

在元宇宙中，它可能会教你做一些违法的行为。可能不是其他玩家，而是 NPC 后面集成的 AI 技术。但是它教了你之后，你还不是要落实到现实生活当中吗？老师，我可以直接跟你讲一个游戏，就是我刚刚说的《收获日》，游戏的核心就是"抢银行"，它是实打实地，从筹备到控制人质，我不说百分百还原，至少能还原个七八成，完全可以达到教你如何去抢银行这种地步。但是目前没人管这个游戏，现在玩了那么多年也没见谁来管我，它就是那种游走在边缘上，事实上按照游戏里的方法去抢一些本地的银行，我觉得还是有一定成功的可能性，确实策划得非常周密，各个环节都考虑到了。

饶威芳同学

第一个问题就是元宇宙跟现实世界完全可以区分开，它会有本质的区别，然后看完之后我觉得它是没有本质的区别的。它虽然说是一个虚拟的空间，但是它到最后都会具体到我们现实的人的身上。然后我看到这篇文章有一部分我觉得讲得有点奇怪，他这篇文章里面说分了技术层和商业层、社会层方面，他说是分层次治理，是从实验室走向社会的各个层次，比如说有了技术，我才能够进入商业，进而从商业再进入社会，但是比如网络世界里面的技术是因为我们现实生活中有关于社会的一些需求才会衍生出这种技术，不是说凭空产生一种技术，然后从技术到发展再形成一种社会关系。我觉得这一部分论证，作者觉得他们是分层次，我们要把它们割裂开来，比如说只有先发展技术才能够到商业，然后再进行社会，这一部分我觉得作者好像在论证说，我们需要用法律来进行规制，我觉得作者讲得并没有很说服我。这篇文章的第 168 页说"元宇宙可分为技术层、商业层、社会层，分别对应元宇宙的技术研发、商业开发和社会关系网络，呈现元宇宙从实验室走向社会的不同层次"，就是说它是从实验室走向社会的不同层次，是这个意思吗？

程迈教授

这一部分我也看到了，我觉得他可能写得狭隘了一点，不光是元宇宙，整个数字时代，其实都有三个层次，第一个数字时代最核心的东西数字技术的应用，它是几个技术不停地在相互促进应用，首先是计算机 CPU 算力越来越高，然后因为 CPU 算力越来越高，相应地，它的通讯能力就越来越快，再加上新的通讯材料，变成了光纤通讯，所以通讯速度越来越快，然后计算速度越来越快，相应地就有可能产生大数据的收集和存储，因为如果 CPU 转得很慢，搜集数据也没有用，它没办法分析，但是现在这种芯片技术上升之后，它就有可能进行大数据的搜集和分析。正因为有了大数据的收集和分析，通讯速度又快了，计算速度也快了，相应地就会产生云计算。发现没有？它是各种技术之间相互的支撑，相互的迭代，使它在往上走，正因为这些都能做得到了，才有区块链的技术，因为存储能力上去，计算能力上去，通讯能力上去，所以第一个层面，我觉得它不光是讲元宇宙，整个数字时代都受到技术推动，但是这个技术推动如果没有一个成熟的商业模式，没有办法去支撑它去盈利的话，那也走不下去，而它的商业模式成功了，主要是像淘宝在线的这种网络经济平台，包括 Google 就是卖流量卖广告成功的，商业上成功之后，那么这种技术它就可以在整个社会进行扩散地运用了，从而使得顾客越来越多，它慢慢地就会影响到大家的社会生活方式了。

而且这种对社会的影响不光只是限制在经济这个领域，它会向其他领域扩散，你可以看第 170 页，它可能就会进入到政府治理，政府发现这些技术蛮好用的，因为都是大家日常生活都可以用的，比如说支付宝、微信，大家都用了，它就有流量了，所以它是这么一个推动的机制，它的确是三个层面，但是我个人感觉他倒不是把它进行割裂来看，它只是说从下往上，越来越往上进行一个推动的机制，这是我个人的一个理解。如果真的感兴趣可以看一些技术方面的书。

唐晓雪同学

我先谈一下我对这篇文章的看法。这篇文章一开始是通过谈技术主导型的局限作为立论，后面才陆续谈对它的法制化的制度构建，但我觉得它的立论就不是很能说服我。首先他谈了三个原因，就是技术架构的非中立性，我当时在看这个部分的时候，是非常期待作者能谈到一些他为什么觉得这个技术是非中立的原因，因为技术本身是不是中立的也是一个辩题，目前我觉得并没有一个非常明确的答案，所以他在这个部分里面并没有谈到很多关于技术中立的一些理解，只是举了一个例子，我觉得不是很有说服性。第二点就是虚拟身份的不平等性，作者谈到了歧视或者冒犯，但我觉得在我们现实生活中也有，比如种族歧视，性别歧视等，但是在现实中其实我们对它的规制也是比较少的，所以我觉得在现实中都没有对它进行一个非常强有力的规范的话，在元宇宙里面进行规范，这也有些太悬浮了。第三点作者谈到了智能执法的非最优性，有点太"万金油"了，因为只要一谈人工智能就必然会谈到弱人工智能，我觉得这个也不是很有针对性，所以总体上我觉得立论就不是很能说服我。

然后关于元宇宙这个概念，就是我对它的了解是它实际上是一个商业概念，这个词最先出现是一篇小说里出现的，后来扎克伯格用了元宇宙这个概念，是因为当时也是一个契机，因为 2018 年的时候，Facebook 不是出了很多负面新闻，需要重新起一个名字来跟 Facebook 之前的一些负面新闻做一个切割，刚好 2021 年又是疫情持续的一年，需要一个虚拟空间来度过这段时期。

所以这些就促使了他向 Metaverse 转型。但不仅这个词是借用虚拟技术，也就是我们之前谈到的 VR 这些东西，其实早就已经有了，而且当时微软对于这个技术的研究已经有很多了，但是扎克伯格率先抢占市场，所以微软他也不能落后，也陆续投入了很多资金进去，那两大巨头都已经投入了这么多进去，所以就引发了后续一些跟风，我觉得是这样一个原因。所以我觉得元宇宙其实目前来说还只是一个商业概念。当时扎克伯格关于 Metaverse 的发布会对于一些技术的描述都并不多，更多的是一些创造性的构想，甚至可能说扎克伯格本人对于元宇宙会发展成什么样其实也不清楚。所以我觉得在商业概念都没有发展得很清晰明了的时候，我们现在谈一些法律方面的问题，比如说怎样对它进行规制，我觉得还是有点为时尚早，这是我的理解。

附：

《元宇宙治理法治化的理论定位与基本框架》
王奇才

摘　要：元宇宙是人类以技术手段为自己构筑的虚拟世界。元宇宙兴起在延续数字治理部分议题的同时，也引发了新的治理难题。技术主导型的元宇宙治理模式，其局限性主要体现在技术架构非中立性、虚拟身份不平等性和智能执法并非最优等方面。以法治化方式实施和推进元宇宙治理，应当重视体系性整合、法治主导、合法性思维优先。基于元宇宙的事物性质和构筑元宇宙良好秩序的目标，元宇宙治理法治化的基本框架应分类型、分层次立体展开，区分元宇宙治理中的内容和行为、对现实的弱干涉和强干涉、公共品和私人品，在技术层、商业层、社会层采取不同法治化治理策略。在治理的要素构成方面，元宇宙治理法治化意味着在治理目的上强化法律干预正当性论证，在治理主体上政府与平台协同治理，在治理规则上技术性规则与法律性规则有序衔接。

研读黄锫《元宇宙的行政规制路径：一个框架性分析》

2022 年 2 月 12 日学术沙龙纪实

2023 年 2 月 12 日，南昌大学法学院数字法治研究中心召开第三十三次学术沙龙，学习研讨黄锫老师发表于《中国法学》2022 年第 6 期的论文——《元宇宙的行政规制路径：一个框架性的分析》。

宋维志博士

作者认为元宇宙需要通过行政规制这种方法来进行规范，理由是元宇宙当中存在几种风险，第一是身份匿名化，第二是数据聚集化，第三是算法权力化，进而提出身份真实性、数据安全性、算法向善性的解决对策。这是这篇文章大体的思路，总体来说还是一篇问题对策型的文章。

我简单说一下我读完这篇文章之后的两点想法。第一点想法是，这篇文章是在元宇宙的"帽子"下面来讨论身份匿名化问题、数据安全问题和算法权力问题。这三个问题毫无疑问是实在的，也是真实的，是当下及未来必须要解决的，比如算法权力问题、算法问题，数据安全问题，我们在之前的读书会当中都讨论过这些问题。有很多学者已经开始单独研究数据问题了，比如数据的确权，数据的安全怎么保障等等。那这个算法怎样才能达到作者所说的算法向善？我记得丁晓东老师那篇文章也在讨论怎么去规制算法。算法身份匿名化毫无疑问是进入网络时代后，网络匿名和现实社会相互交织存在的一种张力。但我觉得这三个问题和元宇宙好像没有什么关系。我还是秉持

研读黄锫《元宇宙的行政规制路径：一个框架性分析》

我读完上一篇文章的观点，就是关于元宇宙我没看出来有什么新意在里面。这三个问题是互联网时代或者说网络时代，甚至可以说是在十年前就已经存在的问题，不管有没有元宇宙，这些问题都是真实存在的，这些问题我们正在解决，未来肯定也会解决掉的。也就是说你把它套到元宇宙这里面，那无非就是设置了元宇宙这个场景来继续讨论这个问题，我觉得其实把元宇宙这个"帽子"拿掉也没有任何问题，这是我的第一点想法。

　　第二点是文章的标题，《元宇宙的行政规制路径》，作者的观点已经很明确了，对于元宇宙这种假设事物，作者认为我们要通过行政的方法来建立一套行政法规或行政规范，说得更直白一点，就是让行政权力深度介入其中，比如说怎样让行政权力来处理匿名和真实之间的身份关系、怎样让权力来主导算法向善的方向。也就是说，作者提出的总体思路是让行政权力更加深入到元宇宙当中。但是在互联网世界当中用行政的方式处理这些问题，真的是一个唯一的或者说"正确"的方向吗？因为我们现在看到不管是数据安全、数据的使用、数据的储存、数据的应用，事实上政府已经介入很深了。比如算法，虽然一些大公司掌握了大量的数据和算法的底层架构，但事实上在这些大公司背后，政府的影响还是非常明显的。比如阿里巴巴、腾讯，它们的数据并不是仅在他们自己手中的，这其中可能就有行政权力的介入。如果网络空间已经存在行政权力过强甚至过分侵入之后，我们还要提出在元宇宙当中所谓的行政规制路径，还要继续加强行政手段的应用，这是不是一个合适的手段或者是方式？我觉得这个是需要斟酌的。更进一步说，在元宇宙这个空间当中——如果我们认为元宇宙是一个划时代的问题，那元宇宙区别于现实社会的一个根本性的特征，就是它和现实空间是相分离的。也就是说我们可以在互联网空间当中创造一个全新的类似于卢梭的社会契约的这种形式。我记得前些年陈端洪教授写过一篇关于卢梭的社会契约论的文章，他假定了广场这样一种模式，一群人在那里对话。元宇宙如果能成立的话，可能就是这么一种模式。也就是说我们在这个模式当中继续加强行政权力，"加强"事实上就是利用行政权力把虚拟空间和现实空间与身份、数据以及算法再一一地对应起来，这也就消解了元宇宙的安身立命之本，它就不再是一个我们创制出来的虚拟的并且独立于现实世界的空间了，它不过就是现实世界的另一个映射而已。那么在这个方向上我们还是可以提出刚才的问题，是否还需要行政权力继续进行过度的干预规制？我们是否只能走这个路？这是我主要的两点看法。

程迈教授

我同意宋老师的说法，就是这篇文章把元宇宙这个"帽子"去掉，再去谈文章中的匿名化、数据、算法权力这三个问题好像也没有太大问题，所以看起来这篇文章跟元宇宙的相关性不是很大。但是一篇好的文章不一定是它的一些结论让你心服口服，我觉得一篇好的文章，或者说对我们有价值的文章，是读完之后对我们有一定的启发作用。

其实我们上周对那篇元宇宙的文章批得有点狠，我事后想想这是不大公平的。就像蔡荣老师所讲的，在读文章的过程中，如果可以给我们很多启发，然后顺着作者的那个思路做下去，这也是非常有意义的。虽然这篇文章的一些结论我是不大认同的，但是我也受到了很大的启发。

第一个启发就是我觉得这篇文章相对于上一周的文章关于元宇宙的定义是更加清晰的，我个人也觉得是更加接近于元宇宙真正的定义。我上周给大家推荐了一本书，不知道有几位老师或者同学看过，因为我是把那本书细细地看了一遍的，我才知道这个元宇宙到底是想干什么。这篇文章我觉得它的定义就比较符合研究的需要了，文章提到元宇宙实际上是将线上和线下世界尽可能地进行融合。上一周的那篇文章，将元宇宙定义为所有虚拟世界的组合，这样就没有办法和过去的虚拟世界区分开来，也就没有必要再提出一个元宇宙这么新的概念，那不就成了炒作概念吗？我个人不觉得元宇宙是个炒作概念，它的确是一个想法，至于能不能实现是另一回事，但它的本质区别是要将线下世界和线上世界进行一个融合。刚才宋维志老师提到，线上和线下是有本质区别的，其实我也在想为什么认为线上和线下是两个平行的世界，有没有可能线上世界已经构成了人类世界的扩展部分，这个线上世界和线下世界进行一种融合，就形成了一种人类交往的新形态，所以就没有必要去区分线下和线上，就好比我们在线下也有工作的场合，也有家庭的场合，我们在工作的场合和我们在家庭的场合是会表现出不同的形态，理念也会不同，那为什么就一定要区分线上和线下呢？包括上一周的论文也提到了，元宇宙也在反过来影响我们线下的一些交往方式。我们仔细想一想，我们在网络中

研读黄锫《元宇宙的行政规制路径：一个框架性分析》

的一些行为和语言方式，现在也在往我们的现实世界渗透，而元宇宙的思想我认为就没有必要再去区分线上与线下世界，线上线下随时可以切换。所以我觉得元宇宙真正的思想不是一个虚拟世界的总称，也不是一个区分于线下世界的线上世界，它的目的就是扩展人类的世界交往的形态，将线上和线下完全融合，如果真的能做到，这绝对是一个突破性的发展。所以这篇文章的价值在于对元宇宙的定义更清晰。

第二点也是刚才宋老师提到的，黄锫老师主要是做行政法的，这个文章和上一周文章一样，我有一个可能不大理解的地方就是国家中心主义，好像什么问题都要由国家来解决。上周我已经提到了进入元宇宙、进入数字时代之后，国家很多事情是做不了的，国家也只是元宇宙中的一个玩家，现在谈论的国家中心主义是哪个国家的中心主义，其实这才是一个真正的问题。进入元宇宙时代之后，国家的作用是需要去反思的，行政干涉怎样才能保证算法的向善。刚才宋老师就提出了，行政的干涉会使得算法向恶。比如上周邓义伟同学开玩笑地讲了个关键词，我们这个会议后来就被中断了，这个肯定不是腾讯所关心的了。凭什么认为行政介入这些问题会使得算法规则向善呢？

第三点也是这个文章中的第 178 页还提到了元宇宙主要的目的是为用户服务，为什么认为元宇宙与用户之间的关系是服务与被服务的关系？这篇文章主要的立脚点就是要服务于用户，不想要服务的人可以不用支付宝、天猫的服务。人们加入元宇宙其实是想获得便利的。我觉得可能作者他对元宇宙的一些底层技术是需要再深入地研究一下，我发现作者引用的这些文献基本上都是法学的文献，有关技术性的文献是没有引用的。但是元宇宙哪有什么服务不服务的，它就是一群人在一起自然产生的流量，实际上是用户自己服务于自己，包括匿名性与信任性，这是作者的第一个立脚点，匿名了就是不信任，我觉得这直接就跟区块链技术发生冲突了，区块链就是希望在保证匿名性的同时，也能保证大家的信任。通过这种智能合约技术使得大家不需要透露真实身份也可以进行交易。其实这篇文章也在第 182 页的第 21 标注中提出了真实性认证和信用认证，但是我觉得这个认证方式可能就构成了一个自相矛盾，完全可以在保证匿名的情况下，尤其是区块链，来保证交易的安全。同时我也觉得这样第一点就站不住脚，但又以此作为理由来建立一个全国性

255

的身份认证系统,如果这样操作,中国的网络经济就没有办法发展了。以及文章提到分享数据会妨碍创新,企业不是将别的经营模式复制去了,就能完美复刻。比如南昌大学把耶鲁大学的管理方式复制过来,我们就能变成世界一流大学吗?能保证南昌大学可以具有耶鲁大学的创新能力吗?有些东西它是没有办法通过数据去记录的,但是该文章好像认为把它的模式复制过去就会影响创新,我觉得这个可能也是不大能站住脚的。

当然这可能也是因为我们这些搞社会科学研究的学者,很多时候对底层技术不了解,有时候可能就会推出过于大胆的结论。包括一个,我到现在才突然意识到一个问题,我们在数字法学里面经常提到的算法权力是怎么样的?读这篇文章也给我一个启发,文章讲到算法权力是在潜移默化中引导我们按照算法的思维去思考,是有在引导我们的想法,它跟政治权力有什么本质的差别?算法权力说到最后还要服务于用户的需求,它还可以带来便利。在这里对算法权力进行口诛笔伐,理由到底是什么?当然这是我的一些看法。

蔡荣博士

读完这篇文章后,我跟宋老师和程老师也是一样的看法,就是把元宇宙去掉,它其实就是我们之前讨论的三个老问题。匿名化、算法权力、数据风险的问题其实跟元宇宙的关系不大。但我想提醒大家的是,现在法学学者对待元宇宙的态度,可能就跟二十年前我们对待互联网态度是一样的。

首先最明显的刚才程老师一直在强调的不要国家中心主义。现在的问题是在元宇宙的背景下,我们真的是国家中心主义吗?或者说它极有可能是以企业平台的这种垄断中心主义为开端的,就是一个技术已经很发达的大型企业,它首先创造了元宇宙事件,我们所有人都是通过它的设备,通过它构建的数字空间,我们在里边开展自己的生活。元宇宙最初可能就是一种企业中心主义,在这种情况下再去强调国家中心主义应该能起到一个制衡的作用,这应该是这篇文章所强调的国家中心主义的思想。但是我不认同作者的做法,他说要构建个人信息的平台,这个东西其实完全就是我们现在的上网实名制,为什么还要在元宇宙空间中去使用?包括互联网的发展,它最初也是一种匿名的神秘感导致它的扩散和传播。如果一开始就强调所谓的实名制,强调所谓的信息公开，大家可能就真的只能像腾讯会议这样，大家在里面聊一点比较正式的东西，这并不利于元宇宙的推广和发展。

另外一方面就是研究元宇宙的法律问题，需要思考什么？在网络空间有什么新的东西产生吗？但这篇文章里面没有谈到所谓的一些新的东西，比如说最典型的就是在网络空间中是没有所谓的强奸和猥亵的，但是在元宇宙里面是可能存在的，因为高传感性的设备的这种真实性，比如女性在元宇宙空间里面被别人扒了衣服，我觉得这种羞耻心是不亚于我在现实生活中的感受的。从这个角度来说，就是一些以前我们认为在网络空间不会发生的法益侵害，现在在元宇宙空间它就可能发生，这才是我们需要去研究的东西。我所认为的元宇宙，它不是一个虚拟的概念，因为它作为一个新的东西就会带来一些新的权益的变化。这种权益的变化才是值得我们思考的。以前在游戏里面被别人一刀杀了，我并没有什么感觉，杀了就杀了，再复活就行。但是现在在元宇宙的空间中被捅了，或者被人侮辱猥亵了，这种疼痛感，这种性羞耻心，甚至有这种恐惧感，都有可能造成心理阴影和心理伤害，这要怎么去处理？我觉得我们不应该从这种底层逻辑去思考，而应从这个新的法益侵害类型来思考。

程迈教授

刚才蔡荣老师就提到说元宇宙还是以企业作为平台，其实我们仔细琢磨一下，元宇宙它并不只是企业。元宇宙为什么能运作起来？首先是有高速的通讯网络的技术支持，而且能够做到这样并不是仅是企业的技术支持，它是利用了中国联通、中国电信、中国移动，离开了它们，腾讯、阿里巴巴这样的企业能做到吗？其次元宇宙中有用户加入进来，公司平台要提供一个基础的操作系统，用户在这里面发挥各种创意。最后国家登场。因为各个用户在元宇宙空间里的一些交往、一些规则也是来自国家，这才是元宇宙真正本质的含义，而不是像传统的虚拟平台真的就是企业一家说了算。

黄悦副教授

首先，我感觉这篇文章总是有一种矛盾在里面。文章把元宇宙的本质说成是不脱离现实世界的孤立存在，它是现实世界的延伸和拓展。这点刚刚程老师也展开分析了。我没读到这段话之前，我在前面看到作者提到要规避身份匿名的风险，要搞实名制，那这不就是将现实世界的治理逻辑套用到元宇宙上去吗？因为身份的真实性是人与人之间达成合作关系的一个必要前提，所以元宇宙不能搞身份匿名。要搞真实身份，那元宇宙的独特性在哪里呢？

其次，关于元宇宙时代的这个概念，我们都还在质疑数字时代到底有没有来临，元宇宙现在也只是一个初创的时期，它到底是个什么样子，其实我们是没有这种社会实践经验的，这篇文章非常超前，更多的是一种构想，这个经验基础是非常单薄的。元宇宙跟现实世界之间的这种边界和联系具体是什么样？我们还没有获得足够的经验，就大谈特谈怎么去预防这种风险，这种风险也是作者想象出来的，但在元宇宙里真的存在吗？这是我的第二个疑问。

最后，我刚才听到蔡老师讲的，我就觉得蛮好笑的，说如果在元宇宙空间中发生了强奸、猥亵应该怎样？如果真的是到了那种地步，在元宇宙里的这种行为已经完全复刻了现实世界的各种现象，可以感受到暴力、疼痛感，当然意志上肯定感受到了被压制，对方也感觉到了那种犯罪的快感，那存在这种罪恶的性欲满足的话，其实它跟现实世界就完全没什么区别了，直接定强奸、猥亵不就行了，也不会带来什么新的问题。

丁安然博士

首先，我对元宇宙了解比较少，刚才我听各位老师的分析讲解，我感觉元宇宙它更多的就是一种精神上的或者说感官上的这种刺激和感受，换言之就是如果我在元宇宙转钱给别人，难道我在现实当中我的钱真的就变少了吗？对于这种客观存在的东西，它其实是没有减损或者说增加的，就只是一种感官上的变化。所以我认为元宇宙的出现是不是因为经济发展到一定阶段，来满足大家精神世界的需求。

其次，刚才程老师也讲到说行政规制的问题，我个人也蛮赞同蔡老师所讲的，但是我觉得可能还有一点原因，就是为了统一的秩序，如果各个平台制定不同的规则，那就没有一个统一的标准了。即使构成违法或者犯罪的一些情况，可能在一些平台它是允许的，另外一些平台它又不允许，但是我们现实当中又有统一的这种标准，那现实跟元宇宙的评价标准就不一致了。所以我个人认为在元宇宙初步发展的情况下，各个平台也没有很成熟的经验，用户也没有很高的素质，在这种情况下由行政机关去统一制定一个标准来规制平台是不是更利于秩序的稳定。

程迈教授

丁老师讲的这两个问题，第一个我想问行政机关推出一个统一的规则，我想问这个规则从何而来？这个专业知识从何来？现在市面上有各种各样的标准，为什么要选择这个标准而不选那个标准？还是说在市面上的各个平台的标准之外，自己又创造一个标准？我觉得这需要有一些专业的人员去对统一的所有的标准进行一个评价，然后再融合各个标准，如果是我的话，我可能会这么做，但具体如何去做，可能还需要调研。西方宪法里面经常出现这个问题，国际法也有，现在的国际贸易秩序是在美国主导下产生的，那么我们现在是接受这个规则、融入这个秩序，在这个秩序的基础上进行一个发展，还是说我们推倒重来，自己创造一套规则，让行政机关介入，行政机关选哪种？

黄一川同学

首先，文章在谈到身份匿名化的时候，其实谈到元宇宙的定位是要促进现实中的福祉，增进合作关系，其实我对这个观点不是很认同，我觉得元宇宙它本身并不一定是要影响现实社会，它可能会对现实社会产生影响，但是它不一定是要反作用于元宇宙中发生的事情。就像刚刚程老师谈到现在的年轻女性用其他女性的头像作为自己的社交用户的头像，其实这就是元宇宙的功能之一，就是想要进行一种身份认同上的转变。我在元宇宙当中的身份是可以自我设计的，我在元宇宙中是一个数字化、虚拟化的人。元宇宙中产生的规则应该是由用户共创形成的规则，所以让行政机关直接规制也是有问题的。

其次，刚刚蔡老师谈到的犯罪问题，其实我有一点点不理解，就是我不知道这个事情是不是真正存在，就像我们玩枪战游戏，我们有一个屏蔽队友伤害功能，其实在虚拟世界中或者说基于算法而搭建的世界，有些事情能不能做，其实是完全可以由算法控制的，而不是说我们在元宇宙中想做就能做的，我们同样也不能抢劫元宇宙的银行或者是做什么非法的事情，也许在某些游戏中可以满足个人比较罪恶的欲望。如果存在可以做违法犯罪的这种情形的话，可能就是我们整个观念或者是想法转变了，可能我就愿意在元宇宙中被抢劫，可能就是想要这种体验。

吴昊同学

第一个问题就是，目前读的这几篇论文所提到的任何问题都是将现实的问题直接映射到元宇宙里面去。我个人认为未来元宇宙中出现的问题是我们根本想象不到的，甚至就像黄一川刚刚说的，我们目前能够考虑到的这些犯罪，在元宇宙中一个最基础的算法就已经完全可以杜绝掉了，日后出现的问题反而是我们现在根本考虑不到的。

第二个问题，就是文章往往会将元宇宙和现实社会进行一个很清晰的分离，强调的是交互或者说影响，就我目前的想法以及网络上很多乐观者的想法，他们往往是把元宇宙当成现实社会的一个延伸，就好比我既是一个男性，又是父母的孩子，同时又是南昌大学的学生。在很多乐观主义者看来，他们所设想的未来的元宇宙就是这样子的，不是说两个东西完全分开来，或者仅仅起到一个交互的作用，而是已经成为一体了。

唐晓雪同学

首先，文章第180页讲到元宇宙的主要意义，作者说的是建立起人与人之间的合作关系，进而促进现实世界中的社会发展，增强社会总福利，我不是很理解。因为我觉得人与人之间的合作关系，单就经济合作关系来说的话，也需要有一种资源交换或者价值交换才能建立起来，就算有元宇宙的存在，它也只是提供一种途径。在虚拟空间中，如果没有人介绍或者别的渠道，不可能想认识马云就能够认识马云。而且不谈经济合作关系的话，谈情感关系，我觉得一个人的情感能得到的快乐或者幸福是有一个阈值的。想要超过这个阈值，可能就已经违法了。元宇宙它只是作为一种途径，它也不能说把社会幸福的阈值拉高，所以我有点不是很理解。

其次，文章的第179页也谈到身份的真实性作为人们之间达成合作的必要前提，我觉得这种真实它不等于公开，因为在元宇宙里面也不可能告诉我其他人的真实身份是什么，这是不大可能的。所以我觉得如果在元宇宙里面合作的话，如果合作失败了，换一个身份的话，我岂不是也不能进行非常好的维权，还是要到现实中找，比如说平台方进行一些限制，还是要寻求现实的帮助。程老师刚刚讲的是说匿名也可以达成合作。我有点不是很理解，因为我觉得必须真实，我能够了解你，我知道怎么去维权，怎么找到你，我觉得才能达成一个比较好的合作，这是我的理解。

程迈教授

这个问题就是区块链，在区块链基础上建立一个智能合约，你不需要知道他的身份，它能保证能得到执行，尤其是智能合约技术。现在的区块链技术不一定需要知道其真实身份，包括元宇宙它本身会建立一个相对闭环的经济系统，就在元宇宙这里面交换一些东西。比如说NFT这种，以及数字货币，它完全不进入到线下，有些需求都是发生在网络上的，想在网上看视频，与人社交，我在网上看论文这些东西全都是在元宇宙上面的，都在虚拟世界里，不需要在线下。如果出现一个元宇宙中的货币，这个东西可以满足你在网上所有的需求，这不就闭环了，跟线下有什么关系呢？然后我在网上再用别人的照片打造一个别人的身份，就闭环了，包括朋友等这种有没有可能？

饶威芳同学

首先，上次程老师说在讨论元宇宙之前要不要先把元宇宙的概念界定一下，然后这篇文章就进行了一个界定，说是现实世界的一个延伸。上周宋老师谈到元宇宙事件里面所进行的行为都要落实到个人身上，就是我们现在来看都落实在个人身上，我目前觉得它这个定义还挺好。

其次，就是这个文章写的是行政规制路径。老师刚刚说了一个国家中心主义，行政权力过强，然后我在想我以前看到默多克的新闻媒体不断发展壮大，后来他收购了BBC（英国广播公司），他通过这种快速传播的舆论导向方式操控了国家政权，默多克这种企业其实已经在影响一个国家的领导方式了，我就觉得如果完全把国家中心主义摆在前面的话，那比如说大企业和垄断平台的技术发展到一定时候，会不会也可能出现这些大的企业平台在影响国家权力行使的一些方式，这是我的想法。

附：

《元宇宙的行政规制路径：一个框架性分析》
黄 锫

摘 要： 元宇宙是新一代全真互联网形态，用户、数据、算法是元宇宙时代社会经济活动的三个重要支点，三者之中都存在着诸多风险，包括：因元宇宙用户身份匿名化导致阻碍人们之间深入合作的风险，因元宇宙数据集聚化导致对用户个人信息与隐私、市场主体创新动力、国家数据安全的侵害风险，因元宇宙算法权力化导致的信息数据再中心化、经济活动垄断化、社会观念操控化的风险。这些风险难以通过市场力量自行化解，需要行政规制的力量予以防范。具体的行政规制路径包括搭建统一的元宇宙身份认证平台、组织类用户实行准入与单一身份认证制、个体类用户实行多元身份认证制等身份真实性规制，实施强制性用户数据脱敏、限制元宇宙平台企业利用商业数据从事同业竞争、规范跨境数据流动等数据安全性规制，以及算法透明规制、算法伦理规制及算法问责规制等算法向善性规制。